SAMSUNG
인재와 기술, 최고의 제품과 서비스, 인류사회에 공헌

삼성 이건희 오디세이아

백인호 지음

도서출판 **정음서원**

이병철 삼성그룹 창업 회장

이건희 선대 회장

이재용 현 회장

■ 서문

　이병철 삼성그룹 창업 회장은 경영의 신(神)으로 추앙받고 있다. 1948년 대한민국이 수립된 이후 세계의 최빈국에 「경제」라는 개념을 심어 주었기 때문이다. 이병철 회장은 개인이 돈을 벌어 부유해지겠다는 아이디어를 갖고 실제 경제계에 뛰어든다면 성공할 수 있다는 것을 실증적으로 보여주었다.

　이병철 회장은 유교 집안에서 태어나 서당에서 한학 공부를 시작한 선비의 길을 걷는다는 것으로 인생을 시작했다. 그러나 신식 공부로 진로를 바꾸었으며 서울로 올라와 고등 교육을 받았고 마침내 일본 유학(와세다대학)을 해 세상을 넓게 볼 수 있는 지식인이 되었다.

　이병철 회장은 당시 지식인들 대부분이 선택하는 관리나 금융계에 몸 담지 않고 기업 경영에 뜻을 세우고 경제계에 뛰어들었다. 이 회장의 이런 선택은 자신과 한국에도 행운이었다.

　이 회장은 1983년 동경선언(東京宣言)을 통해 반도체 산업을 일으켜 그가 세운 삼성전자를 글로벌 초일류 기업으로 키워, 세계의 반도체 시장의 최강자로 군림하고 있으며 한국이 세계 10대 부국이 되는 데 절대적인 기여를 했다.

　이 회장은 상업자본을 산업자금으로 탈바꿈시켜 기업체가 공장을 세워 이 땅에 제조업이 들어서게 만들었다. 그가 세운 제일제당이나 제일모직은 모두 그 분야의 제1호 기업이다.

　이병철 회장은 사업 수완이 뛰어나 사업에서 대성공을 거두었으며 한국의 제1 부호가 되고 세계적 부호 대열에 랭크되었다. 삼성그룹은 현재도 세계 톱크라스 대기업군에 속해 있다.

이건희 선대 회장은 기업 승계 이후 '신경영(新經營)'을 선언, 삼성의 경영의 틀을 바꾸었으며 '아내와 자식만 빼고 모두 바꾸라'는 변화를 유도, 기업 규모를 3백 배나 키우는 발군의 능력을 발휘했다. 이건희 선대 회장은 승계에 의한 수성의 틀을 벗어나 제2 창업의 수준으로 그룹의 몸집을 키웠다. 이재용 3세 회장이 리드하는 삼성은 현재도 가파른 성장세를 보여주고 있다.

　삼성그룹은 기업 경영의 영역에서만이 아니라 문화, 스포츠, 교육계에서도 막강한 영향력을 발휘했다. 특히 이건희 회장은 '이건희 컬렉션'이라 부르는 문화재와 미술품을 수집했으며, 그 규모 면에서 세계적이었고 그가 사후에 2만 3천여 점이나 되는 컬렉션 작품을 국가에 기증한 것은 재벌 기업의 부의 사회 환원이라는 차원을 넘어 문화사(史)적인 일대 빛나는 쾌거였다.

　이 책은 저자가 삼성그룹 출입 전문기자로 20여 년간 취재한 기록을 토대로 쓰여졌으며, 호암자전(湖巖自傳, 나남출판)을 참고했고, 신문에 기사화되지 않은 사실들이 이 책에서 처음 활자화되었다는 것을 밝힌다. 책 중에 인물들은 대부분 익명이나 가명으로 썼다. 그 분들의 프라이버시를 보호하기 위해서였다. 혹시 불편을 느끼신다면 넓은 아량을 베풀어 주시기를 바란다.

　이 책은 2020년 6월에 초판이 발행됐으나 그간 이건희 선대 회장의 별세, 이건희 컬렉션 기증 등의 대사건이 있어 2024년에 다시 개정 증보판을 내게 되었음을 알려드린다. 이 책 발간을 결심해 준 박상영 정음서원 사장께 감사드리며 편집진들에게 감사드린다. 원고 정리 교정에 힘쓴 정소영 스태프에게도 감사드린다.

2024. 4. 28

저자 백 인 호

차례

■ 서문 ……………………………………………………………… 6

제1부

1 삼성 비서실 전화……………………………………………… 13
2 회장실………………………………………………………… 25
3 어두운 그림자………………………………………………… 36
4 비운悲運………………………………………………………… 42
5 공신功臣의 배신……………………………………………… 45
6 차남次男의 쿠데타…………………………………………… 52
7 회장의 귀환…………………………………………………… 58
8 비운의 장남…………………………………………………… 62
9 고려빌딩 403호……………………………………………… 65
10 가연佳緣……………………………………………………… 68
11 길지吉地를 찾아 - 용인자연농원(현 에버랜드)…………… 75
12 인재人材……………………………………………………… 92
13 입지立志……………………………………………………… 106
14 백설白雪의 황금알 - 제일제당 백설표 설탕………………… 111
15 제일모직 골덴택스…………………………………………… 119
16 재벌財閥 등극………………………………………………… 129

제 2 부

17 시은市銀의 대주주로 ··· 133
18 시련- 부정축재자不正蓄財者 1호의 멍에 ···················· 136
19 공직외도公職外道 - 경제인협회 초대회장 ··················· 147
20 한일회담 이면지원 ··· 153
21 울산공업단지 조성 ··· 157
22 통화개혁과 삼성의 위기 ··· 160
23 이병철 회장의 충고 ·· 164
24 문화재단 설립 ·· 176
25 호암미술관 설립 ··· 182
26 중앙일보 창간 ·· 187

제 3 부

27 위암 수술 ··· 197
28 호텔신라 ·· 200
29 신세계 백화점 ·· 204
30 보스턴대학 명예박사학위 ·· 207
31 취미편력, 골프, 수집벽 ·· 213
32 삼성전자三星電子 탄생 ··· 221
33 꿈의 반도체 생산국 ·· 225
34 기업은 영원한가 ··· 232
35 이병철 회장 승계 결단 ··· 236
36 이건희 컬렉션 국가 기증 ··· 243
37 홍라희 여사의 선택 기로 ··· 249
38 이건희의 신경영, 철학이 되다 ································· 254

제 1 부

ations # 1
삼성 비서실 전화

변 기자가 출입처에서 오후 취재를 마치고 편집국 자리에 와보니 책상 위에 작은 쪽지가 놓여 있었다.

'삼성그룹 비서실장이 전화해달랍니다.'

'삼성그룹 비서실장? 내가 잘 모르는 사람인데…… 무슨 일이 있나. 최근에는 삼성에 별일 없지 않나.'

사카린밀수사건으로 전국을 뒤흔든 한국비료韓國肥料도 국가에 헌납하고 모든 게 일단락됐는데, 변 기자는 잘 알지도 못하는 비서실장이 전화를 바란다는 게 예사롭지 않아 보였다.

변 기자는 2년여 전에 있었던 삼성그룹이 추진하는 전주제지 시설 도입 건이 퍼뜩 머리에 떠올랐다. 전주제지 건은 사실 크고 심각한 것이었다. 삼성그룹이 서독 크루프재벌로부터 국내최초로 제지 일관화 시설을 들여오는 프로젝트였다. 서독에서 산업시설이 차관 형식으로 들어오는 것도 최초였고 규모도 꽤 컸다. 서독 크루프재벌이 차관을 공여하는 것도 흥미로웠다.

크루프사는 4백 년 이상 철강 생산과 군수품 병기 제조로 유명했던 크루프 가문이 19세기 창업한 기업이다. 크루프는 거대 철강 기업

1. 삼성 비서실 전화 13

으로 거의 1세기 동안 세계 철강 업계를 지배했으며 미국에서 철도 건설에 사용되는 강철을 생산하기도 했다. 1929년 당시 세계 최고층이라는 크라이슬러 빌딩의 최고층 부분도 크루프사 제품이었고 마리아나 해구 첫 탐사 당시 심해 수압을 이겨낸 잠수정도 크루프사 제품이었다. 철강과 무기 생산이 주인 크루프가 제지 시설까지 수출하는 건 놀라운 일이다.

  변 기자의 출입처는 상공부였다. 하루는 점심시간에 취재차 들른 공업국 철강과에서 삼성재벌이 크루프로부터 제지일관화 시설 도입을 추진하는 프로젝트 서류를 보게 됐다. 변 기자는 점심시간을 이용해 취재를 하는 편이었다. 일과 시간에는 모든 사람이 제자리에 있기 때문에 한가한 점심시간이 효과적이었다. 변 기자는 프로젝트 내용, 특히 차관을 도입하는 과정에서 결제를 어떤 방법으로 할 것인가 하는 문제를 두고 경제기획원과 협의하는 내용이 눈에 띄었다. 상공부는 '제지 시설을 중고 시설로 도입할 수 있는가'를 묻고 있었다. 변 기자는 깜짝 놀랐다.

  '뭐! 새 시설을 중고시설로 들여온다…… 이건 범죄행위에 가깝지 않나. 외화도피. 새것 값을 주면서 중고품으로 위장하면 그 차액差額을 빼돌리겠다는 거 아닌가?'

  한국은 외화부족으로 난리였다. 경제개발초기, 외화라면 눈이 벌게져 있었다. 외화도피를 반민족경제사범으로 규정해 엄벌하는 실정이었다. 국내 대재벌이 외자로 산업 시설을 도입하는 데 외화도피 방법을 쓰려 하고, 정부관계부처는 그런 행위를 도우려고 하는 것이었다. 변 기자는 '이거 특종이다' 회심의 미소를 지으며 완벽한 취재를 위해 계획을 세웠다.

  '우선, 시설을 도입하려는 행위 주체인 전주제지를 접촉해 보자.'

취재의 원칙이다. 변 기자는 전주제지 총무과에 전화를 걸었다. 모든 회사의 총무과가 언론사 취재를 처리하는 때였다.

"여보세요, 일간신문기자인데 총무과 좀 부탁합니다."

"총무과 누굴 찾으십니까?"

변 기자는 부장선이면 책임 있는 답변을 할 수 있다고 생각했다.

"부장님 좀 부탁합니다."

"잠시 기다리세요."

잠시 후 부장의 목소리가 들렸다.

"누구십니까. 저 총무부장 설진석입니다."

"아, 그러십니까. 매일경제신문《현 매일경제》 변호기자입니다. 상공부 출입 기자실인데 전주제지 시설 도입 건에 대해 물어볼 말씀이 있어 전화했습니다."

"전주제지 시설 도입에 대해서라고요? 무신 문제가 있습니까."

투박한 경상도 사투리에 목소리는 밝았다.

"예, 몇 가지를 물어보고 싶습니다. 우선 결제 방법에 대해서입니다. 그게 새 시설을 중고로……"

설 부장은 변 기자 말을 끊었다.

"제가 변 기자님을 뵙고 말씀 드리겠습니다. 전화로는 적당하지 않습니다."

"그래요. 좋을 대로 하십시오."

"어데로 가면 됩니까."

"상공부내에 있는 구내다방으로 오십시오." 상공부내 구내다방은 당시에 사실 도떼기시장 같은 곳이다. 무역업자들로 항상 시끌벅적하고 관리와 업자들이 만나 졸부, 속칭 '벼락부자'를 만들어내는 산실이기도 하다. 상공부 청사가 현재 광화문 교육보험 敎育保險 자리에 있었는데 제대로 된 정부종합청사가 없어 광화문을 중심으로 흩어져 있고 상공부 구내다방은 군용콘세트를 들여다 놓아 임시로 사용하고 있어 다방 같지 않다. 바닥은 판자를 깔아놓아 삐걱거리고 기름때가 묻어 새카맣다. 다방은 민원인들로 붐비고 특히 수입무역업자들이 많았다.

  상공부는 막강한 권한을 가지고 있었다. 특히 수입무역에서 그렇다. 모든 수입 상품은 수입쿼터제로 묶여 있어 상공부 상역국에서 외화(달러)를 배정해주는 한도 내에서만 수입이 허용되는 것이다. 수입무역업자에게는 사활의 명운이 달린 문제다. 외화쿼터를 얼마 받느냐 하는 것은 돈을 얼마 버느냐와 직결된다. 수입품의 국내 시장 가격은 대개 수입 가격의 5~6배, 품목에 따라서는 수십 배 높게 형성되고 있기 때문에 그 차액만큼을 번다.

*

  변 기자는 L회장과 만났다. 변 기자 소속사는 소공동 소재였고 L회장 회사도 인근이었다.

  "변 기자, 다음 무역 계획에 소다회(양잿물) 쿼터가 얼마로 책정되는지 아시나."

  "그 품목에 대해서는 잘 알지 못하기 때문에 말씀드릴 수 없습니다."

  "기회 있으면 한번 알아봐 줄 수 없겠나."

  L회장 회사는 고체 세제(洗劑) 소다회를 독점 수입해 오고 있었으며 훗날 D화학이라는 거대 화학 산업체로 성장한다. 200kg들이 소다회 한 드럼을 수입하면 북촌에 좋은 기와집 한 채를 마련할 정도의 이익이 나온다. 약삭빠른 업자들은 배정 받은 달러를 명동 뒷골목 암(暗)달

러시장에 내다팔기도 한다. 암달러시장의 달러 값은 공정환율의 10배 높은 수준이다. 외화쿼터는 황금알을 낳는 거위 같은 것이다. 그러나 상공부 상역국의 진짜 위력은 무역 계획을 짤 때 특정 품목을 금수禁輸로 묶어 수입 금지시키는 것이다. 국내 생산업자들이 유치 단계에 있는 국내 산업 육성을 위해 아예 수입 창구를 봉쇄하는 것이다. 이렇게 되면 해당 산업 분야의 생산 업자들은 금수보호막 속에서 독점 생산을 하게 된다. 이들이 양질의 상품을 생산하고 낮은 값으로 국내 소비자에게 공급하는 것은 별개의 문제다. 정부의 3대 요직 국장으로 내무부 치안국장, 재무부 관제국장(현 국세청장), 상공부 상역국장이 거론되는 것이 일반적이었다. 세론世論이 이들 세 국장을 요직으로 꼽은 이유는 정확히 알 수 없지만 행사하는 권한의 크기 때문이었을 것이다. 상역국장의 전수입상품에 대한 외화(달러)배정권, 관제국장의 일제日帝로부터 환수한 국유재산불하권, 치안국장의 경찰사찰권은 막강한 권력인 것이다. 그중에서도 관제국장의 국유재산불하권은 부의 판도를 바꿀 만큼 막강한 것이다.

일제로부터 환수한 국유재산으로는 부산의 조선방직, 조선견직, 전남의 전남방직, 수원의 선경직물, 삼척의 삼화제철이 핵심이다. 조선방직은 직원이 4천 명이 넘는 한국 내 최대 방직공장이다. 일본 사람들이 그대로 놓아두고 간 알짜기업이다. 이것을 불하 받는 사람은 하루아침에 갑부가 되는 것이다. 이 때문에 불하재벌, 횡재기업이란 말이 생겨날 정도다.

대기업도 수입쿼터를 확보하기 위해 항상 상공부 로비에 심혈을 쏟았다. 김우중 전 대우그룹회장은 당시 한성기업 부장 신분으로 상역국에서 살다시피 했다. 한성기업은 합섬 와이셔츠 수출업체로 필라멘트사(絲) 수입쿼터 배정에 사활이 걸려 있다. 삼성그룹도 제일제당의 원당原糖, 제일모직의 원모原毛 쿼터 배정을 위해 고위 간부가 상공부 구내다방을 이용했다.

*

전주제지 설 부장은 약속 시간에 맞춰 다방에 나타났다. 변 기자는 서로 명함을 주고받고 인사를 나누었다.

"제가 우선 우리나라 제지산업에 대해 말씀 드리겠습니다."

설 부장은 먼저 입을 열고 삼성그룹이 제지산업을 일으키려 하는 취지와 배경에 대해서 꽤나 긴 설명을 이어나갔다.

설 부장 말에 따르면 우리나라 제지산업은 고려 말 저화楮貨라는 지폐부터 시작한다. 공양왕 때 동전이 부족해 종이로 된 저화를 발행했으며 이조시대로 들어 조지서造紙署를 두어 관리를 배치하고 종이 만드는 것을 조정 전매 사업으로 했다. 태종은 서울 창의문 밖 장의사동(현재의 세검정)에 관리를 파견해 두고 조정에 필요한 질 좋은 종이를 안정적으로 공급하도록 했다. 특히 조정은 중국과 왕복하는 문서에 사용되는 종이를 만들도록 했다. 이를 담당하는 관리를 사지司紙라 하는데 그 유명한 사림 조광조도 사지직부터 관리를 시작했다. 우리나라 제지산업은 이처럼 조정에서 운영한 것이었기 때문에 진정한 제지산업으로 발전하지 못했고 이마저 1882년(고종19)에 폐지되었다.

"기자님, 한 나라의 문화 수준은 종이 소비량과 비례합니다. 제지산업은 중요합니다. 특히 언론과는 불가분의 관계죠. 신문 용지가 없으면 신문을 어떻게 찍습니까. 이웃 일본의 종이 소비량은 세계 3위입니다. 일본은 가히 읽는 국민이라고 말할 수 있습니다. 일본국민 연간독서량도 세계 최고입니다. 이건 다 좋은 종이공장을 갖고 있는 데서 비롯된 겁니다. 변 기자님, 종이에 대해 좀 더 말씀드려도 되겠습니까?"

"좋습니다."

"마틴 루터의 종교개혁도 실은 종이의 힘이었습니다. 성서학 교수였던 마틴 루터가 1517년 엘베강변 비덴베르크대학 교회정문에 95조 반박문을 붙여 종교개혁의 기치를 올렸습니다만 초기에는 실패하는 듯 했습니다. 일반인의 접근이 쉽지 않았기 때문이지요. 금 세공업자인 구텐베르크가 이보다 70년 전 종이에 새로운 인쇄술로 한쪽 줄이 42행으로 된 이른바 구텐베르크 성경을 대량 인쇄한 바 있는데, 루터의 독일어 성경이 대량 인쇄되면서 종교개혁 운동이 본격화 된 겁니다. 우리나라는 어떻습니까. 훈민정음 해례본, 유네스코문화유산인 이조실록 등 종이만이 만들어낼 수 있는 귀중한 종이 문화를 가진 거지요."

"흥미롭네요."

"저희 그룹 총수 이병철 회장님은 항상 나라가 해방되고 어느 정도 나라꼴을 갖춘 후에도 반듯한 제지공장 하나 없어 국민들이 읽고 싶은 책도 많이 못 찍어내는 걸 안타깝게 생각해온 겁니다. 언론계는 어떻습니까. 신문용지 전량을 일본에서 수입해다 쓰고 있는 실정입니다. 한심한 이야기지요."

신문사는 일본산 신문용지를 신문인협회에서 배급받고 있었다. 정부에서 신문인협회에 신문용지 수입외화 쿼터를 정해주고 각사는 협회에 수요량을 요구하는, 각 사별로 배정해주는 시스템이었다. 그런데 이건 언론 자유와 유관한 의미심장한 제도다. 만일 신문협회에서 각사가 요구하는 양을 제한하거나 배정에서 배제하면 그 신문사는 문을 닫을 수밖에 없는 것이다.

군사정권에 비판적인 언론사는 눈엣가시였다. 어떻게든 신문사 제작에 간섭하고 통제하려고 애를 쓰는데, 용지배급제야말로 가장 유용한 수단인 것이다. 신문협회 회장은 정부대변지 신문사 사장이 맡고 있었다. 정부대변지 신문사 사장이 협회장을 맡는 것이 하나의 관행이었다. 특히 정부 비판적 성향의 언론사들까지도 은근하게 친정부 신문사 사장을 협회장으로 미는 것이 언론계의 관행이었다. 정부와 용지수입쿼터 배정 협상에 유리하기 때문이다. 정부도 그런 친정부인사를 고리로 언론사와 교섭하는 것이 편한 것이다. 친정부 대변지 신문사 사장은 대통령과 직접 대화할 수 있는 거물이었다. 어떤 때는 혁명주체 세력 중 한 사람을 대변지 사장으로 내정하거나 정치적 비중이 큰 사람을 사장으로 정하기도 했다. 신문협회는 한 달에 한 번꼴로 조찬간담회를 연다. 각사 사장들은 빠짐없이 이 간담회에 참석한다. 참석율이 좋지 않으면 일단 친정부 성향이 아닌 것으로 찍히기 쉽다. 간담회는 조찬을 겸한 모임이지만 대부분 회장이 전하는 정부의 움직임이나 희망사항을 전달하는 그림이다. 회장은 은근히 비판적인 언론사에 대해 정부가 특별한 관심을 가지고 지켜보고 있으며 용지 배정량이 축소될 수 있다는 협박성 발언을 하기도 한다.

그리고 정부는 신문용지공급이 제한적인 것을 들어 모든 신문은 1일 12페이지 이상 발행을 허용하지 않았다. 이것은 정말 아이러니한 일이다. 민주주의의 핵심은 언론자유이고 언론사는 무제한의 지면으로 사회 각 분야의 뉴스를 각사의 재량으로 전하는 것이 원칙이다. 이렇게 제작지면 총량을 제한하는 것은 후진국형 독재국가에서나 가능한 일이다. 정부가 내세우는 논리는 신문용지를 수입할 수 있는 외화가 부족하기 때문이라고 말하는 것이다. 이런 시스템 아래서는 지면 제약이 있는 만큼 언론자유도 없다. 기사화할 필요가 있는 사안들이 묻혀버리기 때문이다. 언론계는 줄기차게 신문용지쿼터를 늘릴

것과 지면 제약을 풀어줄 것을 요구했다. 그때마다 정부는 정부가 갖고 있는 가용외화 부족을 내세워 피해나갔다. 정부 비판적 성향의 신문사는 독자 폭증으로 정부 배정량으로는 늘어나는 독자 수요를 따라갈 수 없다. D일보는 하는 수없이 국산제지사(군산에 있는 신문용지회사)의 신문용지를 구입해 쓰기도 했다. 국산 신문용지는 일본산에 비해 질이 형편없는데다 값은 3~4배나 고가였다. 설 부장은 국내제지산업의 현실이 이렇기 때문에 이번 삼성그룹의 전주제지 설립 프로젝트는 언론계에도 하나의 좋은 기회가 될 수 있다고 말했다. 전주제지는 산업용지보다 신문용지라인을 충분히 마련해 국내신문용지 부족 문제를 완전히 해소할 수 있다는 논리였다.

변 기자는 꽤나 큰 고민에 빠졌다. 신문용지난, 언론자유 위축을 해결할 수 있다는 것은 아주 매력적인 이야기다. 그러나 외화를 유출하는 변칙적인 결제 방법이 용인될 수 있느냐가 문제다. 변 기자는 설 부장에게 말했다.

"설명 잘 들었습니다. 귀 그룹의 언론계를 위한 신문용지 생산 계획에는 찬성하지만 외화차액을 유출하는 것에는 동의하기 어렵습니다."

"변 기자님. 말씀 더 들어보이소. 현재 많은 산업 시설이 차관방식으로 들어오고 있지만 대부분 다 그렇게 하고 있습니다. 그렇게라도 해서 산업 시설들이 들어와야 하는 것 아닙니까."

"아무리 목적이 좋아도 수단이 바르지 않으면 안 됩니다."

"변 기자님은 아직 재계를 잘 모르시는 겁니다. 외자도입의 경우 대부분 국내에서 집권당에 일정 비율로 리베이트를 주고 있습니다."

"뭐요! 집권당에 리베이트를 준다고요?"

"그렇습니다. 좀 배경이 센 사람들은 총 도입 금액의 3~4%를 내면 되지만 약한 사람들은 6~7%까지 냅니다. 집권당도 그 정도 받아야 선거도 치루고 정치도 할 것 아니겠습니까."

설 부장은 거침없이 외자도입에 따르는 정치권과 재계의 부적절 뒷거래를 이야기했다. 그러면서 설 부장은 변 기자 얼굴을 흘금흘금 훔쳐봤다.

'변 기자 이사람 과연 요리를 할 수 있을까'

변 기자가 아직 젊고 기자생활 연륜이 그리 오래되어 보이지 않는 다고 설 부장은 생각했다. '이런 신인들을 다루기가 오히려 쉽지 않 단 말이야. 노련한 기자들은 말이 잘 통하는데.'

변 기자는 설 부장의 달변에 오히려 느끼한 어떤 것을 느낀다. 삼 성그룹 부장급의 언변은 보통 이상인 것을 알고 있다.

"우리나라의 외자도입 필요성은 인정되지만 정치권, 재계가 그런 방식의 거래를 하는 것은 언론의 시각에서는 이해가 되지 않습니다. 더구나 국내 일류 재벌 삼성이 그렇다면 말입니다."

변 기자는 단호히 말했다.

난감해진 설 부장이 말을 이어나갔다.

"기자님. 다른 각도로 생각해 주이소. 이 프로젝트는 언론계를 위 한 겁니다."

설 부장은 남은 커피를 다 마시고 슬그머니 웃옷 속 호주머니에서 하얀 봉투를 하나 꺼내들었다. 일반 편지봉투가 아니다. 사이즈가 좀 크고 파란색 속지가 들어있는 이중형 봉투다. 두툼해 보였다.

"기자님. 이건 제 성의입니다. 부회를 하거나 모임이 있을 때 쓰시 라고 조금 마련한 겁니다."

설 부장은 주저하지 않고 변 기자에게 건넸다.

"이거 뭡니까. 왜 이런 걸 주려 합니까. 받을 수 없습니다!"

변 기자는 언성을 높였다. 변 기자는 티 테이블 위에 있는 봉투를 집어 들어 내팽개쳤다. 그 순간 봉투 안에 들어 있는 신권新券 현금이 다방 바닥으로 흩뿌려졌다. 새카만 다방 바닥에 돈다발은 부챗살처럼 흩어졌다. 주변의 사람들이 놀랐고 설 부장은 얼굴이 창백해졌다. 변 기자는 그 자리에서 일어나 기자실로 돌아가 버렸다. 변 기자는 회사 부장의 말을 떠올렸다.

"옷은 처음부터 깨끗이 입어야 하고 사람의 이름은 젊은 시절부터 소중히 해야 한다."

*

변 기자는 편집국으로 돌아와서도 전주제지 건으로 깊은 생각에 빠졌다. 언론자유와 부정한 외자도입, 어느 쪽을 선택할 것인가. 그때 변 기자에게 구내전화가 걸려 왔다. 전화 목소리가 굵고 우렁찼다.

"변 기자님이십니까. 저는 전주제지회 최 이사입니다. 퇴근하실 때 정문에서 기다리고 있겠습니다."

전화는 끊어졌다.

전주제지 최 이사. 처음 듣는 이름이다. 소속이 전주제지라는 걸 보면 설 부장하고 관련이 있어 보인다. 퇴근을 위해 변 기자가 회사 정문에 다다르자 50대의 거한이 변 기자에게 다가섰다. 최 이사는 키가 크고 몸집이 좋았으며 도수가 높아 보이는 안경을 끼고 있었다.

"변 기자시죠. 저와 이야기 좀 하시지요."

"무슨 이야깁니까."

최 이사는 두말없이 변 기자 팔을 붙들고 거센 완력으로 변 기자를 검은색 코로나 승용차 안으로 밀어 넣었다. 코로나는 고급 차로, 코로나를 자가용으로 가진 사람은 소수다.

"제가 좋은 데로 모시겠습니다."

변 기자는 기습적으로 승용차에 태워졌고 차가 멈춘 곳은 무교동의 오작교라는 요정이었다. 최 이사 안내로 들어선 방은 삼면이 병풍으로 둘러싸여 있었고 보료가 깔려 있었다. 최 이사는 변 기자가 앉자마자 넙죽 큰절을 올렸다.

"저 최이삽니다. 인사 올립니다. 이렇게 갑자기 모신 것을 용서해 주십시오."

변기자는 얼떨떨했다.

"전주제지 프로젝트 잘 봐주십시오. 한국제지산업 명운이 걸려 있고 언론계와도 깊은 관계가 있는 것 아닙니까."

최 이사는 비즈니스에 대해서는 더 이상 말하지 않고 술판을 벌였다. 최 이사는 죠니워커블랙라벨 병을 들고 계속 변 기자에게 술을 권했다. 변 기자가 눈을 뜬 것은 다음날 아침이었다. 술을 얼마나 마셨는지 집에 어떻게 도착했는지 기억이 나지 않았다. 변 기자 소속사는 석간夕刊이다. 아침 출근을 하면서 생각했다.

'언론자유를 위해 그 정도는 이해해 주자. 재벌그룹의 로비에 넘어간 건 아니다.'

변 기자는 설 부장과 최 이사에게 들은 이야기를 기자 수첩에 적었다. 부장에게는 보고하지 않았다.

2
회장실

메모 생각이 난 변 기자는 그룹 비서실로 전화를 걸었다.
"실장님께 전화 돌려 드리겠습니다."
여직원의 목소리가 상냥하기 그지없다. 기분이 좋다. 비서실 또는 교환양들의 전화 목소리는 중요하다. 개인 핸드폰이 보급되기 전 대부분의 큰 회사들은 교환 전화 시스템을 갖고 있었다. 따라서 한 그룹과 접촉할 때 처음 만나는 것은 교환양 또는 비서실 여직원 목소리다. 이들이 얼마나 공손하고 상냥한 목소리로 대하느냐에 따라 회사 이미지가 달리 형성된다. 삼성그룹은 이런 면에서 유별나다. 특히 여비서들 용모도 뛰어나다. 교양미가 얼굴에 흐른다. 전화 수화기에 비서실장 목소리가 나왔다.
"비서실장 설진석입니다. 변 기자님 오랜만입니다."
'오! 설진석 씨, 전주제지 총무부장 아닌가. 상공부 구내 다방에서 돈봉투 거절 사건 이후 2년 가까이 흘렀는데 설부장이 비서실장으로 영전했나. 반갑긴 하네.'
"변 기잡니다. 실장님 되셨네요. 축하 드립니다."
"마 어쩌다보니 이렇게 됐십니다. 오후에 반도호텔 페닌슐라 커피숍에서 차 한 잔 하십시다."

"무슨 일 있습니까. 비서실장님 시간은 보통사람 배나 되는데."

"변 기자님 꼭 그렇게 기자답게 그러지 마이소. 무슨 일 있다기보다는 오랜만에 얼굴도 보고 차 한 잔 하자는 겁니다."

변 기자는 싫지 않았다. 상공부 구내 다방에서 면박을 주었는데도 찾아준 것이다. 그룹 비서실장하면 흥미로운 이야깃거리도 있기 마련이다.

"그렇게 하십시다. 오후 3시에 뵙겠습니다."

*

두 사람은 반도호텔 커피숍에서 만났다. 반도호텔은 지금의 롯데호텔(소공동 소재) 자리에 있었고, 제2공화국 때는 장면 총리의 집무실이 있었고, 미8군 장성전용 호텔로 지정되어 있어 서민들과는 거리가 먼 곳이었다. 설 실장은 그룹 입사 20년 가까이 되지만 기자한테 돈 봉투 주려다 퇴짜 맞은 건 변 기자가 처음이라고 했다.

"사실 변 기자님을 좀 알아봤습니다. 능력 있는 유능한 기자, 괜찮은 사람이라고들 하더군요."

기자가 돈 봉투를 내던지며 거절하는 게 쉬운 일이겠느냐, 총무부에 있고 대소사로 언론 접촉이 많으니 어떤 기자는 적극적으로 봉투를 요구하기도 한다고 말을 이었다.

70년대 초반, 언론계의 복지 수준은 열악하기 짝이 없었다. 회사 샐러리로 생계비를 충당하기 어려운 수준이었다. 설 실장은 의형제로 지내자고 제안했다. 변 기자보다는 6살 위이기 때문에 자기가 형이라는 것이다. 변 기자는 거절할 이유가 없었다. 삼성그룹 비서실장을 의형으로 둬서 나쁠 것 없다. 설 실장은 그러면서 내일 오후 그룹의 회장을 만나줄 수 없느냐고 물었다.

"알다시피 우리 삼성그룹은 이병철 회장이 한비 밀수사건 이후 그룹경영에서 물러나시고 이맹희 부회장이 그룹을 총괄하고 있지. 그래서 내일 만날 사람은 이맹희 부회장이요."

변 기자는 깜짝 놀랐다. 일선 신문기자에게 삼성그룹 회장을 만나달라는 제안은 꿈의 제안이다. 이런 기회는 바란다고 해도 쉽게 찾아오는 것이 아니었다. 변 기자는 호들갑스럽게 대답하지 않고 다소 뜸을 들였다. 설 실장의 제안에는 생각지도 못한 어떤 암수가 있을지도 모른다. 재벌들이 하는 일이란 그렇게 단순하지는 않기 때문이다. 변 기자는 생각해 보았다. 설 실장에게 돈 봉투를 집어던진 일이 이렇게까지 연결이 되나. 그때 봉투를 집어 넣었더라면 이런 기회가 오지 않았을지 모른다. 세상사란 묘하다.

당시 삼성그룹은 속칭 5인방 이너서클 그룹에 의해서 리드되고 있었다. 이맹희 부회장을 정점으로 이창희, 김뢰성, 이일섭, 이은택 씨 5인이다. 이창희 씨는 이병철 회장 차남이고, 김뢰성 씨는 이창희 씨 대구 계성고 동기, 이일섭 씨는 제일모직 상무로 한비 사카린밀수사건 때 책임지고 형사처벌을 받았다. 이은택 씨는 이병철 회장의 서모의 사위다. 이때 비서실 강화책으로 중앙일보 편집국에서 이태교(정치부), 송평성(경제부), 박찬주(사회부) 등 세 사람의 정예기자들이 스카웃되기도 했다.

삼성그룹의 모습은 경영권이 이병철 회장으로부터 이맹희 부회장으로 승계된 것이었다. 이맹희 부회장은 산하 27개 자회사의 대표거나 이사로 등기돼 있었다. 그룹의 경영이 이렇게 5인방에 의해 굴러가는 것에 가장 큰 쇼크를 받은 사람은 중앙일보 홍진기 사장이었다. 홍 사장은 생각했다.

'사위 이건희가 이 회장의 3남으로 경영권 승계 후보에 랭크되어 있는데, 장남(맹희), 차남(창희)이 앞서 있지 않은가. 이대로 흘러가도록 두고 볼 수만은 없는 일이다.'

이 판도를 어떻게든 흔들어 놓아야 한다고 생각했다. 홍 사장은 당시 미국 조지워싱턴대학원에서 공부하고 있는 이건희에게 급전을 보냈다.

'속히 귀국해달라.'

홍사장이 보낸 이 한 통의 전보는 향후 삼성그룹의 승계 구도를 뿌리 채 흔들게 되고 삼성그룹의 진로에 크나큰 영향을 미치게 된다(이에 관한 이야기는 뒤에 다시 등장한다).

이건희 씨도 사태의 심각성을 인식하고 급히 귀국했다. 홍진기 사장은 그를 중앙일보 이사에 취임시켰다. 신문사 이사는 그가 무엇을 하느냐에 따라 그 영향력이 크게 달라진다. 이건희 이사는 편집국 취재 분야는 생소했기 때문에 그쪽에는 멀리 떨어져 있었다. 장인 홍진기 사장은 사위에게 본격적인 저널리스트 공부를 시킬 생각이 없었다. 그는 다른 꿈을 키우고 있있다. 홍 사상은 사위에게 '5인방' 회의에 가급적 참석하라고 종용했다. 이건희 이사는 형들이 주재하는 회의에 가끔 참석했다. 이 이사는 형들에 비해 나이도 어리고 현업에도 익숙하지 않았다. 회의에서 더러 발언을 할 때면 형들의 구박이 심했다.

"네가 뭘 안다고 발언하나. 가만히나 있거라."

이 이사는 회의가 끝나고 회의실을 나올 때 도어 옆에 놓여 있는 쓰레기통에 발길질을 했다. 화가 치밀어 올랐기 때문이다. 비서실에서는 이 이사에게 축구선수라는 별명을 붙여주기도 했다.

　변 기자는 설 실장과 약속했다. 다음날 오후 5시에 회장을 만나기로 한 것이다. 변 기자는 흥분과 긴장 속에 반도호텔 앞에 있는 삼성그룹 본부 빌딩 505호실 회장실을 찾았다. 회장실 접근은 사전 약속된 게 아니면 허용되지 않는다. 신문기자에게는 더욱 그렇다. 변 기자는 1층 로비에서 젊은 청년의 안내를 받았다.

"설 실장님 만나러 오셨지요?"

"그렇습니다."

"제가 안내해 드리겠습니다."

　엘리베이터를 내려 곧장 비서실로 들어갔다. 비서실이라는 표지는 없다. 문을 열자 설 실장이 반갑게 맞이했다. 비서실은 그렇게 넓지는 않았다. 설 실장 책상으로 보이는 중앙에 자리한 3m 넓이의 테이블이 눈에 띄었다. 삼성그룹 임원이 되면 대추나무로 수제한 붉은빛 자주색 테이블을 받는다. 이병철 회장은 인재 제일주의, 임원이 되는 사람 전원에게 자주색 대추나무 테이블을 선사한다. 유명 목수가 제작한 꽤 고가의 테이블이다. 삼성그룹은 임원이 되면 기사가 딸린 승용차, 높은 연봉 등 부장 때와는 다른 12개의 달라진 예우를 받는다. 대추나무 테이블도 그 중 하나다. 보기에 품위가 있어 보이고 아름답다. 그 테이블의 주인공이 되면 남다른 자부심과 열심히 일하고 싶은 생각이 우러나오기 마련이다.

　설 실장은 회장실 문을 노크하고 변 기자의 도착을 알렸다. 이맹희 부회장은 몇 걸음 걸어나와 변 기자를 맞이했다. 이 부회장은 이병철 회장보다는 박두을 어머님을 많이 닮은 듯했다.

"반갑습니다. 변 기자님."

　목소리는 감성이 실려 다감하다.

"시간 내주셔서 감사합니다."

변 기자는 약간 긴장됐다.

"내 오늘 변 기자님 보자는 것은 우리 집 일을 부탁하려는 겁니다. 진상영 일마를 손 좀 봐야합니다. 아주 못된 놈입니다."

이 부회장은 대뜸 진상영 사장을 들먹이면서 격한 말투로 이야기를 시작했다. 진상영 사장은 삼성그룹 이병철 회장을 20여년 넘게 보좌하면서 그룹 발전에 혁혁한 공을 세운 사람이다. 이병철 회장은 대구에서 소규모 국수공장을 운영할 때 자전거로 국수 배달 일을 시작한 노재명 사장과 진상영 두 사람을 쌍두마차로 해 오늘날 대기업 그룹으로 성장시켰다. 창업공신에 가까운 사람들이다. 이 회장은 노재명 사장에게는 항상 재명이라며 직위보다 실명을 불렀고, 그걸 더 좋아했다. 13살 때부터 함께 일했기 때문에 실명을 부르는 게 더 친근했다. 진상영 씨는 경남 진영 출신으로 마산상고를 나온 엘리트다. 회계에 빠르고 이마가 훤칠한, 중후한 용모가 돈이 붙어 보이는 골상이다. 변 기자는 깜짝 놀랐다. 이 회장의 창업공신인 진상영 사장을 기자 면전에서 나쁜 놈, 손 좀 봐야 한다는 말이 튀어나왔기 때문이다.

변 기자는 호기심이 넘치는 것을 꾹 참으면서 이 부회장의 계속되는 이야기를 기자수첩에 적기 바빴다.

"진 사장 일마는 처음에는 한국비료(韓國肥料)를 통째로 차지하려 했지만 그게 안 되니까 그동안 그룹이 성장한 것이 자기가 일을 잘한 덕분이라면서 그 공로에 대한 보상으로 거금을 요구하는 겁니다."

변 기자는 경악했다. 한국비료가 사카린밀수사건으로 국가에 헌납되었는데 그 사이에 진상영 사장이 이를 통째로 차지하려고 했다는 말은 도저히 상상조차 할 수 없는 얘기였다.

'무슨 거대한 음모가 있었다는 건가!'

*

  삼성그룹이 추진한 한국비료 프로젝트가 어떤 것이었고 어떤 의미를 가지고 있었는가를 이해하고 가는 것이 좋겠다.

  한국비료 프로젝트는 한국산업 발전사에 길이 남을 상징적인 이정표다. 삼성그룹 이병철 회장 개인의 사업 구상에 의해서 추진되었지만 국가적 차원의 성격을 가진 의미 있는 프로젝트였다. 이병철 회장은 제일제당의 설탕, 제일모직의 모직 국산화에 성공하면서 다음 사업으로 비료 산업을 선택했다. 이 회장은 우리 민족이 몇 백년간 숙명처럼 되풀이해오고 있는 춘궁기 기아를 탈출하는 길은 비료의 자급화로 쌀농사의 수확량을 획기적으로 늘리는 것 이외에는 다른 방법이 없다고 봤다.

  1950년대 말 한국의 쌀농사는 대한제국 말의 생산량을 크게 벗어나지 못한 수준이었다. 아주 좋은 상답 논 한마지기에서 생산되는 수확량은 고작해서 한 섬 반(벼 세가마니)에 불과했다. 일본의 경우 논 한마지기 쌀 수확량은 세 섬 반~네 섬이었다. 한국과 비교가 되지 않을 정도다. 농민들은 항상 배가 고팠으며 지난 가을 추수한 곡식이 바닥나는 이듬해 봄이면 굶는 수밖에 없었다. 이 회장은 비료 산업을 일으켜 논농사 수확량을 높여 농촌이 기아와 가난에서 벗어나야 한다고 생각했다. 한국비료 프로젝트는 국운을 좌우하는 의미가 있었다. 수천년 이어온 가난을 벗어날 수 있느냐 없느냐의 문제였다.

  한국은 미국으로부터 매년 2억 5천만 달러 규모의 원조자금으로 나라가 운영되었는데 그 중 비료 수입에만 1억 달러가 소요되는 상태였다. 연간 비료 총 수요량은 30만 톤. 그러나 1955년 ICA자금으로 설립된 충주비료와 1958년에 설립된 나주비료 두 공장의 생산량은 6만 톤에 불과했다. 농사철만 되면 비료 암거래는 기승을 부렸고 판매값이 2~3배 뛰어 자살하는 농민까지 나왔다. 정부는 비료 수급 전망으로 비료 수요를 1961년 30만 톤, 1965년에는 40만 톤으로 내다봤다.

　이 회장은 그가 추진하는 한국비료는 연간 생산량 35만 톤 규모는 되어야 한다고 판단했다. 그래야만 비료의 완전자급을 이룰 수 있고 심지어는 수출하는 여력을 갖게 되기 때문이었다. 이 회장이 구상하는 한국비료의 건설에는 약 4~5천만 달러의 자금이 소요됐다. 당시로서는 천문학적인 거액이었다. 정부의 외환보유액으로는 도저히 지원을 해줄 수 없는 규모였다. 이 회장은 고민에 잠겼다.

　'소요 자금을 어떻게 마련할 수 있겠는가.'

　이 회장이 해외여행 차 일본 동경에 머물 때였다. 어느 순간 그의 머리를 뒤흔드는 자금 조달 구상이 떠올랐다. 이른바 동경 구상이다.

　'아하! 길은 해외에 있다. 사업 계획만 적절하고 타당하면 장기長期, 저리低利의 상업차관을 마련할 수 있다.'

　이 회장이 이 생각을 떠올린 순간이 한국의 외자상업차관도입역사의 시발점이 되었다. 이 회장은 상업차관의 가능성을 여러 각도로 타진해 보았다. 결국 유럽에 DAC(개발원조그룹)라는 조직이 있고 이 그룹이 개발도상국을 상대로 저리의 상업차관을 공여하고 있다는 사실을 알아냈다. DAC는 추후 발전적 조직으로 진화해 현재의 OECD가 됐다. 이 회장은 DAC 회원국 중 가장 자금력이 풍부한 나라가 서독이라는 것을 알게 됐다. 당시 선진국들의 외화보유고는 서독 80억 달러, 일본 10억 달러 수준이었다. 이 회장은 6.25의 전화가 멎고 휴전이 되었다고는 하지만 유럽 사람들 눈에 한국은 아직도 불안정하게 보일 것이었다. 그런 한국의 일개 기업에 거액의 차관을 제공할지…… 불안감이 이 회장을 짓눌렀다.

이 회장이 잠언처럼 항상 되뇌는 격언이 있다.

'궁즉통窮則通. 궁하면 통하는 길이 있기 마련이다.'

이 회장은 주한 서독대사 헤르츠를 찾아갔다. 헤르츠 대사는 삼성에 호의적이었고 비료산업에 이해가 깊었다. 헤르츠 대사는 이 회장의 구상을 듣고 전적으로 찬성했다. 헤르츠 대사는 본국의 에르하르트 경제상에게 장문의 서한을 보내 차관교섭 협력을 부탁했고 회견시간까지 잡아주었다.

이 회장은 1960년 2월 1일, 유럽 여행길에 올랐다. 한국의 정·부통령 선거가 얼마 남지 않은 때였다. 이 회장은 에르하르트 경제상은 미국 출장중이었으므로 차관을 만났다.

장신의 차관이 말했다.

"당신과 당신 비료 공장 이야기는 잘 알고 있다. 크루프 측을 만나는 것이 좋겠다. 크루프 측에는 장관이 이미 지시를 해놓았다. 서독 정부도 정부 차원에서 적극 협조하겠다."

유럽 사람들의 일하는 태도나 성실한 자세, 완벽한 일 처리에 이 회장은 감탄했다. 이 회장이 쿠루프사에 도착했을 때, 미국 여행 중인 사장을 대신해 36살의 패기 넘치는 부사장이 이 회장을 맞이했다. 부사장은 쿠루프사부터 소개했다. 알프레드 크루프가 150년 전 창설한 세계의 굴지 철강 회사인데, 제2차 세계대전 때 히틀러에게 협력했다는 이유로 연합군은 사장을 구속까지 했으며 전 그룹 기업을 분할매각 하려 했다고 말했다. 원매자가 나타나지 않았고, 아데나워 수상이 크루프 해체는 서독경제 부흥에 도움이 되지 않으며 반공反共을 위해서도 크루프를 존치시켜야 한다고 연합군을 설득해 오늘에 이르렀다고 말했다. 크루프는 한국동란으로 인한 군수 경기로 그룹의 재건이 가능했으므로 한국 부흥에 이바지하는 것이 도리라고 부사장은 말했다. 이 회장은 연간 35만 톤 규모의 비료 공장 프로젝트를 설명하고 그에 소요되는 자금을 귀사의 차관으로 조달하기 위해서 왔다는 취지를 말했다.

젊은 부사장은 "가능하다. 정부의 지급 보증은 시간이 걸리니 당신이 대주주로 있는 은행의 지급 보증만 있으면 충분하다"고 시원시원하게 말했다.

이 회장은 내심 놀라면서 크루프의 호의적인 반응이 어디서 기인했는가를 물었다.

"서독과 한국은 똑같이 민족 분단의 아픔을 겪고 있다. 선진국 몇 나라만의 번영으로 자유진영을 지킬 수 없다. 다행히 서독은 80억 달러가 넘는 외화를 보유하고 있으며 금년에 3억 달러를 개발도상국에 지원한다."

이 회장은 깊은 감명을 받았다. 이 회장은 서독에서 예상외의 성과를 거둔 것에 만족하면서 이태리의 거대 재벌 몬테카티니사도 들러봐야겠다고 생각했다. 이 회장은 세계의 거대기업들의 시설, 제조 원가 등을 가급적 넓게 알아보는 것이 필요하다고 생각했다. 몬테카티니는 화학, 비료, 발전소, 광산 등 100여 개의 회사를 유럽 각지에 두고 있다. 이 회장은 크루프에서와 마찬가지로 비료공장 건설 계획을 말하고 차관을 요청했다. 사장의 대답은 크루프와 대동소이했다.

"가급적 빨리 사업계획서, 수지예산서, 은행지급보증서를 보내주십시오. 차관은 제공될 겁니다."

그러면서 사장은 뜻밖의 말을 꺼냈다.

"우리 회사는 한국과 오랜 인연이 있습니다. 1930년대에 우리 회사 기술진이 질소암모니아 공법을 세계 최초로 발명했는데, 당시 그 사실을 아무도 믿어주지 않았습니다. 공기에서 질소비료를 추출한다는 것을 모두 의심했던 겁니다. 그때 일본의 노구치라는 사람이 거금 100만 달러를 지불하고 특허를 사서 지은 공장이 지금은 북한에 있지만 귀국의 흥남비료공장입니다."

이 회장은 '이태리와 그런 인연이 있었나' 생각하면서 홀가분한 마음으로 귀국길에 올랐다. 차관 교섭이 한 곳도 아닌 두 곳에서 차관 교섭을 성공한 것이다.

3
어두운 그림자

 이 회장은 차관교섭 차 유럽을 떠나기 전 당시 실력자 이기붕 국회의장을 만났다.
 "이 의장님, 삼성에서 세계 최대 규모 비료공장을 지으려고 합니다. 농업국가인 우리가 매년 비료를 전량 수입에 의존하는 건 말도 안 됩니다. 국제 비료 수출 국가들은 우리의 비료 사정을 잘 알고 있기 때문에 농사철에는 비싼 값을 부릅니다. 비싸게 살 수밖에 없습니다. 그만큼 귀한 외화가 빠져나가는 것이지요. 거기에다 적기에 공급이 되지 않아 농사를 망치는 일이 한두 번이 아닙니다. 재작년에도 비료공급이 적기를 놓쳐 농민들이 아우성이었고 흉작으로 미곡파동이 일어났던 건 의장님도 잘 알고 계실 겁니다."
 "그렇지요. 본인도 비료 문제를 항상 걱정하고 있습니다. 이 회장이 비료산업을 일으킨다고 하니 다행입니다. 그런 큰 프로젝트는 이 회장만이 할 수 있다고 생각합니다. 소요자금 조달은 어떻게 하시려 합니까?"
 "장기저리외국상업차관으로 마련할 계획입니다. 미국이나 유럽 일본에는 상업차관자금이 꽤 있는 편입니다."

"훌륭한 착상입니다. 우리나라로서는 처음이라 장담할 수 없지만 삼성의 수용 능력이라면 가능할 겁니다. 최대한 지원하겠습니다."

신중한 성격의 이기붕 의장은 이 회장의 말에 꽤나 고무된 인상이었다. 이 회장은 여기에 그치지 않고 청와대 이승만 대통령을 면담할 생각도 했다. 대통령에게도 비료공장프로젝트를 설명하고 공감을 얻어 두는 게 필수라고 생각했기 때문이다.

*

이 회장은 이전에 이승만 대통령을 두 번이나 만난 기회가 있었다. 첫 번째 만남은 이승만 박사가 대구 10월 폭동이 진압되고 나서 얼마 안 되어 대구를 방문했을 때 이루어졌다(이 책에서는 대구 10월 폭동이라고 쓰고 있다. 1946년 10월 1일, 대구에서 일어난 민중소요사태는 역사학계에서는 아직도 정리가 되지 않고 있다. 찬성 쪽은 10월 인민항쟁, 중립 쪽은 10월 사태. 비판 쪽은 영남소요로 쓰고 있다. 이 책에서는 대구 폭동에 대해 자세히 쓰지 않는다. 책의 주제와 거리가 멀기 때문이다).

대구의 유지 30여 명은 이승만 박사 환영위원회를 구성, 왜관까지 출영했다. 이 박사는 출영 나온 한 사람 한 사람과 악수를 나누면서 노련하게 말을 걸어왔다. 이 회장 눈에 이 박사는 위엄이 있으면서도 친근감이 있어 보였다. 이 박사는 〈대구민보〉의 장인환 사장에게는 그의 명함을 보고, "미국에 살고 있는 내 선배 이름과 똑같군. 당신도 애국자임에 틀림없을 것이요"라고 말했다. 이 짧은 말을 장 사장이 이해했는지는 모르겠다. 이 박사는 이 순간에도 미국 오클랜드역의 어느 회합에서 일본의 한국 식민통치를 정당화하고 찬양하는 연설을 한 미국인 스티븐스를 사살한 장인환 의사를 가리켜 말한 것이었다. 이승만 박사는 한 사람 한 사람에게 각기 다른 적절한 화제로 일일이

3. 어두운 그림자 **37**

격려했다. 드디어 이 회장 차례가 되었다. 이 회장은 선친인 술산 이찬우逑山李纘雨공과 이 박사와 교분이 있었다는 것을 알고 있었다. 이 회장은 선친 함자를 말하면서 자기소개를 했다. 이 박사는 무척 반가워하면서 집안의 안부를 두루 물으며 이 회장에게는 무엇을 하느냐고 물었다. 이 회장은 양조업을 하고 있다고 대답했다.

"술은 오래된 것일수록 좋다고 하는데, 우리나라의 것은 그렇지 못한 것 같다. 만일 우리나라가 서양에 술을 수출하려고 한다면 우선 장기간 보존할 수 있는 우리나라 고유의 좋은 술을 만드는 방법을 연구해야 할 것이다"

임기응변, 사통팔달이라고밖에 달리 말할 수 없다. 화제가 풍부하고 폭도 넓었다. 어딘가 과연 큰 그릇이라는 강한 인상을 받았다(이 회장과 이 박사의 대화는 《호암자전》에서 그대로 옮겼다).

이 회장과 이승만 박사의 두 번째 만남은 서울 이화장梨花莊에서였다. 이 박사는 대구 방문에서 '이 회장에게 서울 오면 이화장에 한번 오라'는 말을 남겼다. 이 회장은 회사 업무 차 서울 온 기회에 이 박사의 말을 떠올려 이화장에 들르기로 한 것이었다. 이 회장은 당시 대구신탁은행 임원이었던 오위영 씨와 동행했다. 이승만 박사는 대통령이 되기 전이었기 때문에 이화장을 숙소 겸 사무실로 쓰고 있었다. 사전 약속이 없었음에도 그는 이 회장을 흔쾌히 맞이해 주었다. 이 회장은 여기서 평생 잊지 못할 감명 깊은 일을 경험했다.

이승만 박사는 방금 배달되었다는 국제전보 한 통을 보여주면서 다음과 같은 말을 해주었다.

"미국에 있는 임병직군의 전본데, 신탁통치는 모면할 수 있게 되었다는 거야. 머지않아 우리나라에도 독립의 기회가 오지."

이 회장은 정치가도 아니고 아직 깊은 신뢰도 쌓여 있지 않은 사람에게 이런 중요한 비밀 전보를 선뜻 내보이는 것에 놀라움을 금치 못했다. 이 회장은 이 박사야말로 참으로 대인 같다고 여겼다. 이 회장은 일생 내내 이 박사는 큰 불덩이를 솜으로 감싼 사람 같다는 인상을 지우지 못했다.

"남쪽만이라도 선거를 하는 것이 옳다고 생각한다. 공산당과의 협상에 구애 받아 시기를 잃기라도 한다면 그야말로 그들 계략에 빠지고 마는 것이다."

이 박사는 신념에 찬 어조로 말했다.

이 회장은 이 박사와의 만남을 계기로 사업을 통해 국가, 사회의 발전에 기여하고 싶다는 결심을 더욱 굳혔다. 이른바 사업보국事業報國이다.

*

이 회장은 지난 두 번의 만남을 생각하면서 이승만 대통령을 경무대로 방문했다. 사업의 일로 이 대통령을 만나는 것은 이것이 처음이었고 마지막이었다.

"우리나라에서도 서서히 근대산업이 일어나고 있지만 아직도 많은 물자를 국산화하지 못하고 수입에 막대한 외화를 소비하고 있습니다. 지금 우리 기업가가 해야 할 일은 수입대체산업을 하나라도 진흥시켜 달러를 절약하는 일입니다. 비료는 단일품목으로 외화를 제일 많이 쓰는 품목입니다. 그래서 비료공장을 세우려고 합니다."

이 회장은 이렇게 말문을 열었다.

"우리나라가 비료를 자급자족하려면 소규모 공장으로는 불가능합니다. 세계적 수준의 현대적인 대규모 공장을 건설해야 합니다."

이 회장은 비료산업의 국산화 필요성을 역설했다.

"그렇게 대규모 공장을 건설하려면 돈이 많이 소요될 것 아닌가. 이 회장이 짓겠다는 한비규모라면 외화가 얼마나 필요한가."

이제 대통령의 제일 관심사는 달러가 얼마나 필요한가였다. 이 대통령은 대통령이 된 이후에도 1백 달러 수준의 외화 사용에도 직접 일일이 결재하는 것으로 유명했다.

"4,000~5,000만 달러는 들 겁니다."

"뭐! 4,000~5,000천만 달러?"

이 대통령은 진심으로 놀라워했다.

"큰돈이기는 합니다만 유럽으로부터 장기저리상업차관을 도입하게 되면 돈 문제는 해결될 것입니다"

"그렇게만 된다면 다행이지. 좋은 생각이야."

"자금 조달은 자신 있습니다."

이 대통령은 이 회장의 자금조달계획을 듣고는 비료공장 건설 계획을 선뜻 승낙해 주었다. 이 회장은 경무대를 방문하면서 대통령의 재가를 얻을 수 있을까 염려했다. 이 회장은 대통령의 재가를 얻으면서 기쁨과 함께 무거운 책임감을 느꼈다. 한국비료 프로젝트는 이제 삼성그룹만의 것이 아니고 국가의 프로젝트로 격상된 것이다.

이 회장은 귀로의 기내에서 생각했다. 이승만 대통령에게 독일과 이태리에서 상업차관 도입에 성공했다는 보고를 하면 대단히 기뻐할 것이 틀림없다. 그러나 이 회장의 달콤한 생각도 그리 오래가지 못했다. 파리에 들렀을 때 정일권 주프랑스대사로부터 서울에서 대규모 학생 데모가 발발했고 이승만 대통령이 하야下野했다는 소식을 들었다.

제행무상. 모든 것은 머물러 있지 않는다.

불과 몇 달 전에 비료공장건설을 재가해 주었던 이 대통령이 하야

했다는 사실이 믿어지지가 않았다. 이 회장은 불안했다. 한비의 건설 프로젝트가 수포로 돌아가지 않을까. 모처럼 차관도입에 성공해 건설의 실마리가 풀리기 시작했는데 말이다. 이 회장은 바로 귀국하지 않고 동경으로 갔다. 동경에서 듣는 서울 소식은 암담하기만 했다. 서울은 데모로 시작해 데모로 날이 저무는 혼란의 극치였다.

이 회장은 계속 동경에만 있을 수는 없어 7월 26일경에 서울로 왔다. 허정 과도정부에서 장면정권으로 바뀌었지만 혼란은 계속되었다. 이 회장은 김영선 재무장관을 만났다. 그리고 한비건설관련 서류 일체를 건네주었다. 한비 프로젝트를 더 이상 추진할 수 없다는 뜻이었다. 김 장관은 이 회장이 서독과 이태리에서 차관 도입에 성공한 일을 알고 있었다.

"이 회장, 이 프로젝트는 국가적으로 중요하며 이 회장만이 할 수 있는 일입니다. 계속 추진해 주세요."

"나는 부정축재자로 몰린 사람입니다. 더 이상 이 프로젝트를 추진할 재력도, 용기도 없습니다."

삼성은 당시 부정축재자로 몰려 17개 계열 기업이 세무조사를 받고 200백환(당시 화폐)의 벌금을 물었다. 나중에 안 일이지만 김 장관에 건넨 서류는 행방불명이 되었다. 이렇게 비료공장 건설 계획은 좌절되고 말았다.

4

비운悲運

  이 회장이 5·16 군사혁명 소식을 들은 것은 일본 데이고쿠 호텔에서였다. 1961년 5월 16일 아침 7시경 지인과 골프 약속이 있어 막 호텔을 출발하려는 찰나였다. 일본인 기사 구와바라가 "한국에서 군사혁명이 일어났다는 소식 들으셨습니까" 물었다. 이 회장은 크게 경악하지는 않았다. '드디어 올 것이 왔구나' 생각했다. 그렇게 혼란스러운 상황에서는 오히려 혁명이 일어남으로써 사회 안정이 될 수도 있겠다고 생각했다. 이 회장은 혁명 공약에서 반공을 국시로 한다는 것이 들어 있어 공산화는 되지 않겠다는 생각에 안심이 되었다(이 회장이 5·16군사혁명 혁명군에 의해 부정축재자 12명 중 제1호로 지정되어 겪은 일은 뒤에 등장한다).

  이 회장은 박정희 씨가 1963년 10월, 선거에서 대통령으로 당선된 이듬해에 청와대를 방문했다. 그 자리에서 박 대통령은 "이 사장은 이제 일을 피하지 말고 새 사업을 일으켜 경제 재건에 참여해 주십시오"라고 말하며 농약공장 건설을 적극 권장했다.

  "그 분야에 대해서는 아는 바가 전혀 없습니다. 특히 기술, 시장성은 검토해 본 일이 없으므로 즉답을 드리기 어렵습니다."

"그렇다면 이미 구상했던 비료공장은 어떻습니까?" 한국 비료공장 프로젝트를 말하는 것이다. 한국비료 프로젝트가 부활하는 순간이었다.

이 회장은 내심 반가우면서도 향후에 있을 수 있는 난관을 보장받아 놓을 필요가 있다고 생각했다.

"이 일은 대통령이 혼자 애쓰신다고 해서 될 일이 아닙니다. 전 행정부의 적극적인 뒷받침이 필요합니다."

박 대통령은 그 자리에서 바로 장기영 부총리 겸 경제기획원 장관을 불러 말했다.

"이병철 사장이 비료공장을 짓기로 했소. 장 장관이 모든 책임을 지고 뒷받침하시오."

이 회장은 정부의 확실한 뒷받침을 받아 한비 프로젝트를 다시 시작했다. 이번에는 유럽에서가 아닌 일본에서 상업차관을 도입하기로 했다. 일본의 미쓰이 재벌이 창구가 되었고 차관 규모는 4,500만 달러였다. 모든 일은 계획대로 진행됐고 약 180만 점의 기자재도 울산 공장 현장에 도착해 1966년 9월에는 공정의 80%가 이루어졌다. 꿈의 준공이 눈앞에 보이기 시작했다.

*

그러나 1966년 9월 16일, 이 날은 이병철 회장에게 끔찍한 비운의 날이었다. 서울에서 발행되는 석간신문들이 '삼성그룹 사카린 밀수'라는 제하의 기사를 1면 머리기사에 큼직한 활자로 써 보도했다. 이 회장은 아연실색했다. 일본에서 선적을 지휘하던 일을 중단하고 급히 귀국했다. 그러나 사태는 걷잡을 수 없이 확대됐고 수습불능의 국면으로 접어들었다. 10년에 걸쳐 마침내 준공 문턱에 온 한비는 서서히 삼성그룹을 떠날 수밖에 없었다. 한비는 결국 국가에 헌납됐고 이 회장은 그룹 경영에서 물러났다. 이 회장 56세 때의 일이다.

삼성그룹 한국비료 사카린밀수사건은 OTSA(사카린 원료 물질)를 보세창고에서 밀반출한 사건이다. 부산세관은 한비가 OTSA 2,400포대(5만 달러 상당)를 보세창고에서 통관 전 밀반출해 시중에 판 것을 적발했다. OTSA는 이태리 몬테카티니사가 특허를 갖고 있는, 당도가 설탕보다 200배나 높은 특수 화학 물질이다.

헌납 후의 한비는 어떻게 되었을까. 국가에 헌납되었기 때문에 국영國營 비료공장이 됐고, 이 회장이 구상한 대로 연산 35만 톤의 요소비료를 생산해 비료의 완전자급을 이루게 됐다. 쌀농사 생산성 향상에 절대적인 기여를 해 춘궁기 기아를 몰아냈다. 시간은 모든 것을 변하게 한다. 94년 정부의 공기업 민영화 정책에 따라 한비는 다시 삼성그룹 품에 안기게 됐다. 이 회장이 눈물을 머금고 국가에 헌납한 후 무려 28년 만에 창업주 품으로 돌아온 것이다. 삼성그룹은 사명을 삼성정밀화학으로 개칭했으며 그룹의 구조조정에 따라 롯데그룹에 매각했다. 이병철 회장이 각별한 애착을 가졌던 애증의 한비는 이렇게 해서 삼성과 영구히 결별했다.

5

공신功臣의 배신

한비 국가 헌납. 순수 개인 기업의 국가 헌납은 드문 일이다. 전시戰時 등 국가 비상사태 상황에서 개인이 자발적으로 재산을 국가에 헌납하는 일은 있다. 삼성그룹의 사카린밀수사건은 산업화 초기 '기업 모럴'이 강조되는 시기였기에 국민들의 분노가 폭발할 소지가 충분히 있었다. 이 회장이 한비를 통째로 국가에 헌납하기로 결심한 것은 국민들의 이런 분노를 알아차린 측면도 있을 것이다. 이 회장은 경영 일선에서 깨끗이 물러나고 장남 이맹희에게 그룹을 맡겼다. 삼성은 사카린밀수사건으로 만신창이가 됐다. 사건 발생 이후 한비 헌납까지 1년간 그룹이 송두리째 해체되는 듯이 보였다. 이런 와중에 예상하지도 못한 내부 반란이 일어났다.

변 기자가 3시간 넘게 이맹희 부회장을 만나고 있는 것도 같은 선상에 있었다.

"기자님, 진상영 이 사람 한비를 통째로 차지하려고 했습니다. 한비가 사카린 사건으로 둥둥 떠다니는 주인 없는 회사로 보인 겁니다. 그래서 권력 핵심에 있는 사람과 결탁해 한비 소유권을 넘겨받으려 한 거지요."

"권력 핵심에 있다는 말씀은 무슨 뜻인가요?"

"권력이 센 자리에 있는 사람을 말하는 겁니다. 누구라도 무서워하는 기관책임자 말입니다."

변 기자는 놀랐다. 그 기관이 어느 곳이라는 것은 대강 짐작이 갔다.

한편 진상영은 생각했다. 한비는 삼성의 것이 될 수 없다. 외부 힘을 빌리면 그가 장악할 수 있다고 생각했다. 그들은 실제로 움직였다. 그 기관을 통해 이 회장에게 한비에서 손을 떼는 것이 삼성이나 이 회장에게 유리할 것이라고 죄어 왔다. 이 회장이 한비를 국가에 헌납하겠다고 결심한 데는 이들의 결탁이 한 요인인 것이다.

"글마들(진상영과 기관책임자)은 우리 영감님(이병철 회장)을 은근히 협박했습니다. 그들이 가지고 있는 다양한 정보를 악용한 겁니다. 우리 영감님이 그렇게 만만합니까. 결국 굴복보다는 헌납 쪽으로 가닥을 잡은 것입니다."

변 기자는 현기증을 느꼈다. 이런 어마어마한 사실을 알게 된다는 것이 현실로 믿어지지 않을 정도였다. 이 부회장은 말을 이어갔다.

"글마들은 한비라는 목표를 잃은 것입니다. 그래서 다른 조건을 만들었습니다. 진상영에게는 우리 영감님이 일을 잘한다는 뜻에서 제일모직과 제일제당 주식 3%를 공로주로 주었습니다. 진상영은 이 공로주를 시가時價로 재평가하고, 삼성그룹이 이만큼 성장하는 데는 자기가 일을 잘해서기 때문에 그 공로를 인정, 삼성그룹의 전체 재산의 반¥을 달라는 얘깁니다."

변 기자는 입을 다물지 못할 지경이었다. 대재벌의 CEO라고 하지만 구상의 스케일이 상상을 벗어날 정도다(진상영의 이런 요구는 이병철 회장의 자전自傳에서도 언급되고 있다).

이맹희 부회장에게는 진상영의 요구가 무리한 것이라 해도 해결해야 할 과제였다. 진상영의 배후에는 권력의 실세가 버티고 있었다.

"어떻게 하겠습니까. 하는 수 없이 진상영에게 연락했습니다. 워커힐 호텔 O호 빌라로 오라고 날짜, 시간을 정해 말했습니다."

이맹희 부회장은 남은 커피를 마시고 말을 이어갔다. 워커힐 호텔은 본관 호텔과 카지노 이외에 바로 옆 별관에 30여 채 가량의 호화 빌라를 가지고 있었다. JP(김종필 전 총리)가 워커힐을 설계할 때 부유한 관광객, 외국의 VIP용으로 작심하고 고급스럽게 꾸민 것이다. 더러 국내 정치인들이 비밀 협상을 할 때도 이 빌라를 이용했다.

"진상영은 약속시간에 맞춰 나타났습니다."

이 부회장은 말을 이어나갔다.

"진 사장, 당신이 요구하는 거 부끄럽지도 않나. 어떻게 머슴 놈이 주인한테 그런 못된 짓을 할 수 있나. 한비를 통째로 차지하려다 그게 안 되니 삼성의 재산 반을 내놔라? 에이 똥 같은 인간! 이라면서 테이블 위에 있는 맥주병을 얼굴에 내던졌습니다. 진상영은 순식간에 일어나 빌라 문을 열고 구두도 신지 않은 채 달아났습니다. 나도 맨발로 글마를 쫓아갔지요. 그날 하필 달빛이 밝은 날이라 월하(月下)의 도주극이라 할까. 진 사장은 1킬로미터 가까이 달려가다 택시를 타고 사라졌습니다."

이 부회장은 이 대목에서 신나보였다.

"변 기자님. 오늘 내가 할 수 있는 이야기는 여기까지입니다. 이 사건을 언론에서 어떻게 취급해야 할지 연구해 주십시오."

이 부회장과 인터뷰를 시작한지 4시간이 지나 있었다. 숨 막히고 흥분되고 짜릿한 시간이었다. '이런 빅 뉴스가 내 손안에 들어오다니!' 변 기자는 밖으로 나왔다. 설 실장은 그때까지 기다리고 있었다.

"무슨 이야기가 그리 기노. 뭐 비밀 이야기라도 있었나."

설 실장은 이 부회장의 이야기가 무엇이었는지 물었다.

"놀라운 이야기였습니다. 아직 정리가 안 돼 설명드릴 수가 없습니다."

변 기자는 설 실장이 정말 아무것도 모르고 묻는지 알 수가 없다. 그러면서 설 실장은 부회장이 조만간 다시 한번 만나자고 할 것이라고 말했다.

"언제든지 연락주세요. 기다리겠습니다."

변 기자는 오늘 인터뷰만으로도 예상하지도 못한 특종거리를 얻었는데 추가로 또 무엇이 있나 흐뭇하기만 했다.

*

2일 후 설 실장 전화가 왔다. 오후 5시 회장실에서 만나자는 이야기다. 변 기자는 처음처럼 긴장은 덜 됐다. 이 부회장은 여전히 솔직한 화법, 쾌활한 태도로 말을 이어갔다.

"노재명 사장 말입니다. 이 사람 날강돕니다. 이 사람 13살부터 아버님 대구 국수공장에서 국수 배달 일을 시작했습니다. 워낙 작게 시키는 일을 잘하기 때문에 30년간 아버님을 보필했지요. 아버님은 노재명을 친자식 이상으로 믿고 애정을 쏟았습니다. 삼성물산, 제당, 모직 일을 주로 관여했고 결국 회장님이 개인 인감, 회사 직인도 맡기고 자금, 회계 모든 일을 맡겼지요"

노재명은 중세시대 한 가문의 집사 역할을 했다고 할 수 있다. 이 회장은 그를 항상 "재명아" 실명을 부르면서 신뢰와 친절을 나타냈다. 삼성그룹이 신규 사업을 위해 공장 부지를 마련할 때마다 노재명의 손을 거쳤다. 이 회장은 노재명 사장에게 그런 중요한 일을 맡겨야 안심이 되었다. 우선 비밀이 지켜졌고 감쪽같이 일처리를 해내 땅

값이 폭등하는 일이 없었다. 대기업들이 신규 사업을 할 때 가장 신경 쓰는 것이 공장 부지 확보다. 수십만 평, 수백만 평 규모의 부지를 매입하는 것은 보통 일이 아니다. 극비 군사작전 이상의 치밀한 계획과 비밀을 요하는 일이기 때문이다. 삼성이나 재벌급 기업들이 땅을 산다는 소문이 나면 그 신규 사업을 망치는 경우도 있다. 지주들이 천정부지로 땅값을 올리기 때문이다. 삼성그룹의 땅 사는 기술은 타의 추종을 불허한다. 그 대표적인 사례가 용인 자연농원 에버랜드다 (이 부분 역시 뒤에서 자세히 다룬다).

노재명은 삼성의 땅 매입 역사의 원조다. 이 회장의 그에 대한 신뢰는 절대적이다.

"한비 사건으로 삼성그룹이 국민들의 들끓는 지탄을 받자 노재명은 마음이 달라졌습니다. 삼성은 망한다, 한몫 챙겨야 되겠다 생각한 거지요. 회장 개인 인감, 그룹 계열사 인감이 수중에 있는 것을 이용해 그룹 전체 재산의 1/3을 자기 명의로 변경했습니다."

(이 사실은 이병철 회장 자전에서도 언급되어 있다. 자전에는 '가장 신뢰하던 임원이……'로 표현되어 있다.)

이 부회장은 꽤 흥분했고 말을 멈춘 뒤 차를 마셨다.

"그 후로 노재명 사장 일은 어떻게 처리 되었나요?"

변 기자는 물었다.

"노재명이는 본래 인성이 착한 사람입니다. 한 짓으로 보면 마땅히 감옥에 가야지요. 본인이 스스로 회장님을 찾아뵙고 용서를 빌었습니다. 회장님은 용서해 주었고 모든 서류는 원상복귀 시켰습니다."

노재명 사장은 스스로 삼성그룹을 떠났고 꽤 규모가 큰 식품회사를 신설했다. 그 식품회사는 크게 성장했다.

"진상영 사장 문제만 남아있는 것 같습니다."

"그렇지요. 그래서 그제 말한 바와 같이 언론에서 도와줄 수 있는가를 이야기한 겁니다."

변 기자는 이 부회장과 헤어지고 나니 머릿속이 복잡했다. 취재된 내용이 너무 크고 중대하다. 기사를 잘 정리해야 할 필요가 있었다. 더구나 권력 실세까지 관련되어 있는 사안이다. 변 기자는 좀 더 확실한 취재를 위해 진상영 사장에게 연락했지만 연결이 되지 않았다. 변 기자는 결국 사장님에게 보고하는 것이 좋겠다고 생각했다. 변 기자는 사장실로 찾아가 이 부회장 인터뷰 내용을 소상히 보고했다.

사장님은 10여분 동안 담배 두 가치를 태우면서 숙고했다. 긴장되는 순간이다. 일선기자 출신이신 사장은 철저한 정론을 추구하는, 기자정신으로 꽉 찬 분이었다.

"변 기자, 삼성으로부터 어떤 금전거래가 있었나?"

"그런 것은 전혀 없었습니다."

"그럼 기사화 해."

변 기자는 사장님이 숙고하는 이유를 짐작할 수 있었다. 기사 성격상 회사에 거센 후폭풍이 있을 수밖에 없다. 최악의 경우 회사가 존폐 위기에 몰릴 수도 있다. 사력 3년밖에 안 된 신생 매체다. 사장은 그럼에도 결국 기사를 쓰는 쪽을 선택한 것이다. 다음날 그 기사는 1면 머리기사로 나갔다. 예측한 대로 정부권력기관의 카이젤 강이라는 닉네임을 가진 언론국장이 신문사에 검은 지프차를 타고 들이닥쳤다. 강 국장은 카이젤 콧수염을 기른, 언론인들의 두려움의 대상이었다. 강 국장은 사장을 면담하면서 변 기자를 체포하겠다고 말했다.

'변 기자가 삼성으로부터 돈 받고 기사를 썼다'고 몰아붙였다. 사장은 완강히 항변했다.

"변 기자는 그런 기자가 아니다. 돈 받고 기사 썼다는 증거라도 있는가."

　변 기자는 1주일간 휴가를 내고 부산 해운대로 피신했다. 그 와중에 〈삼성그룹 재탄생〉 제하의 5회에 걸친 내리다지 박스기사를 썼다. 얼마 후 도하 각 신문에 〈진상영 사장 삼성그룹에서 퇴진〉이라는 기사가 났다. 비서실 설 실장으로부터도 전화가 왔다. 변 기자 기사가 나간 후 진 사장은 더 이상 그룹에 돈 요구하기를 포기하고 그룹을 떠나게 됐다는 얘기를 전했다. 진 사장은 그룹을 떠나면서 제일모직의 엘리트 직원 150여 명과 동반 퇴사했다. 삼성그룹으로서는 막대한 인적손실을 안게 된 것이다. 진 사장은 삼성의 제일모직에 버금가는 새로운 대형 모직회사를 창설하고 삼성의 골덴택스와 시장에서 경쟁했다. 그러나 성공하지 못했다.

6

차남次男의 쿠데타

변 기자는 이학준 대중문화기자 전화를 받았다.

"변 기자. 차 한 잔 할 수 있을까."

"좋지요. 뭐 좋은 이야깃거리라도 있는 거요?"

"입맛 당기는 일일 거야."

변 기자는 소공동에 있는 유명 문인들이 단골인, 커피 맛 좋기로 유명한 '가화'라는 다방에 갔다. 이학준 기자는 주간지 등에 대중오락, 연예계 소식을 주로 쓰는 나름 꽤 이름이 알려진 사람이나. 사칭 K 중학교(경기)출신 대중문화기자 일인자다. 연예계와 재계財界에 발이 넓다. 경기 주먹이었다고 자랑하기도 한다.

이학준 기자가 먼저 와 있었다. 변 기자보다는 5~6년 위다.

"오랜만이야. 요즘 주로 무슨 일을 하는 거야?"

"신문기자가 뭐 특별하게 할 일 있겠습니까. 기자야 항상 기삿거리에 배고프지요."

이학준 기자는 정색을 하면서

"극비 프로젝트를 말해 줄게. 나와 함께 그 일 한번 해보자구."

변 기자는 이 기자와 평소 그렇게 친하지는 않지만 대인관계가 넓고 소탈한 성격의 이 기자에게 호감은 갖고 있다.

"극비 프로젝트요? 뭐 때문에 '극비'까지 붙이는 겁니까."

이학준 기자는 주변을 살핀 뒤 조용히 말을 꺼냈다.

"국내 최상위 재벌 그룹인데 친아들이 아버지 경영권을 빼앗으려고 하는, 일종의 쿠데타 계획이야."

변 기자는 귀를 의심했다. 최상위 그룹이라면 삼성 아니겠는가. 아버지는 이병철 회장인데. 너무 황당한 이야기로 들렸다. 이학준 기자는 진지하게 이야기하면서 내일 당사자인 아들을 만나보자고 했다. 변 기자는 당황했다. 그러나 흥미진진한 이야기다. 기자의 호기심을 잔뜩 부풀렸다.

변 기자는 다음날 이 기자가 말한 장소로 나갔다. 이 기자가 만나자고 약속한 장소는 시청 앞 코리아 호텔(재일동포가 국내에 지은 첫 번째 비즈니스호텔) 7층 O호실이었다.

변 기자는 문을 열고 룸으로 들어간 뒤 경악했다. 변 기자를 맞이한 사람은 이창희 씨였다. 이병철 회장의 둘째 아들이다. 이창희 씨 옆에 한 신사도 있었는데 그는 K 씨였다. K 씨는 이창희 씨의 대구 계성고 동기로 꽤 유명한 사람이다.

"변 기자, 앉으세요. 변 기자 말은 많이 들었습니다. 전번에 진상영, 노재명 일을 잘 처리하셨단 이야기도 알고 있습니다. 이번 제가 하는 일도 도와주시면 감사하겠습니다."

이창희 씨는 이맹희 부회장보다는 훨씬 말을 조리 있고 차분하게 한다.

"사실 삼성그룹은 영감님(이병철 회장)이 계속 경영하기에는 많이 커져 있습니다. 또 세상은 급히 변해 가는데 아버님으로는 이에 대처해 갈 수가 없습니다. 대변화가 있어야 한다고 생각 합니다"

"무슨 방법으로 그런 변화를 이끌어내실 생각입니까."

변 기자는 질문을 던져보았다.

"그런 것들을 논의하자고 오늘 만난 겁니다. 이 기자에게 그런 뜻을 말했더니 변 기자를 추천해 주더군요."

변 기자는 어리둥절해졌다. 갈피를 잡을 수가 없었다. 이창희 씨는 아버지 총애를 한 몸에 받으며 한비韓肥 이사로 등재된, 사카린밀수사건 때 아버지를 대신해 감옥까지 갔던 사람이다. 그런데도 아버지에게 반기를 들고 경영권을 넘보다니, 혹시 승계 경쟁에서 밀리며 느끼는 반감 때문인가. 그렇게 보니 이창희 씨 얼굴에 증오의 불길이 어른거리는 듯했다. 한편 변 기자는 기자로 취재를 해야 하는데 입장이 계획 당사자로 바뀌는 것이 약간 어색하다. 이창희 씨는 두툼한 서류 뭉치를 가방에서 꺼내 테이블 위에 놓았다. A4 용지 20매는 족히 될 만한 분량이다. 삼성그룹의 일급 비밀이 적힌 서류들이다. 이창희 씨는 이것들을 이학준 기자와 변 기자가 정리해서 달라는 주문을 했다. 그러고는 이창희 씨와 K 씨가 방을 나갔다.

이창희 씨가 건넨 서류에는 삼성의 약점 18가지가 적혀 있었다. 제일 관심 가는 것이 이병철 회장이 스위스 은행에 비밀계좌를 개설하고 막대한 달러 예금을 가지고 있다는 얘기였다. 구좌 사본까지 있었다. 예민하고 폭발력이 강한 사안이다. 국내 외환 사정은 어렵고, 그렇기 때문에 외화의 국외 반출을 가장 죄질이 나쁜 경제범죄로 벌하는 것이다. 삼성그룹의 이병철 회장이 스위스 은행에 비밀 예금을 가지고 있다는 사실은 삼성의 사카린밀수 사건과는 비교가 되지 않을 정도의 강한 폭발력을 가지고 있는 것이었다. 사실 시중에서는 삼성을 비롯한 국내 유수의 재벌들이 스위스 은행에 거액의 비밀 예금을 갖고 있다는 그런 풍문이 나돌았다. 이창희 씨가 준 서류에는 이것

말고도 골동품 도굴, 암거래, 심지어는 여자관계까지 망라되어 있었다(여기서는 비밀계좌 문제에 초점을 맞춘다).

"이거 문제가 큰데 어떻게 해야 하는 거요?"

"뭐 어떻게 하기는 어떻게 해. 문서를 정리해 주면 되는 거지."

성격이 대범한 이 기자는 별것 아니라는 투다.

"신문기자 입장에서는 대서특필해야 하는 건데."

변 기자와 이 기자는 코리아 호텔, 한국은행 뒤편 신신호텔 등을 전전하면서 2개월여 동안 서류를 정리했다. 혹시 삼성 비서실에서 눈치 채지나 않을까 보안에 신경 썼다. 변 기자는 설 실장에게 이런 사실을 알려주지 못하는 것이 몹시 마음에 걸렸다. 어느 날 서류 정리가 끝나고 이창희 씨, K 씨, 이 기자, 변 기자 네 사람이 한은 본점 후편 신신호텔 룸에서 회동했다. 공개되는 장소를 피해 호텔룸을 이용하는 것이다. 이날 회동은 중요했다. 이 문제를 어떻게 처리하는가에 대해 최종적으로 논의하는 자리였다. 변 기자는 언론에 기사로 릴리스하는 것이 최상의 방법이라고 했다. 이창희 씨와 K 씨는 그에 반대했다. 그렇게 되면 이창희 씨의 목적, 삼성 경영권을 차지하는 데 지장이 있을 것이라는 의견을 냈다.

"그렇다면 무슨 방법이 있겠습니까?"

"이 서류를 박정희 대통령에게 전달해 정부의 결단을 이끌어내야 합니다."

이창희 씨가 말했다.

이창희 씨는 이미 그런 방향으로 마음을 굳힌 듯이 보였다.

"누가, 어떻게 대통령에게 전달하는 겁니까?"

"그건 내가 생각하는 바가 있습니다. 우선 중앙정보부 라인을 통해 보는 겁니다. 중정에 내 동기가 있는데 국장급 간부가 있습니다. 정보 분야지요. 그 친구를 통하면 가능할 겁니다."

변 기자는 더 이상 의견을 낼 필요가 없다고 생각했다. 이 문제를 보는 시각이 달랐다. 변 기자는 언론을 통해 사회에 고발하는 것이 마땅하다고 보는데 이창희 씨는 아버지를 제치고 삼성의 경영권을 장악하는 것이 목적이니 생각하는 바가 다른 것이다. 이창희 씨와 K 씨는 이 서류를 브리핑 차트 형태로 만들어 달라고 했다. 며칠 후 이학준으로부터 소식이 왔다. 중앙정보부 라인을 이용하는 것은 실패였다. 경호실 실장에게 선이 닿아 경호실장이 대통령에게 직접 브리핑하기로 되어 있다고 했다.

박 대통령은 경호실장으로부터 브리핑을 받고 "불효막심한 자식이구먼!"이라는 코멘트 이외에는 다른 말이 없었다는 것이다. 이창희 씨는 박 대통령과 이병철 회장이 한국비료공장 건설 프로젝트를 비롯해 한국경제 성장을 위해 조언을 주고받았을 만큼 친숙한 사이였음을 알지 못했을 것이다. 뿐만 아니라 박 대통령은 유교 교육을 받아 인륜人倫에 깊은 통찰을 가지고 있었다. 박 대통령은 사안의 본질보다는 패륜적인 내용에 심기가 불편했을 수 있다. 이창희 씨는 이 회장의 스위스 은행 비밀구좌 건 하나만 가지고도 박 대통령이 이 회장을 물러나게 할 수밖에 없을 것이라고 속단한 것이었다. 이 쿠데타 모의 사건은 크나큰 후폭풍을 가져왔다. 이 사건이 알려지자 이병철 회장은 이창희 씨를 국외로 추방하는 조치를 취했다. 이창희 씨는 제일모직 상무로 재직 중이었다. 이 회장은 당장 회사를 그만두고 외국으로 나가 있을 것을 명했다. 이창희 씨는 사카린밀수사건 때 오너 가족으로는 유일하게 형무소에 갔다 온 아들이다.

"영감, 한번만 용서해주세요."

박두을 여사(이병철 회장의 부인)는 남편에게 애원했다. 박 여사는 회사는 그만두더라도 외국으로는 보내지 말아달라고 간청을 했다.

"애비를 짓밟으려한 패륜아요."

이 회장은 용서하지 않았다. 이 회장은 스스로 망치를 들고 와 이창희 씨 사무실 문에 못을 박아 폐쇄했다. 이창희 씨는 결국 미국으로 쫓겨나고 말았다.

"창희가? 별일 없제."

"예. 잘 지내고 있습니다."

박두을 여사는 매일 미국에 있는 둘째 아들에게 전화한 것으로 유명하다. 이창희 씨의 미국 추방은 삼성그룹 경영권 승계구도에도 변화를 일으킬 수밖에 없었다. 이창희 씨는 가장 유력한 승계후보였다.

한편 이 회장은 정보기관 책임자를 면담하고 18가지 사안에 대해 진솔하게 설명했다.

"부장님, 저희 애가 철없는 일을 저질렀습니다. 죄송합니다."

"혈기방장한 애들이라 무슨 짓인들 못하겠습니까."

"군인 자녀들이 좋은 교육을 충분히 받지 못하고 있다고 듣고 있습니다. 제가 군인 자녀들을 위해 좋은 중·고등학교 하나 지어 드리고 싶습니다."

"감사한 말씀입니다."

그래서 생겨난 것이 용산 미 8군 옆 반포대교 북단 입구에 있는 중경중학교, 중경고등학교다.

7

회장의 귀환

　이병철 회장은 1968년 어느 날, 설진석 실장을 장충동 자택으로 불렀다.
　"별일 없나."
　이 회장은 설 실장에게 막연해 보이는 한마디를 던졌다. 비서실장은 막연한 이 한마디가 무엇을 묻고 있는지 알아내야 한다. 엉뚱한 답을 하면 심한 질책을 받아야 하기 때문이다. 설 실장은 곤경에 빠진 일을 언뜻 떠올렸다.
　이 회장이 아침 출근을 하자마자 설진석 비서실장을 부른 적이 있다. 설 실장은 노트를 들고 회장실에 들어갔다.
　"이 봐라. 이것 좀 알아봐라."
　이 회장은 한 조간신문 사회면 가십란에 자신이 붉은 줄을 그은 기사를 가리켰다. 그 기사는 제주도에 있는 어느 사슴 농장에서 사슴 두 마리가 병이 들어 농장주가 이를 처리하려고 고심 중이라는 내용이었다. 머리 회전이 빠르다는 비서실장이라지만 회장이 이 기사를 보면서 '알아보라'는 취지를 도저히 생각해낼 수가 없었다. "뭘 알아볼까요" 되묻는 것은 거의 금기사항이다. 설 실장이 조금 머뭇거리자

이 회장이 말했다.

"그것 싸게 팔 것 아이가!!"

설 실장은 경악했다. 한국 제1의 재벌 총수가 병든 사슴 두 마리를 싸게 살 수 있는가를 알아보라는 것이다. 이 회장의 이윤을 추구하는 철저한 상인 정신을 적나라하게 드러내는 말이었다.

오늘 이 회장이 묻는 '별일 없나'는 대강 짐작할 수 있다. 한비 헌납 이후 1년 7개월 동안이나 경영 일선에서 물러나 있는 이회장으로서는 궁금한 게 한두 가지가 아닐 것이었다. 특히 장남 맹희를 수장으로 하는 이너서클 5인방이 그룹을 이끌어 나가는 그룹 사정이 최대의 관심사일 것이다. 진상영, 노재명 두 사람 문제는 그런대로 일단락됐지만 그룹의 기강이 흔들렸고 수지 상황이 악화되는 것이 문제였다.

"그룹 사정이 전체적으로 안 좋습니다. 이맹희 부회장은 잘하고 있습니다."

"뭐, 맹희가 잘한다고. 무엇을 잘하노. 내가 듣기에는 그 반대다."

이 회장은 그룹 사정을 어느 정도 파악하고 있는 것으로 보였다.

"설 군, 내일부터 내 출근할 테니 모든 준비를 하거라."

이 회장은 한비 헌납 후 자숙하는 의미로 2년 여를 일선에서 물러났으나 1968년 전자산업 육성이라는 명분으로 경영 일선에 복귀할 것을 다짐했다.

그렇게 이병철 회장은 한비 헌납 이후 1년 7개월의 휴직을 끝내고 다시 회장직에 복귀했다. 삼성그룹은 이 회장의 복귀를 기점으로 그룹의 흐트러진 기강을 바로잡는 전환점을 맞은 한편 맹희, 창희, 건희 세 아들의 본격적인 승계 전쟁이 시작됐다. 이병철 회장이 60세 되는 해였다. 세 아들 중 누가 경영권을 이어받을 것인가. 이 회장은 아들 중 누구에게 삼성그룹을 물려줄 것인가.

변 기자는 설진석 실장 전화를 받았다.

"반도 호텔 페닌슐라로 나와라."

설 실장은 의형제 맺은 후 이제는 아주 막역한 사이가 됐다.

"또 뭐가 있소?"

"기자 곤조(근성) 그만 부리고 어서 나오기나 해라."

설 실장은 먼저 나와 있었다.

"동생, 그룹이 긴박하게 돌아간다. 삼형제가 서로 아버지한테 점수 따려고 되게 한판 붙게 생겼다."

"삼성그룹 회장 자리가 아버지한테 점수 따서 되는 자리요, 회장할 수 있는 그릇이 되어야지."

설 실장은 헤어지면서 언제 시간 내 종로구 당주동에 있는 고려빌딩 403호실에 한번 가보라는 말을 했다. 설 실장의 억양으로 보아 무엇인가 중요한 암시를 주는 것 같았다. 변 기자는 삼성 2세들의 후계를 둘러싸고 보이지 않는 경쟁이 벌어지고 있다는 것은 짐작하고 있었다. 그 즈음 변 기자는 이건희 중앙일보 이사의 전화를 종종 받았다. 변 기자는 이제 이건희 씨와도 꽤 친숙해졌다. 이건희 씨가 먼저 전화를 걸어온 것이다.

"변 기자님이신기요? 내 방에 한번 놀러 오이소."

변 기자는 기분이 좋았다. 이건희 이사가 전화하는 것을 보면 삼성에서 나를 좀 알아주나 으쓱해지기도 했다. 변 기자는 이건희 씨가 신문사 이사보다는 이병철 회장의 3남이라는 데 더 흥미를 느끼고 있다.

"경제가 어떻게 돌아가는 기요? 통화(通貨)정책은 별 문제 없는 기요?"

이건희 이사는 변 기자 소속사가 경제신문인 것을 고려한 듯 경제에 대한 큰 화두를 던졌다. 이 이사는 형들에 비해서 다변가는 아니다. 목소리는 다소 허스키하고 조용히 말하는 편이다. 내성적인 스타일이다. 마음속에는 무언가 깊은 것을 가지고 있으면서 밖으로 내보이지 않는 것처럼 보였다.

8

비운의 장남

설 실장은 어느 날 변 기자에게 꽤 중요한 이야기를 해주었다. 회장직에 복귀한 이 회장이 몇일 전 MH(맹희)가 부산 해운대 소재의 제일제당 소유의 단독주택으로 내려가 일체의 외출을 삼가도록 조치했다는 이야기였다(삼성 비서실에서는 이맹희를 영어 이니셜로 MH, 창희를 CH, 건희를 KH로 부른다).

"일종의 금족령이다."

또 이 회징의 허릭 없이는 서울에 와서는 안 된다는 것이다. 이 회장은 맹희 부회장이 지난 2년간 그룹을 이끌어 오는데 '에러'가 많았다고 질책했다. 변 기자는 이 회장의 장남에 대한 그런 조치를 보고 놀라지 않을 수 없었다. 오너와 CEO 관계에서라면 가능할 수 있다. 이 회장의 경영의 오류에 대한 책임 추궁은 부자 관계라는 사적 요소를 넘어 단호하기 그지없다. 변 기자는 주말을 이용해 부산 해운대로 맹희 부회장을 찾아갔다.

"여기까지 왔는교."

"궁금해서 왔습니다. 부회장님 얼굴도 뵐 겸."

"나는 억울합니다. 아버님한테 나를 비방하는 놈들이 있습니다. 아버지는 내 말은 들으시지 않습니다."

변 기자는 그날 이 부회장의 회장실에서 보았던 이전의 활력을 찾아볼 수가 없었다. 이 부회장의 말 중 그를 '비방하는 놈들'이라는 표현이 의미심장하다. 이 말은 경영상 오류에 대한 책임 문제를 떠나 의도적인 어떤 심상치 않은 기류가 있음을 감지할 수 있는 말이었다. 후계서열 1위인 이 부회장이 경쟁에서 탈락되면 그 반사이익을 받는 사람이 있기 마련이다. 맹희 부회장은 금족령 이후 5년여 동안이나 서울에 오지 못했고 결국 이병철 회장을 생전에 다시는 만나보지 못했다.

변 기자는 어느 날 시외전화를 받았다.

"변 기자요. 내 이맹흰데 여기 한번 오소. 할 이야기가 있소."

맹희 부회장은 경북 영덕 근처 영해라는 곳에 있다고 했다. 굉장한 오지다. 변 기자는 그곳까지 찾아갔다. 영해는 백사장이 아름다운 자그마한 어촌이다. 백사장을 영해명사십리라고 부른다고 했다. 맹희 부회장은 해변 전망이 훌륭한, 그리 크지 않은 규모의 별장에서 거주하고 있었다.

"이 집은 내 동기인 김모라는 영덕 경찰서장이 마련해준 거요. 해운대에만 있는 걸 너무 답답해하니까 여기에 와 있으라 해서 온 거요. 내가 밥 지어 먹고 있소."

'한국 제일의 재벌 장남이 이렇게도 지내는 경우가 있구나' 변 기자는 생각했다.

"변 기자, 내 억울하고 분한 처지를 호소하고 싶소. 미디어를 통해서 할 수 있는 방법을 마련해 줄 수 없겠소."

"그럴 경우 회장님을 화나게 할 수도 있을 텐데요."

"일부 그렇더라도 할 수 없소. 나는 이미 버려진 자식입니다. 아직까지도 회장님은 나를 찾지 않고 계십니다."

변 기자는 생각했다. '평소 이 회장은 장자상속을 원칙으로 한다고 전해져 왔다. 이 회장은 11살 초등학교 입학 전까지는 서당에서 공부했고 장자상속의 유교사상도 배웠다. 그런데 그런 소신이 변한 것인가.'

변 기자는 이 부회장의 부탁을 들어줄 방안을 궁리했다. 마침 동업 일간지 K 신문의 경제부장으로 있는 'B'를 생각했다. 친하게 지내는 사이다. B도 이 부회장 이야기에 흥미를 느끼고 있었다. 변 기자는 B 부장과 함께 다시 영해로 내려갔다. 이 부회장 스토리를 취재한 뒤 그 소속사의 월간지에 특집기사로 실었다. 원고지 70매가 넘는 분량이었다. 그러나 기사가 나간 이후 이 회장이나, 비서실에서도 아무런 반응을 보이지 않았다.

이맹희 부회장은 이 회장의 작고 이후에도 변 기자에게 종종 전화했다. 만나는 장소는 퇴계로 아스토리아 호텔 커피숍이었다. 이 부회장 자택이 필동(현 CJ그룹 인화원 빌딩)이고 변 기자 소속사도 퇴계로에 있기 때문이다.

"내 오늘 한남동 승지원에 건희 만나러 갔는데 경비원 애들한테 횡포만 당하고 못 만나고 왔소."

이번이 두 번짼데 첫 번째는 경비원들이 문을 안 열어 주었고 오늘은 문밖으로 나와 떠밀면서 보냈다는 것이다.

"건희 회장은 무슨 일로 만나려 하셨습니까."

"돈 좀 달라고 말하려고 했소. 나, 돈이 궁합니다."

어느 한 날은 커피숍에서 이런 이야기도 했다.

"내 큰애(현 CJ그룹 이재현 회장)가 승지원에 할아버지(이병철 회장)한테 세배 갔었는데 소파위에서 다리를 뻗고 있다고 어떻게나 심하게 꾸지람을 했는지 집에 와서 서럽게 울어 속이 상했다. 내(이맹희 부회장)가 밉지 내 애가 무슨 죄가 있나."

9
고려빌딩 403호

    설 실장이 이야기해준 고려빌딩은 종로구 당주동에 있었다. 7층 규모의 전형적인 임대 빌딩이다. 403호는 10평쯤 되어 보였다. 50대가 넘어 보이는 눈초리가 예민해 보이는 사람들이 서성이고 있었다. 중간 테이블에 앉아 있는 60대로 보이는 신사가 책임자인 것 같았다. 변 기자는 그 사람에게 명함을 주고 취재차 왔다고 했다.
    "기자님, 여기는 취재할 것이 없습니다. 우리가 하는 일은 기삿거리가 되지 않습니다."
    "기삿감이 되는지 여부는 내가 판단합니다. 주로 하시는 일은 무엇입니까?"
    "그것은 밝힐 수 없습니다. 우리는 하명된 일만 합니다."
    이런 대화가 오가는 사이 주변 사람들이 눈초리가 날카로워지고 그 중 한사람이 다가와 방에서 나가달라고 말했다. 분위기가 험악해졌다. 변 기자는 사무실을 나올 수밖에 없었다. 변 기자는 설 실장에게 전화했다.
    "고려빌딩 403호실 친구들은 뭐하는 사람들이요. 꼭 수사기관에 있는 사람들 냄새가 나던데."

"눈치 빠르다. 그중 책임자는 자유당 때 날렸던 형사 출신이다. 왕년에 내무부 치안국 정보 분야 전문가야. 서갑을이라고."

변 기자도 들은 듯한 이름이다.

"그런 사람이 왜 그런 사무실에서 무슨 일을 한다는 거요?"

"만나서 이야기해 줄게."

설 실장은 만나자마자 '그 사무실은 장막 속에 가려진 비밀스러운 곳'이라고 했다.

"유력 일간신문 사장님이 움직이는 조직이야. 일종의 사조직이지."

"신문사 사장이 사조직을 가지고 있다? 이해가 잘 안 되네요. 방대한 편집국이 있고 수많은 기자들을 지휘하고 있는데."

"그런 사정이 있어. 편집국이라는 공조직보다는 은밀한 어떤 일이 필요한 거야."

"노련한 정보전문 형사들이 어떤 일을 하는 겁니까?"

"첩보를 수집하고 편집, 가공해서 정보를 생산하는 일이지."

변 기자는 갈수록 호기심에 사로잡힌다.

"그 친구들, 누구의 첩보를 수집한다는 거요?"

설 실장이 한참 뜸을 들였다.

"MH(맹희 부회장), CH(창희), KH(건희)가 주 대상이지"

"아하. 이제야 어렴풋이 짐작이 가네요. 삼성 2세들 승계 전쟁 이야기네요"

"잘 짚었어. 역시 변 기자는 빠르군."

설 실장은 그러면서 꽤 오래전에 그룹 내에 재미있는 변화가 있었다고 했다. 이병철 회장은 창업 이후 줄곧 출근은 삼성물산 회장실이었지만 그것이 최근 신문사 사옥으로 바뀌었다고 했다. 이 회장이 출근하면 비서실장, 그리고 주력사 사장들이 보고 차 먼저 회장실에 들른다. 그 중에는 신문사 사장도 있다. 신문사 사장은 서소문에서 온다. 이 회장은 여러 사장들의 보고란 거의 판에 박힌 비즈니스에 관한 것뿐이다. 대게 어제 원당 값이 어땠고, 원모 값이 급등했다는 등의 천편일률적 내용이다. 그런데 신문사 사장 보고는 흥미진진한 것들이다. 어젯밤에 권부에서 있었던 일, 경호실장이 누구와 저녁 먹은 일, 정보부장이 누구와 어울린 일, 심지어 연예계의 시시콜콜한 이야기까지가 다 보고된다. 이 회장은 흥미를 느낀 나머지 아예 신문사에 회장실을 마련하고 그쪽으로 출근했다. 그래서 비즈니스쪽 대표들이 아침에 신문사 쪽으로 가는 것이었다. 자연스럽게 회장에게 출근 후 보고 순서는 신문사 사장이 제일 먼저가 됐다. 그룹의 권력이 신문사 쪽으로 이동한 것이다. 여기에서 주목할 것은 신문사 쪽 보고 중에는 403호실에서 생산한 것이 섞여 들어간다는 것이다. MH나 CH, KH에 관한 첩보도 회장에게 들어간다. 신문사 사장은 세 사람의 후계자 중 한 사람인 KH의 장인이다. 변 기자는 감이 왔다. MH나 CH에 관한 정보 중 어떤 것들이 회장에게 전달되겠는가. 설 실장도 좋은 것보다는 부정적인 것들이 보고될 가능성이 높다고 말했다. 변 기자는 설 실장에게 물었다.

"얼마 전에 CH가 한남동 비밀하우스에서 정부부처 모차관과 포커판을 벌인 것이 신문에 대서특필되고 그 차관이 옷 벗은 사건도 403호실과 연관된 거요?"

"그 생각도 틀리지 않지."

CH는 이 사건으로 회장으로부터 회복하기 어려운 치명상을 입고 말았다.

10

가연佳緣

사람과 사람의 만남은 예측하지 못한 좋은 결과를 낳기도 한다. 이병철 회장과 홍진기 전 장관(자유당 이승만 정권 때 내무장관)의 경우가 그렇다. 이 회장과 홍 전 장관이 최초 어디서 만났는가는 확실하지 않다. 두 사람의 최초 만남은 부산 임시 수도에서였을 거라는 설이 있지만 분명치 않다.

홍 전 장관은 1917년생, 이 회장보다 7년 연하다. 홍 전 장관은 경기도 고양군 하왕십리(현 성동구 왕십리)에서 태어났다. 홍 장관은 7살 때 1년간 서당에서 공부했다. 당시 양반 자제의 공부 코스를 밟은 것이다. 그 후 답십리 보통학교를 졸업하고 경성고보(경기중학전신)에 합격했다. 수재 탄생이라며 동네가 떠들썩했다. 홍 장관은 그 후 경성제국대학 예과, 본과 법문학부 등 엘리트 코스를 거쳐 일본 행정문관고시를 합격했다. 자유당 말기 법무장관, 내무장관을 지냈고 4·19 혁명 때 발포 사건으로 3년 3개월 동안 형무소 생활을 했다. 홍 장관이 수형 생활을 할 때 이병철 회장이 네다섯 차례 면회를 했고 사식과 과일 등을 선물한 일이 증언으로 확인되었다(홍 전 장관 전기 《이 사람아 공부해》에서 확인할 수 있다).

"큰사람들은 서로를 알아본다지 않아."

설 실장이 말했다.

홍진기 사장(이제부터는 사장으로 호칭한다)이 삼성그룹에 정식으로 등장한 것은 1964년 9월 15일 '라디오서울' 사장으로 취임하면서다. 이병철 회장은 제조업 중심에서 벗어나 문화, 예술, 종합 매스컴 사업 분야를 개척할 때, 마음속으로 홍 사장을 매스컴 분야의 책임자로 생각하고 있었다.

이병철 회장은 반도호텔 555호 사무실에서 홍 사장을 만났다. 당시 삼성물산은 반도호텔 5층 전체를 사용하고 있었다.

"홍 장관님. 라디오 서울 사장을 맡아주십시오. 삼성은 앞으로 TV, 신문 등 종합 매스컴 사업을 할 것입니다."

"저는 법학을 전공해서 법은 어느 정도 알고 있습니다만 매스컴 분야는 생소합니다. 사업에 실패할 수도 있습니다."

"나는 그렇게 생각 안 합니다. 홍 장관님은 어느 분야든 이해가 빠르십니다. 맡으시면 적극 지원 하겠습니다."

홍 사장은 이 회장이 예측한 대로 '라디오서울'을 국내 라디오 사업 분야에서 타의 추종을 불허하는 최고 수준의 매체로 키웠다. 홍 사장은 밤새워 신문학, 방송학개론, 방송기술발전 등을 공부했고 국내 매스컴 분야의 현황과 문제점까지 공부했다. 홍 사장은 1964년 12월 7일 중앙방송(TBC) 대표, 중앙일보 대표까지 겸직했다. 이 회장의 신뢰를 한 몸에 받았다. 홍 사장은 삼성그룹의 새로운 실세로 떠올랐고 삼성그룹의 권력 판도를 바꿨다.

홍 사장은 그룹의 임원이면서 이 회장과 사돈관계가 됐다. 3남 이건희 씨와 홍 사장의 장녀 홍라희 씨의 결혼이 있었다. 양 가문이 혈연관계를 맺게 된 과정에 대해서는 확실한 이야기가 없다. 이건희 회장과 홍라희 여사가 연애결혼이었는지, 중매결혼이었는지, 중매결혼이라면 매파가 누구였는지 아직까지 확실한 증언이나 자료는 없다. 다만, 홍라희 여사가 서울대학교 응용미술학과 1학년 말인가 2학년 초에 이병철 회장이 동숭동 홍 사장 자택을 방문하는 일이 있었는데 이때 홍라희 여사가 이 회장과 첫 대면이 있었다는 것은 확실한 증언이 있다. 이병철 회장은 그때 셋째 며느리로 홍라희 씨를 내심 정했을 수도 있다.

삼성 이병철 가문과 홍진기 전 장관 가문의 사돈관계 형성은 여러 관점에서 흥미로운 일이다. 우선 재벌과 권력의 만남이라는 점이 그렇다. 한국 제1의 재벌과 명_命장관의 결합은 특별한 상징성, 폭발적인 힘을 뿜어낼 수 있다. 홍 장관이 관리로 보여준 능력과 비범한 수완은 전설로 남아 있다. 이승만 정권 때 법무장관과 내무장관을 지내며 이승만 대통령의 측근 참모로 대통령을 보좌한 화려한 이력을 가지고 있다. 이 회장의 '돈'과 김 장관 '능력'의 만남은 환상적인 조합일 수 있다.

두 번째는 이건희 씨와 홍라희 씨의 성징 과정과 그들이 내보여준 취향으로 보아 상당히 이질적인 면을 볼 수 있다는 점이다. 이건희 씨는 서울 사대부고와 일본 와세다대학과 미국 조지워싱턴대학을 나왔다. 고등학교 시절에는 몸이 약해 레슬링을 익혔다. 홍라희 씨는 경기여고 때 성적이 우수했고 서울대 미대에 입학한 재원이다. 클래식 음악에도 조예가 깊다.

"상상이 잘되지 않아요. 이 두 사람의 이질성을 누가 어떻게 결합시켰는지."

"나도 거기에 대해서는 자신 있게 말해줄 수 없어. 다만 이건 책임 없는 이야긴데 민복기 씨(후 대법원장)가 다리를 놔주었는지 모르지."

설 실장은 나름대로 그가 회장 비서실장을 하면서 파악한 회장의 교우관계를 보면서 하는 말인 것 같았다. 이 회장은 민복기 씨와 친하게 지내며 골프를 자주 친다. 민복기 씨는 경성제대 법문학부 1년 후배인 홍 장관과 절친이었다. 이 회장과 골프모임에 자주 초대했으며 자연스럽게 많은 대화를 하다 이건희 씨와 홍라희 씨 말이 나와 혼담으로 이어지지 않았나 생각하는 것이었다. 민복기 씨는 홍진기 장관과 경성제대 선후배였고 동승동에서 담 하나를 둔 앞뒷집에서 살았다.

"결혼이 성사되는 게 쉬운 것 같지만 사실은 상당히 어려워. 홍진기 사장님 자신의 경우만 봐도 묘한 경로를 거쳐 정혼이 됐거든."

설 실장은 꽤 흥미진진한 이야기를 해주었다.

홍진기 사장이 초임판사 때의 일이다. 경성지방법원 판사 시절 김신석이라는 금융인이 경성지방법원에 자주 오는 것이었다. 김신석 씨가 당시 동일은행(후일 조흥은행) 상무로 경성지원에 자주 온 것은 경성지원 인사조정위원이었기 때문이다. 김신석 씨는 경남 산청 출신으로 부산상고를 졸업하고 조선은행에 근무했으며 회계업무에 뛰어난 능력을 보인 금융 분야 엘리트였다. 그렇기 때문에 민족자본으로 세워진 호남은행 전무로 재직하고 있었다. 호남은행은 현대그룹 현정은 회장의 조부인 현준호 선생이 창립했다. 현준호 선생은 호남 제일 갑부다(《태백산맥》에도 현 선생이 언급된다).

일제의 민족자본 말살정책으로 호남은행은 동일은행으로 강제합병됐고 김신석 전무는 상무로 격하되어 서울에 올라와 근무하고 있었다. 홍진기 판사의 친구 중 전남 구례 출신의 최윤모 씨가 있다. 경성제대 동기로 고시는 1년 늦게 합격했다. 어느 날 최윤모 씨가 홍 판사에게 말했다.

"홍 판사. 동일은행의 김신석 상무가 미모가 출중하고 머리가 명민한 딸이 있어. 현재 이화여전(이화여대 전신) 2년생이야. 사실은 내가 김신석 상무 사촌집에 가정교사로 있을 때 김 상무 따님에게 청혼을 한 일이 있어. 김 상무 사촌을 통해서. 얼마나 콧대가 높은지 몰라. 홍 판사 자네 한번 트라이해 봐."

홍 판사는 충분히 청혼할 만한 대상이라고 생각했다. 홍 판사는 경성제대 유명한 니시하라 상학과 교수를 통해 청혼했다. 김신석 상무로부터 연락이 왔다.

"홍 판사, 자네. 내 딸을 책임질 자신이 있는가."

"네. 심혈을 기울여 결혼 생활이 행복하도록 할 자신 있습니다."

후일담이지만 홍진기 판사는 경제적으로 집안 형편이 넉넉하지 않았기 때문에 김신석 상무는 딸을 고생시킬까봐 홍 판사를 사위로 삼기를 꺼렸다고 한다. 그러나 당사자 김남윤은 홍 판사 이야기를 듣고 아버지와 생각이 달랐다.

"아버지, 저는 가난은 문제가 아니라고 생각합니다. 오히려 돈 보다는 사람의 됨됨이, 능력이 너 중요하다고 생각합니다."

김 상무는 딸의 생각에 동의했고 홍진기 판사는 7살 연하의 김남윤 여사를 아내로 맞았다.

"참 드라마틱한 스토리네요."

"그렇지. 한 쌍의 부부가 탄생하는 일은 어떻게 보면 하늘이 정해주는 것 같다. 오묘하지 않나!"

홍 판사는 전주지방법원으로 임지가 정해져 전주로 갔고 여기서 첫 딸을 얻게 됐다. 홍 판사는 기쁜 나머지 전라도에서 얻은 기쁨이라고 해 딸 이름을 라희羅喜로 정했다. 라희가 오늘날의 이건희 회장 부인 홍라희 여사인 것이다. 변 기자는 이건희 홍라희 커플의 성혼 과정을 더 취재해 볼 생각이었다.

곧 변 기자는 이건희 홍라희 커플의 성혼 과정을 정확하게 확인하게 되었다. 변 기자는 홍석현 현 중앙일보 미디어 그룹 회장에게 다음과 같은 내용의 이메일을 보냈다.

"두 분의 결혼이 어떻게 이루어졌는지, 말하자면 자유연애결혼이었는지, 중매결혼이었는지, 중매결혼이었다면 어느 분이 연결을 시켰는지 아직까지 어떤 자료에도 잘 나타나지 않습니다. 혹시 홍 회장님이 이에 대해 알고 있거나 전해들은 것이 있다면 답신을 주시면 감사하겠습니다"

홍석현 회장은 홍라희 여사의 첫째 남동생이다. 변 기자는 두 사람의 성혼 과정을 확인하려면 홍라희 여사 이외에는 홍 회장이 가장 적절하다고 생각했다. 그런데 홍석현 회장은 다음과 같은 답신을 보내왔다.

"두 분은 중매로 결혼하셨고 고 이병철 회장님이 적극적으로 추진하셨다. 누님(홍라희 여사)의 서울 미대 졸업 전시회에 이병철 회장님께서 직접 오실 정도로 호감을 표현하셨고 직접 아버지(홍진기 회장)께 청혼하신 것으로 알고 있다."

이병철 회장이 홍 여사 졸업전시회에 직접 찾아갔다는 것은 흔하지 않은 특별한 경우다. 이 회장은 대통령만 예외일 뿐 정부부처의 장관급들도 자신의 사무실에서만 만나는 것을 고수해오고 있다. 이 회장은 마음속으로 홍라희 여사를 셋째 며느리로 맞이할 것을 확실하게 원했던 것으로 보인다.

"KH는 홍 사장을 장인으로 둠으로써 그의 인생의 진로가 바뀌고 삼성그룹의 후계자에 오를 수 있었다고 할 수 있지."

변 기자는 설 실장 말에 동의를 하면서도 반신반의하는 마음으로 물었다.

"장인이 그렇게까지 영향을 미쳤다는 거요?"

"그렇지. 홍 사장은 무서운 사람이야. 앞을 내다보는 안목, 지략, 인내심을 완벽하게 갖췄어. 나는 그를 한국판 일본의 도쿠가와 이에야스德川家康로 봐. 이에야스는 인내로 일본 천하를 차지했지. 홍 사장은 체인스모커(줄담배꾼, chain smoker)면서도 이 회장과 3~4시간 회의할 동안 담배 피우는 것을 삼가고 이 회장이 담배를 권해도 사양했어. 절대 다리를 꼬고 앉지도 않아. 항상 정자세야."

그러고 보니 변 기자가 이건희 이사를 만나러 갈 때마다 홍진기 사장이 사장실에 앉아 아는 척을 해줬었다. 어느 날은 변 기자를 불러 "우리 이 이사 잘 좀 도와줘요"라고 말하며 아주 다정하게 대해주던 것이 떠올랐다. 변 기자는 홍 사장의 사장실 위치가 독특하다고 생각했다. 1층에 사무실이 있는데, 사장실 한쪽 벽을 투명유리로 해놓아 오고 가는 사람을 다 볼 수 있었다.

11

길지吉地를 찾아
용인자연농원(현 에버랜드)

변 기자는 부장님 호출로 부장석으로 갔다.

"미스터 변, 머릿감(톱 기사) 없나. 마감시간이 다 됐는데 깜이 아직 없어."

"그런가요. 머릿감이 될지 모르겠습니다만, 최근 삼성그룹이 유실수단지를 조성하기 위해 용인군 포곡면 일대 대규모 산지山地를 사들이고 있다고 합니다."

"뭐? 공장 부지가 아니라 산지를 말이야?"

"그렇습니다."

"그것 깜이 될 수 있겠는데. 기사 작성해 봐."

변 기자가 취재한 삼성그룹의 용인군 포곡면 일대(현 용인시 처인구 포곡읍) 대규모 산지 매입 내용은 의문투성이에 문제도 한두 가지가 아니었다.

한편 용인읍에서는 갑자기 호프집들이 호황을 맞고 있었다.

"어제도 테이블이 꽉 찼어. 손님들이 열 팀도 넘게 들었어."

"우리도 마찬가지야. 2차 팀들이 늦게 와서 준비한 맥주가 동났어."

용인읍에서 10년 넘게 호프집을 한 이들의 대화가 이랬다.

"용인 사람들이 갑자기 부자가 됐나. 맥주집에 몰리게. 평소에는 소주나 막걸리를 마시는 사람들이……."

"그런데 외지外地 돈이 용인에 풀리고 있다는 거야. 돈줄은 거…, 마馬 회장이라는구만."

용인 사람들은 군軍 정보기관에서 직업군인으로 20여 년 넘게 복무하다 준위로 제대한 사람을 '회장'이라고 호칭하고 있었다.

마 회장은 어느 날 갑자기 용인읍 번화가에 사무실을 내고 '용인개발위원회 읍지회邑支會'라는 간판을 달았다. 사람들은 어리둥절했다. 읍내 다방을 전전하던 마 준위가 갑자기 개발위원회 간판을 달고 회장 명함까지 찍어 뿌리기 시작했기 때문이다. 마 회장은 포곡면 일대 임야를 소유하고 있는 산주들을 어떻게 파악했는지, 일일이 찾아다니며 산을 팔 것을 종용했다.

"어르신, 그 땅 임자 있을 때 파십시오. 몇 백 년 가지고 내려오시는데 무슨 소득이 생겨납니까."

"팔 생각을 해보지 않았어. 조상 대대로 내려오는 땅인데 내 대에서 파는 건 조상에 죄짓는 거 같아."

"어르신, 세상이 많이 변하고 있습니다. 현금을 가지고 계셔야 합니다. 애들 학비에 결혼시키려면 현금이 필요합니다."

"그렇지만 팔 생각이 없어."

"어르신 이러시면 안 됩니다. 내가 어르신 땅을 매입하려고 하는 건 우리 용인을 개발해 용인을 부자 읍내로 만들려고 그러는 겁니다. 땅 값은 말씀하시는 대로 드리겠습니다. 땅을 파시지 않는 것은 용인 개발을 막는 겁니다."

마 회장 말은 어느새 이상하게 변했고 고압적으로 태도가 바뀌었다. 군 정보기관에서 재직할 때 익힌 습관이 불쑥 튀어나온 것 같다. 용인 읍내에서 태어나 용인을 벗어나지 않은 촌노는 공연히 위압감 같은 것을 느꼈다.

"아니, 내가 내 땅을 팔지 않으면 용인 전체의 개발을 막는 나쁜 사람이 된다는 건가……."

촌노는 혼잣말처럼 되뇌었다.

마 회장은 수하에 5~6명의 직원을 거느리고 그들을 산주 찾는 데 동원했고 용인 읍내로 산주를 불러내 상담을 벌렸다. 호프집 호황은 그래서 일어난 것이다.

"근데 4만 7,000평이 넘는 ○○문중 땅이 문제야. 후손 수도 몇천 명 되고 조선 중기 이후에 높은 벼슬을 하신 분들이 많아 봉분이며 묘지석이 다수 있어."

"그 문중의 도유사 되시는 분이 여간 고집불통이 아니야. 성격이 깐깐하고 높은 벼슬을 산 조상을 두었다는 자부심도 대단하고."

마 회장이 이끄는 개발위원회는 포곡면 일대 산재한 여러 문중 땅을 매입하는 것이 큰 문제였다.

"그 도유사를 움직일 묘안이 없나."

"그 분의 큰 아들이 서울 ○○그룹 회사 직원입니다. 그 아들을 동원하면 일이 풀릴 수도 있을 겁니다."

마 회장은 불현듯 생각나는 것이 있었다. ○○그룹이라면 길이 없는 것이 아니다. 마 회장은 그 그룹의 사장에게 전화를 걸었다.

"사장님. 개발위원회 하는 일 좀 도와주십시오. ○○○이라는 직원 아버님이 ○○문중 도유사로 계시는데, 그 문중 땅 매입하는 데 그 아드님 협력이 필요합니다."

"알아봅시다"

그 도유사는 어느 날 아들의 전화를 받았다.

"아버지, 우리 문중 땅 파실 수 없을까요?"

"몇 백 년 내려오는 선산을 갑자기 어떻게 판다는 거냐. 더구나 후손들이 많은데. 후손들 중에는 아주 강하게 이 선산을 지키려는 사람이 많아. 우리 문중이 보통 문중이냐."

"아버지, 이러면 어떻겠습니까. 우리 선산을 있는 그대로 다른 곳으로 옮겨주는 조건으로 파는 겁니다. 땅을 사는 쪽은 땅 값 이외에 드는 이장 비용 전액을 부담하는 조건으로 말입니다."

도유사는 아들의 거듭된 간청에 마음이 움직였다. 7인으로 구성된 문중위원회를 소집하고 선산을 이전하는 문제를 꺼내 논의했다.

"세상이 변했는데 문중산도 변화해야 한다. 그리고 문중에 이익이 많다. 땅값을 높게 팔 수 있고 이장 비용은 전액 지원된다. 지금보다 더 좋게 조성될 수 있다."

"도유사님. 우리 선산은 자타가 공인하는 명당입니다. 400년 전 선조들이 이곳 향수산자락에 터를 잡은 후 후손들이 번창했습니다. 국회의원이 두 사람, 박사학위 취득자가 40명, 의사, 변호사 등이 일백여 명이나 배출됐습니다. 어디에 그만한 길지가 있겠습니까. 나는 반대합니다."

위원 중 말이 센 종원이 말했다.

"자네 말도 일리 있다. 나중에 나랑 별도로 이야기 하세."

도유사는 반대하는 종원과 대면했다.

"지금 세상은 돈이 말하는 세상이다. 선산을 옮기면 문중 재정이 풍부해진다."

"선산 팔아서 돈을 쌓아 놓으면 무슨 소용 있습니까. 대게 잘못되는 집안이 선산 팔아먹지 않습니까. 돈 많아지면 다툼이 벌어지기 쉽습니다. 인근의 다른 문중 보십시오."

"우리 문중은 그들과는 다르다. 자네 말대로 우리 후손들이 얼마나 잘됐나"

"우리 땅을 사겠다는 사람은 어떤 부류들입니까? 최근 부동산 투기 자금들이 투기에 극성을 부리고 있습니다."

"뭐라든가……, 용인개발위원회라는 곳이다. 이름으로 보아 정부 관련 기구 같기도 하네. 그 대표가 마 회장이라고 군 정보기관에 오래 있었던 사람이야."

"그런 사람이 무슨 돈이 있어 우리 선산을 통째로 사고 묘소 이전 비용을 전액 별도로 지원한다는 겁니까."

"재력이 풍부해 보여. 우리 근처의 땅들을 매입하고 현금으로 즉시 지불하고 있어."

"조금 이상한 구석이 있어 보입니다. 마 회장이 그런 큰돈을 주무르다니. 뒤에 큰 물주가 따로 있는 것 아닌가요. 그런데 그 사람들은 무슨 용도로 산을 사들인다는 겁니까?"

"응, 밤나무 등 유실수 단지를 만든다는 거야. 최근 정부가 식량 자급책으로 유실수 식재를 권장하고 있지 않나."

*

변 기자는 설 실장에게 전화를 걸었다.

"실장님. 그룹이 용인군 포곡면 향수산 일대 산지를 대량으로 매입한다는데 어떻게 된 겁니까?"

"그걸 어떻게 알았나. 빠르다. 그게, 전화로 다 말하기는 어렵다. 만나 이야기하는 게 좋겠어."

변 기자는 설 실장을 만났다.

"용인 포곡면 일대 향수산 산지를 매입하는 것은 이 회장의 오랜 숙원에서 비롯된 거야. 이 회장은 평소 '푸른 산을 가꾸어 보자'는 아주 소박하지만 고귀한 꿈을 가지고 계신 분이지. 이 회장은 '황폐한 국토를 다시 찾자'란 제호로 〈중앙일보〉에 3회에 걸쳐 본인 생각을 기고한 일도 있어."

설 실장은 더러 이 회장으로부터 비행기에서 내려다보는 산하, 특히 헐벗은 산을 볼 때마다 안타까운 생각을 금할 수 없었다는 말을 들었다고 했다. 이 회장은 저렇게 산이 헐벗은 것은 일제강점기 때 군사용으로 벌목하고 해방 후에는 취사용으로 난벌들 한 것 외에, '우리나라 토질이 수목이 자라는 데 적절하지 않기 때문인가' 하고 생각해봤다는 것이다. 그래서 이 회장은 실제 서울대 농대 입학자인 현신규 박사에게 문의해보기도 했다. 또한 일본의 저명한 농림전문가 가네자와官澤 씨에게도 물어봤다.

가네자와 씨는 "일본은 나무가 잘 자라지만 자연 조건은 한국이 훨씬 유리하다. 한국의 우기는 고온다습하므로 일본보다 조림에는 오히려 기후 조건이 좋다"고 말했다. 서울 농대의 현 박사도 경기도 남양주시 광릉(光陵)에 한번 가보라고 했다. 광릉숲은 조선 제7대 왕인 세조와 정희왕후의 부속림이다. 1468년 능림으로 지정된 이후 경작과 매장, 일반인의 출입이 금지되면서 550년이 넘도록 자연 그대로 보존돼왔다. 광릉에 간 이 회장은 깜짝 놀랐다. 광릉은 아름드리 거목의 수해였다. 우리나라에도 이런 아름다운 숲이 있었단 말인가. 토질도 나무가 자라기 좋은 반사토다. 이 회장은 '푸른 산을 만들어 장차 우리 민족이 후세에 남길 큰 유산이 되도록 하겠다'고 결심했다.

이 회장의 산에 대한 철학을 설명하는 데 설 실장은 꽤 긴 시간을 썼다.

"그런데 용인개발위원회 마 회장은 중앙개발임원입니까?"

중앙개발은 삼성그룹 전체 부동산을 관리하는 조직이다.

"임원은 아니고 임시로 채용된 사람이지."

"마 회장이 일하는데 산주들과 말썽을 일으키고 마치 무슨 권력기관원 행세를 한다고 합니다. 산을 팔지 않으려는 사람에게는 협박까지 하고. 거대 기업 권력인 삼성을 믿고 그러는 것 아닙니까."

"중앙개발이 그렇게 하라고 시키지는 않았겠지. 일선에서 일하다 보니 더러 말썽도 나는지 모르지."

"그건 좀 책임 없는 말처럼 들리네요. 내 취재에 따르면 위법 소지가 있어 보입니다. 사기업이 자신들의 이익을 위해 계약을 강요하는 거나 회유하는 것. 큰 문제지요."

"삼성그룹은 어느 규모로 유실수 단지를 꾸밀 계획인가요?"

"총 규모는 450만 평쯤으로 잡고 있어. 거기에는 지주만 2,000여 명, 묘지도 2,000여 개가 있지."

"뭐요! 450만 평? 유실수 단지를 만드는 데 그런 어마어마한 땅이 필요합니까. 혹시 땅 투기를 하는 거 아닙니까?"

"아니지. 우리가 계획하고 있는 단지는 유실수 단지만이 아니야. 계획은 종합적이지. 우선 유실수로 호두, 밤, 은행, 살구, 사과 등이고 오동을 심는 거지. 식림에는 묘목이 필요하기 때문에 묘포苗圃 용지가 필요해. 수목이나 묘목 육성에 필수인 퇴비의 공급원으로 돼지를 키울 양돈장이 있어야지. 농원에 필요한 용수用水는 저수지를 조성하고 지하수를 끌어들이는 시설은 필수지."

설 실장의 단지에 관한 설명이 계속됐다.

숲을 만들기 위해 신품종 묘목 500여 종, 1,200만 주를 각국의 식물원이나 종묘포로부터 도입하고, 미국의 롱우드 식물원 못지 않은 묘포를 만든다는 얘기였다.

"그런데 그 문제는 어떻게 됐습니까? 일본으로부터 희귀수종 묘목을 수입할 때 관세법 위반과 검역 문제 말입니다."

"그 문제는 실정법 시행령이 허술하게 된 것이지. 고의는 없었지."

"현직 농림부장관이 그 문제로 목이 달아났는데 별것 아닙니까?"

일본으로부터 들여오는 희귀신품종 묘목 검역 특혜 및 통관 문제는 언론에 대서특필된 사건이었다. 농림부는 금수품인 외래신품종 묘목 검역에 특혜를 주어 수입하게 함으로써 토종 입목생태계를 교란할 수 있는 가능성을 제공한 것이다. 언론에서는 삼성그룹의 사카린이 아닌 또 다른 입목 밀수라고 지적했다. 용인 자연농원은 그 크기도 어마어마하지만 신품종으로 수입된 500여 종, 1,200만 주가 천문학적 숫자일 뿐 아니라 숲의 생태계를 새로 만드는 일이었다. 이 문제로 K 농림부장관은 경질됐으며, 관세청 서울본청 국장급 2명이 사표를 냈다.

*

변 기자는 기사 작성을 끝내고 부장에게 넘겼다. 기사를 본 부장은 탄성을 질렀다. 대형 특종이 취재된 것에 경탄했다. 석간이기 때문에 기사를 속히 공무국으로 넘겨야 했다. 문선기자들이 조판해야 하기 때문이다. 이때 변 기자 책상 위 전화가 울렸다.

"네. 변 기잡니다."

"저 비서실 미스 신인데요. 사장님께서 급히 찾으십니다."

기사 마감 시간 직전에 사장실 호출은 흔히 있는 일이 아니다. 변 기자는 사장실을 가면서도 무슨 질책을 받을 일이 있나를 생각해 보면서 초초하게 사장실에 들어섰다.

"변 기자. 삼성그룹 용인 땅 매입에 대해 취재한 일 있나."

"그렇습니다. 현지까지 가보았습니다."

"그 기사, 기사화하지 말고 보류해."

"네?!"

변 기자는 깜짝 놀랐다.

사장께서 평소 지론인 '무슨 사안이든 철저히 취재해 기사화하라'는 말씀과는 다른 지시였다.

"그 기사는 기사 자체가 되지 않아서가 아니고 현재 기사화할 단계가 아니라는 거야. 취재를 하려면 외부에 노출되지 않게 해야지. 신세계 백화점 W 사장이 전화를 했어."

신세계 W 사장은 얼마 전까지도 중앙일보 사장으로 있던 사람이다. 신문협회 모임 등에서 친숙한 사이가 된 것 같다. 변 기자는 누가 W 사장에게 용인 땅 문제를 이야기했는지 짐작이 갔다. 취재 과정에서 설 실장과 이 문제에 대해 이야기한 이후로 아무하고도 나누지 않았다. 설 실장은 저번 전주제지 시설 도입 문제에 이어 이번 용인 땅 문제까지 부탁할 생각이 나지 않았을 것 같다. 변 기자는 사장님의 말씀을 거역하기는 어렵다고 생각했다.

"잘 알겠습니다."

변 기자는 사장실을 나왔다. 편집국에서는 소동이 났다. 마감 시간이 임박했는데 1면 톱기사가 통째로 바뀌게 됐으니 말이다.

"설 실장입니까."

"무슨 일로 전화하노."

"몰라 묻습니까. 누구 목 자를 일 있습니까. 용인 땅 문제 직접 나한테 말하지, 고위층을 동원해서 사장님이 나를 부르게 하고."

"하. 그리됐나. 변 기자가 평소에 좀 녹록하게 굴었으면 내 직접 말했지."

"용인 땅 문제는 이번 내 취재는 그대로 넘어가지만 앞으로 많은 문제가 발생하고 삼성그룹 장래에 어떤 중대한 일이 생겨날지 모릅니다."

삼성그룹은 1968년 농원에 대한 계획을 세우고 용인군 포곡면으로 입지를 정했으며, 1974년 용인 자연농원이라는 타이틀로 개관했다. 개관 당시에도 언론은 자연 파괴, 반사회적 기업 행태라고 비판했다.

"설 군(이 회장은 설 실장을 이렇게 불렀다). 시중에 삼성이 산지를 대량 매입해 자연 파괴를 하고 폭리를 취하려고 하는 반사회적 기업 행태를 보인다고 비판한다는데 그 말 듣지 않으려면 자연농원의 나무 한 그루, 풀 한 포기, 돌 하나에도 정성을 들여 완벽하게 꾸며야 한다."

"네. 정성을 쏟도록 하겠습니다."

"농원 용수를 확보하는 것도 무엇보다 중요해. 5만 평 규모의 저수지를 만들어 한발에도 물 때문에 문제 되는 일 없게 해야 한다. 저수지에는 잉어, 붕어 등 담수어를 넣고 양어하는 노하우도 쌓도록 해라. 일석이조 아이가."

5만 평의 저수지는 작은 호수라 할 수 있다. 이 회장은 본인의 호가 호암湖巖인 것은 호수에 솟아 있는 바위를 뜻한다고 했다. 불변이고 의젓하고 당당한 호수 속의 바위. 평범하지는 않는 호다. 이 회장은 5만 평의 저수지 조성을 주문하면서 본인의 호를 연상했는지 알 수 없다.

농원에는 농원을 찾는 많은 사람들, 특히 어린이들을 위해 20만 평의 가족 동산이 있다. 이것은 '미국의 디즈니랜드, 일본의 요미우리랜드와 마찬가지로 어린이들이 자연을 배우면서 꿈과 낭만을 키우도록 해야 한다. 세계의 진귀한 동물들도 도입해 어린이들에게 상상력을 갖게 해야 한다'는 이 회장의 먼 장래를 보는 시각을 드러낸다. 용인 자연농원에는 호암미술관이 있다. 이 회장이 수집한 골동품, 조각, 미술작품들이 전시되는 곳이다. 대지 1만 5,000평, 연건평 1,200평의 우리나라 고유의 한옥으로 지어졌다. 이 회장은 천년千年의 풍설에도 능히 견딜 수 있는 한옥을 지어달라고 주문했다. 이 회장이 경복궁 등 조선 궁궐의 한옥들을 상상했는지 알 수 없다. 자연농원 호암미술관 한옥은 현대에 지어진 걸작이다.

"용인 자연농원은 입장료를 받나요?"

변 기자는 설 실장에게 물었다.

"물론 유료지."

"그룹은 여기에서도 이익을 내려 할 텐데요. 땅을 매입할 때 유실수 단지 개발, 조림, 국토 개발, 생산적인 자원 공급이라는 당초의 목적과는 달라지는 것 아닙니까."

"입장료는 저렴한 수준으로 정해지겠지. 그룹이 큰 수익을 내는 것보다는 종업원들의 인건비, 시설 관리와 유지에 필요한 최소한의 필요경비가 마련되는 선이 될 거야."

"재벌이 하는 일인데 믿어도 되나요? 2,000여 명의 산주들은 유실수 단지, 조림 사업, 국토 개발이라는 고상한 뜻을 믿고 땅을 팔아준 것 아닙니까. 한편 매년 450만 평의 지가상승에 의한 자산가치 증가는 천문학적 수준이겠지요."

"변 기자 이야기도 일리 있지만 우리나라도 세계적 수준의 자연농원을 하나 갖게 된 거지."

"제가 삼성을 위한 제안을 하나 하면 어떻겠습니까? 용인 자연농원을 입장료를 받지 않고 무료로 개방하는 겁니다. 이병철 회장님은 어린이들의 꿈과 상상력을 키워주는 농원으로 만들려 했습니다. 농원을 미래 세대인 어린이들에게 돌려주는 것입니다. 연중 입장료 없는 농원이 불가능하다면 봄가을 시즌 3~4개월만이라도 무료 개방하는 거지요. 미국의 록펠러는 뉴욕시 서민들에게 수돗물을 영구히 무료로 제공했습니다."

"변 기자, 어떻게 그런 아이디어가 나오노. 놀랍다."

(용인 자연농원은 워터파크 등 엔터테인먼트 기능을 확충하고 에버랜드로 개명했다. 농원을 벗어나 테마파크 유원지로 변했다. 이병철 회장 사후에 있은 일이다. 그리고 1996년 이른바 '에버랜드 전환사채 발행'이라는 불미스러운 사건이 터졌다. 이건희 회장이 외아들 이재용의 경영권 승계를 위해서 낮은 값으로 전환사채를 발행해 기존주주들이 인수를 포기하고 결과적으로 이재용에게 배당해준 데서 일어난 사건이다. 그 사건에 대해서는 자세히 다루지 않는다. 집필 의도와 거리가 있으며 '삼성 특검特檢' 등으로 세상에 자세히 알려져 있기 때문이다.)

변 기자는 생각했다.

'이병철 회장이 좀 더 오래 생존하셨다면 에버랜드의 모습이 어떻게 변했을까. 무료 개방으로 국민에게 좀 더 가까이 다가가는 단안이 이뤄지지는 않았을까…….'

*

어느 날, 설 실장은 이 회장의 부름을 듣고 회장실로 갔다.

"설 군. 길보선사께 연락해. 조만간 차 한 잔 하자고 말씀드리게."

길보선사는 관악산 연주암 근처 조그만 암자에 기거하는 선사다. 이 회장과는 오랜 기간 기회 있을 때마다 만나 우주만물, 세상 돌아가는 일에서부터 개인사에 이르기까지 대화를 나누는 사이다. 이 회장이 신입사원 면접 시험을 볼 때 관상가를 옆에 두고 사원들의 관상을 보아달라고 부탁한 사람이 길보선사였는지 모른다.

사실 길보선사는 용인 자연농원의 땅을 용인으로 정하는 데 결정적 역할을 했다. 이 회장은 서울 근교에 천년을 가더라도 도시화가 되지 않으면서 농원의 기능을 잃지 않고 삼엄한 숲이 조성될 수 있는 적지를 알아봐달라는 부탁을 했다. 길보선사는 이 회장의 부탁을 받고 그러한 길지가 있는지 두루 탐사했다. 강화, 용인, 남양주, 가평, 포천 등 동서남북을 두루 섭렵해 본 결과 용인군 포곡면 향수산 일대를 발견한 것이다. 가평, 강화에도 그럴 법한 적지는 한두 군데 있었지만 450만 평 규모의 비산비야非山非野의 땅은 발견되지 않았다.

"회장님, 잘 계셨습니까? 오늘 회장님 신수가 좋아 보이십니다."

"길보를 만나려고 그런 것 같습니다. 오늘 뵙자는 것은 내 양택陽宅과 음택陰宅에 대해서 고견을 듣기 위함입니다. 현재 살고 있는 장충동 집도 최근 들어 땅기운이 쇠하고 혼탁해졌습니다. 혜화동에서 장충동으로 이사 갈 때만해도 장충동은 깊은 산속 같은 청량한 기운이 가득하고 조용하며 서기가 감돌았지요. 그런데 최근에는 장충체육관이 바로 집 앞에 들어서고 수많은 군중들이 왕래하면서 함성 소리가 내 방까지 들리는 지경입니다."

"서울이 비대해지고 도시화가 급속히 진행되는 데서 오는 피할 수 없는 현상입니다. 서울은 앞으로 얼마나 더 커질지 짐작이 되지 않습니다. 회장님께서 자택을 옮기신다 해도 서울을 벗어날 수는 없는 일 아니겠습니까."

"물론입니다. 쉽지 않은 일입니다. 수고해주시면 감사하겠습니다"

이 회장은 1947년 대구에서 서울로 처음 왔을 때 혜화동에 자택을 마련했다. 대지 300여 평, 건평이 100여 평이 넘는 대주택이었다. 혜화동은 해방 전 일본 재벌급 기업들의 대표나 임원들이 집결해서 마을을 이루었던 곳이다. 혜화동 로타리를 중심으로 남향 언덕은 꽤 좋은 주택지다. 이 회장의 택지를 보는 일본 취향의 성향은 일본 와세다대학 유학 시절부터 은연중에 몸에 배었는지 모른다. 이 회장이 택한 혜화동 자택은 대규모다.

"이 사장, 자네 집이 너무 큰 것 아이가."

이 회장의 친구들이 늘 하는 말이다.

"크긴 좀 크다. 그런데 서울에 와서 사업하려면 집이 커야 된다. 은행에서 융자해 줄 때 집이 얼마나 큰가를 보고 대출해 준다."

큰 집을 선택한, 이 회장다운 이유다. 이 회장은 삼성물산이 본 궤도에 오르고 사업 규모가 커지면서 장충동으로 자택을 옮겼다. 이 회장이 장충동으로 이사 올 때만 해도 장충동 일대는 최고급 주택지였다. 남산 남쪽자락에 자리 잡은 장충단공원 일대는 송림이 우거져 있고 정숙하며 신선감이 감도는 곳이었다. 길보선사는 서울 중심을 벗어나지 않으면서도 서기가 있는 단독주택지를 두루 살펴봤다. 며칠 후 길보선사는 이 회상 사무실을 방문했나.

"쓸 만한 땅이 눈에 띄었습니까?"

"강북, 강남 등지를 두루 봤습니다. 강북 성북동 성낙원 일대는 노송이 들어서 있고 울창하고 성낙천 물이 흐르고 있어 고급 주택지로 제법 여건을 갖추고 있지만 시야가 트이지 않는 결점이 있습니다. 강남 압구정 일대는 입지는 훌륭하지만 단독주택이 들어서기는 적당치 않고 너무 번잡합니다. 강남 압구정에서 제3한강교(한남대교) 강북 쪽을 보면 정면으로 보이는 남산 남쪽자락 한남동 UN빌리지 일대가 좋아보였습니다. 미국 사람들도 집터 잡는 것 보면 안목이 있습니다."

"물론이지요. 미국 워싱턴시를 가보면 집터들을 잘 잡았어요. 동양의 이름난 지관이 있지 않나 생각이 들 정도지요. 일본 동경도 매일 반입니다. 이름난 가문들 택지를 보면 감탄할 때가 있습니다."

이 회장은 길보선사가 말한 남산 남쪽자락 UN빌리지 일대에 생각이 미치자 번득 머리에 떠오른 것이 있었다. 둘째 창희가 그곳에 주택을 가지고 있었다. 이 회장은 창희를 불렀다.

"아버지랑 같이 네 집에 한번 가보자."

"네 알겠습니다."

이 회장은 깜짝 놀랐다. 집터가 훌륭하지 않은가. UN빌리지 윗, 가장자리에 있고 시야가 탁 트였으며 한강이 흐르는 것을 볼 수 있다. 뒤로는 남산이 북풍을 막아준다. 좋은 택지, 풍수의 요건을 완벽하게 갖췄다. 대지 넓이도 400여 평. 군색하지 않다.

이창희 씨는 주택공사에 재직하는 대구 계성고 친구 K의 주선으로 이 집을 마련했다. 당시 UN빌리지에는 미군장성 등 군고위층 외에 한국 사람은 집을 소유할 수 없게 규정되어 있었다. 그러나 극소수 유력한 사람들은 외국인 명의로 해서 집을 소유했다. 이창희 씨도 친구 K씨의 주선으로 '스미스'라는 미국인 명의로 이 집을 소유했다. K씨는 당시 군사정권 시절 5·16군사혁명을 주도한 유력한 군 출신 정치인의 사위다. K 씨는 이병철 회장이 사카린밀수사건으로 경영 일선에서 물러나고 이맹희 부회장이 그룹을 이끌 때의 이너서클 5인방 중 한 명이다.

"창희, 니 다른 데로 이사 가거라. 아버지가 여기 와서 살아야겠다."

이창희 씨는 아버지 말을 거역할 수 없었다. 이 회장은 이렇게 해서 생애 3번째로 주택을 옮겼으며 이곳에서 생을 마감하게 된다. 이 주택은 이건희 회장이 상속받았으며 오늘날 승지원承志園으로 불리는 삼성 가문의 본산이 됐다. 이 일대는 한국의 수퍼 리치들이 모여 사는 초일류 부촌이다. 인근에 롯데 가문, 신세계 가문, 아모레퍼시픽 가문 등 20여 재벌급 가문들이 이웃으로 살고 있다. 이 회장의 넷째 딸 이명희 여사(신세계그룹 총수)가 승지원 지척에 자택을 두고 있는 것이 눈에 띈다. 신세계그룹과 롯데그룹이 담 하나를 두고 증축하면서 일조권 관계로 소송을 벌여 세간의 주목을 받기도 했다. 이병철 회장의 집터를 보는 안목은 놀랍기만 한 것이다. 변 기자는 이 회장이 '장충동은 지력이 쇄락해 주택을 옮겨야겠다'는 감感을 어떻게 느끼게 됐는지 신비하고 궁금했다.

*

이 회장은 50대가 되면서부터 음택에 대해서도 많은 생각을 가지고 있었다.

'내가 어느 곳에 유택을 정해야 명복을 누릴 수 있고 삼성의 장래가 꾸준히 강성해 질 수 있겠는가.'

1968년 안양 컨트리 클럽이 개장할 때 안양 인근 군포는 허허벌판이었고 안양 컨트리 클럽 입구 맞은편에 남향의 나지막한 500~600평 규모 산이 있었으며 수령이 100~200년 된 소나무가 200~300여 그루 서 있는 제법 준엄한 기운이 도는 곳이었다. 이 회장이 이곳을 본인의 유택지로 정했다는 이야기가 확실한 근거가 있는 사실처럼 나돌았다. 이 회장이 아끼는 안양 컨트리를 사후에도 가까이서 볼 수 있는 곳이고 땅의 생김새도 그럴 만하다는 것이었다. 변 기자도 안양 컨트리로 골프를 갈 때마다 이 회장이 눈여겨봤다는 곳이 어떤 곳인가를 유심히 보곤 했다. 그러나 그것은 낭설에 불과했다. 이 회장은 길보선사에게 유택지를 알아봐달라고 부탁한 것처럼 다른 곳에서 찾고 있었다. 길보선사는 450만 평의 용인 포곡면 향수산자락 용인 자연농원에서 발견하려고 노력했다. 향수산 자락은 원래 명당이 많은 곳이다. 삼성이 농원용지를 매입할 때 2,000개가 넘는 묘지가 있었다는 사실이 이를 뒷받침해 준다.

"회장님의 좋은 음택지를 발견했습니다. 농원 안의 약간 높이가 있는 능선에 위치한 남향의 땅입니다."

길보선사는 이 회장에게 말했다.

"이곳은 명당이며 값을 매기기 어려운 길지입니다."

"그렇습니까? 나도 내 마음속으로 그곳을 봐두었습니다. 좋은 곳은 모두 같이 인정하는 것 같습니다."

이 회장 얼굴에는 기쁨이 넘쳐흘렀다. 이 회장은 이렇게 해서 에버랜드에 유택을 마련했으며 오늘도 그 자리에서 후대들을 만나고 있다.

12

인재人材

변 기자는 설 실장 전화를 받았다.

"웬일이십니까. 또 무슨 일 있어 전화한 건 아니지요?"

"우째 엇나가려고 하나. 오늘은 좋은 이야기다. 회장님이 내일 오후 2시쯤 자기 방으로 와 차 한잔할 시간이 나신다는 거야."

"오호 그래요, 시간 맞춰 가겠습니다."

변 기자는 약간 들뜬 기분이었다. 저널리스트에게 단독으로 좀처럼 사무실 문을 열어주지 않는 이병칠 회장이 차 한잔하는 기회를 주시겠다는 거였다. 다음날 시간에 맞춰 삼성그룹 빌딩 505호실 회장실로 갔다. 2년 전 이맹희 부회장과 면담할 때의 그 사무실이다.

"회장님, 안녕하셨습니까. 변 기잡니다."

"어서 오세요. 오랜만입니다. 얼마 전 복도에서 만났을 때 차분하게 이야기할 시간이 마땅치 않아 오늘 변 기자를 부른 겁니다."

이 회장은 얼마 전 사무실에서 외출하러 나가는 길에 잠시 복도에서 변 기자를 스친 것을 기억하고 있는 것이었다.

"우선 전번에 우리 집 일을 도와줘 고맙소."

진상영의 반란 사건과 노재명의 인감 도용 사건을 말하는 것이다.

"신문기자로서 해야 할 일을 한 것뿐입니다. 저에게는 특종을 취재하는 행운이었습니다."

"변 기자는 복도에서 나에게 질문한 일이 있지요. 삼성은 그렇게 높은 수준의 임금을 주면서 회사 경영이 제대로 됩니까 하는……."

"그렇습니다. 기억하고 계셨습니까?"

변 기자는 삼성그룹이 대졸초임 월 100만 원 선인 고임금 체계를 질문해 봤었다. 삼성과 라이벌인 반도 LG그룹계열의 상사나 삼호무역은 대졸 초임이 30만 원 수준이었다.

"변 기자. 변 기자 질문에 답하리다. 돈 많이 받는 사람이 일도 잘합니다. 이 말은 이렇게 설명할 수 있습니다. 일을 잘하니까 돈도 많이 받는다. 삼성그룹이 뛰어난 수익을 올리는 건 사원들이 자기 몫을 충분히 해내기 때문입니다. 내가 사업에 투신한 이후 50여 년 지켜오는 신념은 인재제일人材第一입니다. '좋은 사람을 만나는 것'이지요. 기업이나 공장을 움직이는 것은 사람입니다. 어떤 사람이 일하느냐에 따라 그 기업의 운명이 바뀝니다."

"회장님은 좋은 인재를 어떻게 선별하십니까. 시중에서는 삼성그룹에 근무하는 사람을 '삼성맨'이라고 칭하면서 삼성맨을 일단 우수한 사람, 일 잘하는 사람으로 생각합니다."

"듣기 좋은 이야깁니다. 삼성이 대기업 중에서 대졸 신입사원을 제일 먼저 공채 원칙으로 뽑았을 겁니다. 삼성 입사 시험 경쟁률을 대게 50대1이 넘는 것으로 보고 받고 있습니다. 각 대학 수재들이 삼성에서 일하고 싶어 하는 것이지요. 남다른 수재들이 삼성그룹을 택하는 이유는 여러 가지가 있겠지만 제일 큰 이유는 높은 수준의 연봉일 겁니다. 처음에 말한 '돈 많이 받는 사람이 일도 잘하는' 선순환 현상입니다."

"다른 면도 있습니다. 많은 젊은이들이 삼성에서 일하고 싶어 하는 이유에는 회장님 경영의 탁월성, 좋은 기업 문화 요소도 있습니다."

"그런 면도 있겠지요. 그런데 치열한 경쟁을 뚫고 입사한 사람들이 5~6% 정도가 2년 안에 적응을 못하고 퇴사하는 것은 안타까운 일입니다. 내가 보기에는 학교의 수재들이 사회에 진출한 후에도 반드시 훌륭한 인재들이 되지는 않습니다. 학교 교육은 사회 진출을 위한 기초 교육이며 사회에서는 인격 형성 및 기능 향상, 경영 능력 배양이 필요하다고 생각합니다. 나는 기업 경영의 노력 80%를 인재 양성에 쏟아 왔고 인력에 대해서만은 아낌없는 투자를 하고 있습니다."

"회장님의 사람 관리에 있어 특별한 점은 엄하시다는 겁니다. 다들 회장님이 무섭다고 합니다."

"나는 한 기업이나 국가 사회가 발전하는 데 있어 신상필벌信賞必罰이 그 요체라고 생각합니다. 잘하는 사람에게는 상을 주어 격려해 주고 잘못한 사람에게는 제재하는 겁니다. 신상필벌을 엄히 하는 사람을 냉혹하다고 말합니다만 오히려 역으로 생각합니다. 한 가지 예를 들어보겠습니다. 우리 그룹의 한 사장 이야기입니다. 그는 초등학교 때부터 공부를 잘했고, 일류 대학을 졸업해 삼성에 입사한 후 사장직에도 오른 엘리트입니다. 그런데 그가 맡은 회사에 사고가 생겼습니다. 그가 맡고 있는 회사의 제품을 거래선이 사가려면 별도의 사례금을 주어야만 하더군요. 이른바 뒷돈 거래, 부정행위입니다. 그 일이 적발되고 나에게 보고되어 조사해 보았더니 공장장 이하 열댓 명이 연루되어 있었습니다. 그 사장은 나에게 이들을 퇴사시키면 이들은 취업도 어렵고 노두에서 방황할 수밖에 없으며 회사로서도 인력의 손실이 크기 때문에 관용을 베풀어달라고 간청했습니다. 그런데 1년 후 다시 점검해보니 하역 작업을 하는 사람까지 200여 명의 직원이 부정행위에 연루되어 있었습니다. 변 기자, 어떻습니까. 부정이 알려졌을 때 그들을 퇴사시켰다면 그 사장은 냉혹한 사람이라는 말을 들었을 겁니다. 그러나 그 사장이 선택한 온정주의가 회사를 더 망치는 결과를 야기했습니다”

이 회장은 부저를 눌러 차 한 잔을 오더했다.

"변 기자! 변 기자도 나에게 엄하다고 합니다만 앞의 예에서 보았듯이 조직에 있어서 '엄한 것'과 '따뜻한 것'의 경계는 대단히 미묘하고 어려운 문제지요. 나는 한비자韓非子의 법치주의, 즉 신상필벌에 찬성합니다. 역사를 통틀어 보더라도 어떤 왕조가 붕괴해 멸망하는 이면에는 기강의 해이, 부패가 있지요. 기업 조직도 마찬가집니다. 신상필벌의 원칙이 없는 상태에서 무엇이 정의의 기준이 될 수 있겠습니까. 해방 이후 미군정 3년 동안 우리가 겪은 혼란과 혼돈도 무정부 상태에서 온 것이지요. "이병철, 숫자밖에 모르는 사람이다"라고 하지만 나는 휴머니스트입니다. 나는 와세다 2년을 중퇴하고 귀국 후에 톨스토이 작품을 많이 읽었습니다. 톨스토이 작품은 일관되게 인간애, 박애 정신을 일깨우지요. 특히 단편집 《사람은 무엇으로 사는가》는 좋은 작품입니다. 내가 와세다대 중퇴를 하고 귀향해 있을 때 우리 집에는 30여 명의 노비들이 있었습니다. 고종高宗이 1984년 노비제를 공식 폐기했지만 지방에는 그 이후에도 꽤 많은 노비들이 존재했습니다. 노비의 삶이란 비참한 거지요. 나는 내 선친께 노비들을 자유인으로 놓아줄 것을 말씀드렸습니다. 선친께서도 선선히 응해주셨습니다. 자유인이 된 그들의 대부분은 우리 집과 그리 멀리 떨어지지 않은 곳에 자리를 잡았고 그들의 자제 중에는 대학을 졸업하고 삼성에 입사한 사람도 있습니다. 나는 그들을 하나의 독립된 인격체로 존중하는 입장이기에 일부러 만나지 않았습니다."

"회장님께서는 서류 결재를 하거나 수표를 떼는 실무적인 일은 하시지 않는 것으로 유명합니다. 방대한 삼성그룹을 이끌어 가시는데 그런 경영 방식이 효과적인가요?"

"내가 20대 중반 나이에 마산에서 사업에 투신해 정미, 운수업을 할 때는 우리나라에 경영학이라는 것, 말하자면 '이런 비즈니스는 이렇게 하는 것이다'라는 정형이 없었습니다. 일본 사람들이 식민지배할 때 한국 사람에게 기업 경영에 관한 지식을 전수해 주지도 않았습니다. 삼성그룹 경영의 틀은 내가 스스로 정한 원칙에서 비롯됐다고 볼 수 있습니다. 항간에 내가 수표를 떼지 않는 것은 '이병철이 책임을 회피하기 위해서'라는 말이 있다는데 그것은 억측입니다. 나는 기업 경영의 원칙으로 전문경영인, 책임경영제가 효과적이라고 생각했고 그 원칙을 지켜오고 있습니다. 내가 1938년 3월 1일 설립한 삼성상회三星商會 운영이 좋은 예가 될 것입니다"

이 회장은 마산에서의 정미, 운수업을 접고 대구로 올라와 삼성상회를 설립하고 상업 쪽으로 사업 방향을 전환했다(자세한 이야기는 뒤에서 다시 다룬다).

*

이 회장은 28살에 대구시 서문시장 근처 수동에 250평 남짓한 점포를 사서 주식회사 '삼성상회' 간판을 달았다. 오늘날 삼성그룹의 모체가 탄생한 순간이다. 자본금은 3만원이었다. 개업한지 1개월 전후해 친구인 이순근 씨를 지배인으로 맞았다. 이른바 책임경영제의 시초다. 이순근 씨는 와세다 동문이다. 주변에서는 이제 갓 출발한 회사에 지배인을 두는 것을 두고 우려의 목소리가 많았다. 남에게 회사를 맡겼다가 뜻밖의 낭패를 당할 수 있다는 이야기였다. 이 회장은 이순근 씨에게 어음 발행부터 인감의 관리 등에 이르기까지 모든 일을 맡겼다. 여기서 이 회장의 유명한 '사람을 쓰는 철학'이 나온다.

> 의인물용疑人勿用, 용인물의用人勿疑.
> 의심이 가거든 사람을 고용 말라.
> 일단 고용했으면 대담하게 일을 맡겨라.

삼성상회의 출발과 함께 터득한 이 '사람을 쓰는 원칙'은 이 회장만의 용인用人 철학이 됐고 일관되게 끝까지 지켜졌다. 이 회장의 이 원칙은 그의 승용차 기사 사례에도 잘 드러난다. 이 회장은 위대식 씨를 40여 년 동안이나 승용차 기사로 두었다. 위대식 씨는 이 회장의 별도 지시가 없을 때도 점심시간에 이 회장이 원하는 식당을 찾아내는 데 90%의 성공률을 보일 정도로 이 회장의 의중을 잘 읽는다. 위대식 씨는 기사직 분야에서는 유일하게 삼성그룹의 이사가 됐으며 그를 장충동 이 회장 자택까지 출근케 하는 보조기사를 두기도 했다.

삼성상회는 단기간에 급성장했다. 이순근 씨의 성실한 노력과 빈틈없는 관리 덕이었다. 이 회장의 사람에 대한 믿음의 신념이 옳았음을 증명했다.

"삼성三星이라는 상호는 작명가에 맡겨 정하신 것입니까?"

변 기자가 물었다.

"그렇지 않습니다. 내 스스로 작명한 것입니다. 삼성의 삼三은 큰 것, 많은 것, 강한 것을 나타내는 것으로 우리 민족이 제일 좋아하는 숫자입니다. 성星은 하늘의 별처럼 밝고, 높고, 영원히 깨끗이 빛나는 것을 뜻합니다. 나는 마산에서 대구로 올라와 사업을 다시 시작하면서 이런 뜻을 담아 작명했습니다. 지금 생각해 봐도 멋지고 의욕이 넘치는 상호로 생각됩니다."

"회장님께서는 성공만 하셨지 실패하신 적은 없으신 것 아닙니까. 더구나 좌절의 쓴맛을 보신 일도 없겠습니다."

"변 기자. 난들 실패 없는 인생을 살았겠습니까. 내 실패담을 말하려면 우선 내 가계家系부터 알아야 이해하기 쉬울 겁니다. 나의 가계는 경주이씨에 속하고 연산군 시대 이곳 경남 의령군 정곡면 중교리에 낙향했습니다. 480년 전의 일입니다. 조부 문산文山 이홍석 공은 학문에 소양이 있어 당시 영남 거유 허성재의 문하생으로 시문, 성리학에 능하셨습니다. 조부께서는 유가에서 말하는 이용후생에도 능하셔서 가산을 천千 석으로 늘렸습니다. 선친 술산 이찬우 공은 조부 밑에서 한학 공부를 했지요. 그러나 선친께서는 개항, 개국 등으로 나라가 외세에 흔들리던 청년기에는 상경하여 독립협회 회원들과 행동을 같이했고 기독교 청년회에 출입하기도 했습니다. 이때 훗날 대통령이 되는 이승만 박사와도 교분을 맺은 겁니다(전 장에서 언급된, 이 박사가 대구에 올 때 대구 유지 30여 명이 왜관까지 환영 나가 선친의 함자를 듣고 반가워했다는 것은 이 연고 때문으로 보인다).

나의 가계는 사업과는 거리가 멀었지만 나는 사업에 투신하게 됐습니다. 나는 다섯 살부터 조부가 세운 서당 문산정에서 한문공부를 시작했습니다. 천자문을 1년 남짓해서 떼었고《통감》이나《논어》도 접했지요. 공부는 출중한 편은 아니었던 것 같습니다. "문산 선생의 손자가 이래서야"라는 훈장의 훈계를 더러 듣기도 했습니다. 나는 11살이 되었을 때 집안에서 논의한 끝에 신식학교에 넣기로 결정한 것입니다. 신식학교란 일본어로 수업하는 일본식 보통학교지요. 둘째누이 시가가 있는 진주 지수知水 보통학교 3학년에 입학했습니다."

    이 회장은 11세 소년일 때도 자기를 둘러싼 환경을 객관적으로 보는 안목이 빠르고 예민했던 것 같다. 그는 지수 보통학교 첫 학기를 마치고 여름방학 때 고향에 돌아와 서당 친구들을 만나면서 도회지의 학교에 들어간 것이 얼마나 다행인가를 절감했다. 공자는 동산東山에 올라 노魯나라가 작다고 했고 태산에 올라 천하天下가 작다고 했다. 이 회장이 태어나서 자란 중교리는 너무나 좁고 답답한 곳으로 느껴졌다. 마침 고향에는 재종형이 서울에서 귀성해 있었다. 재종형은 서울 이야기를 들려주었다. 넓은 거리가 많고 사람들로 붐비며 고층 건물이 즐비하다, 또 상품도 풍부하며 좋은 학교도 많다고 일러주었다.

    이 회장은 '옳지, 서울 가서 공부하자' 이런 결심을 양친에게 전했다. 선친은 응낙해주지 않았으나 어머니는 두둔해 주었다. 선친도 얼마 후 허락했다. 서울에 외가가 있는 것이 도움이 되었던 듯하다. 선친은 상경하는 날 함안역까지 바래다주면서 서울에 가서 조심해야 할 일을 자상하게 말해 주었다. 특히 90세 가까운 조모가 손수 누빈 속옷을 건네주던 것이 이 회장의 눈에 선하다.

    서울에서 처음 머문 곳은 가회동 외가였다. 조선시대 옛 주택모습 그대로인 곳이다. 그곳에서 멀지 않은 수송 보통학교 3학년에 편입했다. 이 학교는 일본 총독부가 초등교육 시범학교로 세웠다. 이 회장은 등교하면서 예상치도 못한 난관에 부딪혔다. 급우들이 하는 말은 억지로나마 대강 알아듣겠는데, 이 회장 말은 급우들에게 통하지 않았다. 말씨가 너무 달랐기 때문이다. 성적은 산수만은 자신 있었지만 조선어나 일본어는 60~70점 수준이었고 석차는 50명 중 35등에서 40등 사이를 오갔다. 이 회장은 그럼에도 불구하고 보통학교 과정을 일각이라도 빨리 마치고 싶었다. 그래서 4학년을 마치고 방학 때 귀성한 기회에 선친에게 뜻을 전했다.

"이제 보통학교에서 배울 것은 별로 남아 있지 않습니다. 보통학교 과정을 속성으로 마무리 짓는 속성과가 있는 중학교로 옮기고 싶습니다."

선친의 허락을 받아 입학한 학교가 중동중학中東中學이었다. 선친은 이때 이 회장에게 사필귀정事必歸正이라는 처세훈을 들려주었다.

"매사에 성급하지 말아야 한다. 무리하게 사물을 처리하려 들면 안 된다."

이 회장은 '이즈음 선친께서 사필귀정의 처세훈을 왜 말씀해주셨을까' 생각했다. 이 회장은 선친의 눈에 몇 차례나 학교를 바꾸는 것이 공부에 성과가 있는 것으로, 아니면 공부에 가망이 없는 것으로 보았는지에 대해서는 끝내 선친에게 여쭈어보는 기회를 갖지 못했다.

이 회장은 1926년 3학년 가을, 선친으로부터 한 통의 편지를 받았다.

'너의 혼담이 이루어져 12월 5일(음력)에 혼례를 올리게 되었으니 귀가하라'는 내용이었다. 당시는 조혼이 관례였고 맞선 같은 것은 없었다. 신부는 경북 달성군 묘동에 사는 사육신 박팽년 공의 후손인 순천 박 씨 기동공의 4녀 박두을이었다.

중동중 4학년 1학기를 마치고 여름방학에 귀성한 이 회장은 일본 유학의 결심을 선친에게 전했다. 선친은 크게 꾸중했다.

"일에는 반드시 본말本末이 있고 시종始終이 있다. 19살이 되고도 아직 그것을 모르느냐."

각급학교를 졸업도 하지 않고 중도에 옮기는 것을 꾸중한 것이다. 그러나 일본 유학 자체에 반대한다는 말씀이 없는 것은 다행이었다.

며칠 후 일본 유학이 허락되었다.

이 회장은 시모노세키로 가는 선상에서 겪은 불쾌한 기억을 오랫동안 잊지 못했다. 배 멀미가 심해진 이 회장은 다소 나은 1등실로 옮기려 했다. 그러나 선실 입구를 지키고 있는 일본인 경찰이 거만한 어투로 쏘아붙였다.

"너희 조선인이 무슨 돈으로 1등 선실을 기웃거리느냐."

모욕적인 언사다.

이 회장은 "우리는 돈을 듬뿍 가지고 놀러 가는데 이왕이면 1등실로 가려는 것이요"

동향인 안호상 박사는 비꼬는 투로 응수했다. 안 박사와는 동향으로 선상에서 만났다.

대학의 입학까지는 6개월 정도 남았다. 대학 인근의 하숙 소개소에 하숙을 부탁해 놓고 지리를 익히고 동경의 방향 감각을 익히기 위해 전차를 탔다. 우연히 내린 곳이 시모누마 부크로 역이었다. 한 청년이 눈에 띄어 우리말을 건넸더니 그 청년이 우리말로 대답했다. 와세다대학 3학년 이순근이었다(이순근 씨는 이 인연으로 삼성상회 지배인으로 삼성에 합류했으며 삼성상회를 크게 키웠다).

이 회장은 1930년 4월, 와세다대학 전문부 정경과에 입학했다. 이 회장은 모처럼 공부에 열중했으며 강의에도 빠짐없이 나갔다. 마르크스나 엥겔스의 문헌도 독파했다. 난생 처음 책과 가까이 했고 사색에 잠기기도 했다. 그러나 2학기 말이 되자 심한 각기병에 걸리고 말았다. 온천장이나 명승고적을 다니는 등 전지요양도 별다른 효과를 보지 못했다. 이 회장은 하는 수 없이 학업을 중단하기로 결심하고 2학년 가을, 와세다 대학을 중퇴했다. 사전에 아무런 연락도 없이 귀향했다. 어느 가을 아침 가방 하나만 들고 홀연히 돌아온 자식에게 선친은 의외의 반응을 보였다.

"너도 무슨 요량이 있었겠지. 우선 몸조리나 잘해라. 일에는 반듯이 본말과 시종이 있다."

선친은 단정하고 근엄한 분이었지만 자녀들에게는 인자했다. 선친은 인의예지신仁義禮智信의 생활윤리 중에서도 신信을 강조했다.

"비록 손해를 보는 일이 있더라도 신용을 잃어서는 안 된다. 거짓과 꾸밈은 개인에게나 국가사회에도 대환大患이다" 강조했다. 이 회장은 창업 이후 오늘에 이르기까지 삼성이「신용」을 생명으로 삼아온 것도 선친의 가르침이 배어 있는 것으로 생각했다.

*

"변 기자, 이제 나의 사업 실패담으로 들어갑시다. 마산에서 시작한 정미소와 운수업은 순조롭게 진행되었습니다. 나는 두 사업체를 지배인에게 맡기고 세 번째 사업으로 토지를 사 모으기 시작했습니다. 얼마 후 연수 1만 석, 2백만 평의 대지주大地主가 되었지요. 경상남도 김해평야의 경작이 가능한 진답은 힌 평도 남기지 않고 사들이기로 작정한 것이었습니다" 김해평야는 몇 천 만 평으로 광대했다.

이 회장은 자신의 토지사업구상과 실행에 대해서 다음과 같이 말했다.

"정미와 미곡 거래 등을 통해 지가地價에 대해서도 자연히 관심을 갖게 됐지요. 당시의 토지 가격은 논 한 평당 25전, 논 한 두락 2백 평은 50원이었습니다. 논 한 두락 쌀 생산량은 대두大斗로 26두인데 소작료로 쌀 생산량의 반인 13두를 제하더라도 13두의 순소득이 있지요. 당시 13두의 쌀값은 15원이므로 관리비 1원, 지세地稅 1원, 기타 경비 1원을 제한 실수입은 12원이 됩니다. 지가 50원의 논 한 두

락에서 연 7푼3리(7.3%)의 은행 이자 3원 65전을 공제해도 투자액의 16%인 8원 35전의 연간 순이익을 얻는 셈이지요."

당시 논 값이 저렴했던 것은 세계적인 대공항에다가 일본제국주의의 농민 수탈이 극심해 이농자離農者가 속출했기 때문이다. 이 회장은 땅을 사 모으기 위해 위에 말한 수지계산서를 오랫동안 거래 실적이 있는 식산은행 마산 지점에 융자 신청했다. 실제로 히라타 지점장은 토지를 담보로 감정 가격의 8할(80%)까지 융자할 수 있고 이자는 7푼 3리(7.3%)라고 말했다.

이 회장에게 논 40만 평의 매물이 나왔다는 정보가 입수됐다. 매물은 아마노 농장이라는 큰 농장의 일부였으며 주인은 아마노라는 일본 사람이었다. 이 회장은 계약금 1만 원을 선지급하고 히라타 지점장에게 내용을 설명해 주었다. 열흘쯤 지나 지점장 연락을 받아 만나보았더니 그는 뜻밖의 말을 했다. 토지 대금의 잔금 9만원을 이미 아마노 씨에게 지불했고, 그러고도 2만 원이 남아 이 회장 구좌에 넣어 놓았다는 것이다. 아마노 농장의 논은 평당 25전으로 은행에서 9만원을 대출받아 땅값을 완불할 계획이었으나 은행 감정 가격이 38전으로 나와 평당 27전 총 11만원을 융자받을 수 있게 되었다는 얘기였다. 매입 대금을 은행 융자로 전액 지불하고도 돈이 남는 것이었다. 이 회장 자신도 놀랐다. '이렇게 손쉬운 돈벌이가 있는가!' 이후 적당한 전답 매물을 찾아 은행에 통고하고 나면 바로 감정하고 융자를 해준다. 더구나 은행은 명의변경이나 권리보전 등 복잡한 실무까지 대행해 주는 것이었다. 토지 투자 사업은 순풍에 돛 단 격이었다. 식산은행의 금고가 나의 금고로 착각될 정도였다. 토지 투자 사업이 1년쯤 지나자 연수 1만 석 거리 2백만 평의 지주가 됐다. 꿈의 만석꾼! 30살이 되기도 전에 거부의 반열에 오른 것이다. 여기에 그치지 않고 그는 부산과 대구의 주택 용지까지 영역을 넓혀가기 시작했다.

청천의 벽력. 재난은 갑자기 닥쳐오는 법이다. 어느 날 식산은행이 일체의 대출을 중단한다는 종이 한 조각의 통고가 왔다. 1937년 중일中日 전쟁 확대로 일본 정부가 취한 비상조치에 따른 것이었다. 전적으로 은행 융자에 의지했던 토지 투자는 더 이상 나아갈 수 없게 됐고 늘어날 대로 늘어난 토지는 이 회장 개인 능력으로 처리할 수 있는 범위를 넘어서 있었다.

"참담한 실패를 경험하게 된 것입니다. '삼리三利가 있으면 반드시 삼해三害가 있다. 교만한 자 치고 망하지 않는 자 아직 없다' 선인들의 가르침을 새삼 깨달았고, 은행 융자에 안주해 기고만장하기만 했던 인간으로서 신중치 못했던 점을 뉘우친 것입니다. 한 가지 다행스러운 것은 이런 충격 속에서도 그 엄청난 부채를 한 푼도 남기지 않고 깨끗이 청산해 사회에 어떠한 누도 끼치지 않았다는 겁니다."

이 회장은 변 기자에게 말했다.

이 회장은 이때 비로소 경영의 어려움을 깨닫게 되었고, 이 실패는 그 후의 사업 경영에 나시없는 교훈이 되었다고 했다. '사업은 반드시 시기時期와 정세情勢에 맞추어야 한다'부터 우선 인식하고 나서 사업을 운영할 때 첫째, 국내외 정세의 변동을 정확하게 통찰해야 하며 둘째, 무모한 과욕을 버리고 자기의 능력과 그 한계를 냉철하게 판단해야 하고 셋째, 요행을 바라는 투기는 절대로 피해야 하며 넷째, 직관력의 연마를 중시하는 한편 제2, 제3의 대비책을 미리 강구함으로써 대세가 기울어 이미 실패라고 판단이 서면 깨끗이 미련을 청산하고 차선의 길을 택해야 한다는 것을 절감했던 것이다.

"변 기자. 나는 어떤 위기나 실패의 경우 독일 비스마르크 시대 프로이센군 원수였던 몰트케 장군의 명언을 상기해보곤 합니다. 몰트

케의 명언은 이겁니다."

"나는 항상 청년의 실패를 흥미롭게 지켜본다. 청년의 실패야말로 그 자신의 성공의 척도尺度다 그는 실패를 어떻게 생각했는가. 낙담했는가. 물러섰는가. 아니면 더욱 용기를 북돋아 전진했는가. 이것으로 그의 생애는 결정되는 것이다."

변 기자는 이 회장이 어떻게 비스마르크와 더불어 프로이센 독일 통일의 1등 공신으로 추앙받는 몰트케 원수의 명언을 가슴에 간직하고 있는가에 호기심을 품었다. 이 회장은 몰트케 장군의 명언에서처럼 용기를 북돋아 전진했다. 전진한 결과가 토지 사업 실패 후 반 년 만에 대구에 세운 삼성상회다. 삼성상회는 오늘날 삼성그룹의 모체다.

13

입지立志

  이 회장의 사업력 1호는 정미, 운수업이다. 이 회장은 와세다대학 2학년에 중퇴하고 귀향한 이후 사실 별 하는 일 없이 지냈다. 이 회장은 그 날도 골패놀음을 하다가 밤늦게야 귀가했다. 그때는 세 아이의 아버지가 되어 있던 때다. 평화롭게 잠든 아이들의 얼굴을 보는 순간 악몽에서 깨어난 심정이었다.
  '너무 허송세월했다. 뜻을 세워야 한다.'
  무엇인가 해야 한다. 당시 이 회장이 할 수 있는 일이란 독립운동, 관리, 사업 세 분야였다. 독립을 위해 투신하는 것 못지않게 국민을 빈곤에서 구하는 일도 시급했다. 식민지의 관리생활은 떳떳하지 못하다. 이 회장은 사업의 길을 찾는 것이 자신의 성격에 가장 알맞다고 생각했다. '내 인생을 사업에 걸어보자.' 사업에 투신하자는 결단은 오랫동안 생각한 결과는 아니었지만 그렇다고 순간적인 작심이라고 할 수도 없었다.
  사업이란 무엇인가. 사회를 이롭게 하는 것, 그것이 사업이며 따라서 사업에는 사회성이 있고 사업을 추진하는 기업 또한 사회적 존재다. 이 회장은 어느 날 밤 순간적으로 사업에 대한 결의를 굳혔던 당시에는 사업에 임하는 확고한 신념이나 소신 같은 것이 아직 없었다. 그러나 사회적인 제약 등 여러 가지 여건을 생각한 나머지 '사업을 하고 싶다', '사업에 도전해보고 싶다' 생각한 것이다. 그는 도쿄에서 돌아온 후의 2~3년이 결코 낭비는 아니었다고 생각했다.

이 회장은 훨씬 뒷날 어느 저널리스와의 인터뷰에서 당시를 다음과 같이 회고했다.

"어떠한 인생에도 낭비라는 것은 있을 수 없다. 실업자가 10년 동안 무엇 하나 하는 일 없이 낚시로 소일했다고 치자. 그 10년이 낭비였는지 아닌지 그것은 10년 후에 그 사람이 무엇을 하느냐로 결정된다. 낚시를 하면서 반드시 무엇인가 느낀 것이 있을 것이다. 실업자 생활을 어떻게 받아들이고 어떻게 견뎌 나가느냐에 따라서 그 사람의 내면도 달라질 것이다. 헛되게 세월을 보낸다고 하더라도 무엇인가 남는 것이 있을 것이다. 문제는 헛되게 세월을 보내는 데 있지 않다. 그것을 받아들여 훗날 소중한 체험으로 그것을 살리면 된다."

이 회장의 사업에 투신하겠다는 결심은 그의 인생에 결과적으로 큰 전환점이 되었고 삼성그룹의 출발점이 되었다는 점에서 한국재벌사의 한 획을 긋는 위대한 일이 되었다. 이 회장은 결심을 굳힌 후 어느 날 그 생각을 선친에게 말했다.

"마침 너의 몫으로 연수 300석쯤의 재산을 나누어 주려던 참이다. 스스로 납득이 가는 일이라면 결단을 내려 보는 것도 좋다."

선친의 말씀은 그지없이 고마웠다. 300석이 화폐 가치가 어느 정도인지 알 수 없으나 먹고 살기에는 넉넉한 정도였다. 어떻든 재원을 수중에 넣은 이 회장은 사업의 사전조사에 마음이 부풀었다. 서울을 근거지로 하면 업종 선택 폭도 넓고 친구들도 있어 손쉬울 것 같았으나 그렇게 하기에는 갖고 있는 자금으로는 부족할 것 같았다. 대구,

부산, 평양은 어떨까 생각해 보았으나 이 세 도시에서도 큰 상권은 이미 일본인들이 차지하고 있어 이 회장의 자금력으로는 끼어들 여지가 없었다. 이런 저런 이유로 결국 고향과도 가까운 마산을 후보지로 정했다. 현재 마산은 창원기계공업단지, 수출자유지역으로 큰 공업도시가 되었지만 당시에는 물 맑고 기후가 온화한 아담한 항구도시였다. 마산은 경남 일대의 농산물 집산지로 여기에 모이는 쌀은 연간 수백만 석에 이르렀고 그것은 일본으로 갔다. 또한 마산에는 만주의 대두, 고량(수수) 등이 이입되어 물자와 돈이 제법 컸다. 이 회장은 마산이 도정搗精 능력이 모자란다는 사실에 착안했다. 일본인이 운영하는 정미소는 상당한 규모였으나 한국인의 것은 보잘 것 없었다. 도정을 맡긴 하주는 도정료를 선불하고도 상당 기간 차례를 기다리기 일쑤였고 정미소 빈터에는 어디나 도정을 기다리는 볏가마니가 산더미같이 쌓여 있었다. 정미 사업이 적합하다. 마산에서 가장 큰 규모로 하기만 한다면 성공할 수 있겠다고 확신했다.

　이 회장은 세교가 있는 합천의 정현용 씨, 박정원 씨를 만나 공동사업을 제안했다. 때마침 두 사람도 무언가 사업을 모색하고 있었으므로 세 사람의 의견은 쉽게 일치되어 각자 1만원씩을 출자하기로 했다. 이런 소문이 나자 "조선인은 단결심이 없다. 그러므로 공동사업은 바랄 수 없다"고 일본인들은 멸시하고 있었다. 동업을 하기로 한 이면에는 자금 사정 탓도 있었지만 일본인의 그러한 멸시를 보기 좋게 꺾어 보겠다는 오기도 있었다. 그렇게 하여 1936년 봄, 북마산에 부지를 마련하고 설비를 갖추면서 '협동정미소'라는 상호로 출발했다. 이 상호에는 협심, 합동한다는 결의가 담겨 있었다. 이 회장 26세 때의 일이다. 마산 제일의 정미소를 만드는 데 3만원으로는 부족했다. 은행 융자가 필요했고 융자를 위해 식산은행 마산 지점을 찾앉다. 지점장은 일본인 히라타 씨였다. 히라타 지점장은 꽤 까다롭게 여러 가지 질문을 던지고 "곡가가 변동하는 원인은 무엇인가", "일본 곡물시장을 어떻게 보는가" 등 일개 도정업자로서는 알 필요도 없는 질문을 집요하게 던졌다. 이 회장은 꾹 참고 성실하게 답변했다(이 인연으로 히라타 지점장은 이 회장의 이후 전개되는 김해평야 토지 사업 융자를 적극 도왔으며 해방 후까지 인연을 이어갔다). 은행 융자는 실현되었다. 이 회장의 첫 사업은 이렇게 출발한 것이었다.

   정미 사업을 시작한 1936년은 세계공황의 여파로 파탄에 이른 경제의 실마리를 찾아 일본이 대륙침공의 도화선에 불을 당긴 만주사변이 있은 지 4년째 되는 해였고 중일전쟁을 거쳐 태평양 전쟁으로 줄달음치기 시작한 무렵이다. 일본지배 하에서 일본의 대륙침공의 병참기지가 된 한국은 가혹한 시련을 겪어야 했다. 특히 농민의 생활은 비참하기 그지없었다. 일본은 1910년 합방과 동시에 토지조사사업에 착수하여 1928년에 이 사업을 완결했다. 18년 동안이나 걸친 사업이다. 일본은 이 기간 동안 토지 조사를 명분으로 내세우고 내심으로는 조선의 땅을 얼마만큼 빼앗을 수 있는가를 작업한 것이다. 막대한 토지가 조선총독부 소유로 둔갑했다. 1930년 통계에 따르면 총독부 소유의 농경지와 임야의 면적은 전국의 40%에 해당하는 888만 정보에 이르렀고 동양척식회사를 비롯한 일본 토지회사와 일본인 이민에게 무상 또는 파격적인 염가로 불하되었다. 농민들은 목숨과도 같은 농지를 수탈당했다. 이 회장의 협동정미소는 도정기계가 쉬지 않게 미곡을 확보하는 것이 목적이었기 때문에 도정업만 전문으로 했다. 1년 동안 자본금의 3분의2를 잠식해버리는 결과가 나왔다. 동업자 박정원 씨가 해산을 제의했다. 그러나 이 회장은 일단 출범한 이상 다소의 풍파 때문에 좌절해서는 안 된다고 생각했다. 또 다른 동업자 정현용 씨는 이 회장과 같은 생각이었기 때문에 박 씨에게 다음과 같이 약속했다.

"1년간 더 운영해보고 역시 적자가 날 경우에는 박씨의 출자금을 그대로 반환한다. 반대로 이익이 나면 출자금 1만원에 이자를 더해서 반환한다."

지난 한 해 동안 손해가 난 원인을 분석해본 결과 군중심리에 따라 쌀값이 오를 때 사고 내릴 때 판 때문이라는 것을 알았다. 협동정미소는 도정사업 이외에도 미곡 신용선물거래에 참여했다. 전술을 180도 전환하여 지난해와 반대로 했다. 이 작전이 적중해서 다음 결산에서는 3만원의 출자금을 제하고도 2만원의 이익이 나왔다. 이것으로 박 씨와의 약속은 깨끗이 이행되었다. 마산에서는 당시 물자의 수송 수단이 크게 부족했다. 트럭 운임이 비싸서 정미소의 쌀 운송 이외에 독립된 운송사업도 성립될 것 같았다. 마침 일본인이 경영하던 마산일출日出 자동차 회사가 매물로 나와 있었기 때문에 10대의 트럭을 보유한 그 회사를 매수하고 새로 10대를 보태 도합 트럭 20대의 운수회사를 경영하게 되있다. 당시 자동차 한 대 값은 요즘 비행기 한 대 값과 맞먹는 것이었다. 예상은 적중하여 운수업은 호황을 누렸고 기고만장한 기세로 사업에 적극적으로 임할 수 있게 되었다. 이 회장은 이 두 가지 사업을 본괘도에 올려놓은 후 앞장에서 말한 토지 사업에 뛰어들었다.

14

백설白雪의 황금알
제일제당 백설표 설탕

"회장님. 무역에서 제조업으로 전환하는 것은 참으로 어려운 일인데요"

"변 기자는 경제부 기자이기 때문에 그러한 업종변환이 어려운 일임을 알고 있군. 사실 사활이 걸리는 일이고 모험을 한다는 도전정신을 갖지 않고는 할 수 없는 일입니다. 나는 제일제당을 완성함으로서 삼성三星이 근대적 생산자로서 면모를 갖춘 첫 걸음이었고 상업자본商業資本을 탈피하여 산업자본産業資本으로 전환한 한국최초의 선구자본이라고 생각합니다"

이 회장은 삼성이 제일제당으로 오기까지의 우여곡절을 다음과 같이 들려주었다. 이 회장은 48년 4월 삼성물산 공사를 설립했다. 종로 2가 영보빌딩 근처 이길수씨 소유 2층 건물 1백여 평을 임대해 삼성물산공사 간판을 내걸었다. 이 회장은 빈곤한 신생독립국가로서 거대자본이 필요한 제조업보다는 무역업이 가장 효과적인 사업이라고 판단한 것이다. 삼성물산공사는 이 회장 75%, 김생기(후일 영진제약 창립), 이오석, 문철호, 김일옥, 조홍제씨(후일 효성그룹 창업) 등이 25%로 주식이 구성됐으며 전무는 조홍제, 상무 김생기씨로 했다.

삼성물산은 신생 무명이었지만 설립 다음해에 무역업 랭킹이 7위로 뛰어오를 만큼 눈에 띄는 성장을 했다. 당시 대무역회사인 천우사, 화신산업, 동아상사 등과 어깨를 겨누게 된 것이다. 그러나 삼성물산공사는 6.25동란으로 무無가 되고 말았다.

1.4후퇴로 삼성물산공사 임직원들도 부산등지로 피난을 떠났다. 12월 초순 트럭 5대를 구입하여 김생기 상무 등 가족들을 싣고 피난 간 것이다. 당시 트럭 한 대 값은 2백만 원이 넘었다. 삼성물산공사의 전 재산을 처분하여 트럭 5대를 마련한 것이다.

이 회장은 연고를 찾아 대구 조선양조로 갔다. 이 회장은 삼성물산공사의 저간의 이야기를 말하고 신세를 지게 되었다고 말했다. 김재소 사장. 이창업 지배인, 김재명 공장장은 "사장님. 왜 그런 말씀을 하십니까. 걱정하실 것 없습니다. 3억 원 가량의 비축이 있습니다. 이것으로 하고 싶은 사업을 다시 시작 하십시오" 하는게 아닌가.

이 회장은 감격해 가슴이 메었다. 비상전시 하에서 경영에 말할 수 없는 어려움이 있었겠지만 양조장을 굳긴히 지켜 3억 원이나 되는 거금을 비축해 둔 것이다. 이렇게 정직하고 믿음직한 사람들이 또 어디에 있겠는가.

익자삼우益者三友요, 손자삼우損者三友라 했다.

정직한 자를 벗으로 하고, 미더운 자를 벗으로 하고, 견문이 많은 자를 벗으로 하면 익이요. 아첨하는 자를 벗으로 하고, 성실치 못한 자를 벗으로 하고, 말만 앞세우고 실實없는 자를 벗으로 하면 손損이라 했다. 또는 순경은 벗을 만들고 역경은 벗을 시험한다는 말도 있다. 이 회장은 선인들의 가르침을 새삼 되씹었다.

이 회장은 3억 원의 자금을 가지고 임시수도 부산으로 가서 삼성물산三星物産의 재건을 서둘렀다. 삼성물산의 성장은 눈부셨다. 설립 1년 후 결산서에는 3억 원의 자본금의 20배인 60억 원으로 기록되었다.

이 회장은 어느 날 깊은 고민에 빠졌다.

"국가경제 성장에 보탬이 되기 위해서는 무역 외에 다른 더 중요한 일은 없단 말인가!"

"인적자원 외에는 자원다운 자원을 갖지 못한 한국으로서는 원자재를 수입하여 그것을 다양한 상품으로 가공해서 수출해야 한다. 이것이야 말로 한국이 사는 유일한 길이다. 그렇기 위해서는 우수한 기술과 가공, 생산시설을 갖춘 제조업製造業이야 말로 불가결의 것이 아니겠는가"

이 회장은 회사의 흥망이 걸린 중요한 문제임으로 결정과정에서 고독감에 빠지기도 했지만 일대 용기를 내어 제조업에 투자하기로 최종 결단을 내렸다. 이 회장의 결단은 결과적으로 한국 제조업사製造業史를 새로 쓰게하는 분수령이 되었다.

"변 기자. 사내에서도 회의를 거듭했지만 적극적으로 명확한 의견을 내는 사람은 드물었습니다. 모든 책임을 지고 최종적인 결단을 내리는 것은 최고 책임자의 임무입니다"

"전란이 채 가시지도 않은 상황에서 제조업으로 전환하는 것은 대단히 어려운 결단이신데요"

"한국의 당면 과제로서 수입대체의 생산부문에 우선 주력하는 것이야 말로 한국 경제의 첫 길 이라는 확신을 가진 것입니다. 자본과 기술 축적이 없는 채로 생산공장을 세운다는 것은 문자 그대로 개척정신開拓精神과 확고한 사명감使命感 없이는 불가능한 것입니다"

이 회장은 어떤 분야의 제조업을 선택할까를 면밀히 따져 보았다. 여러 가지 조사결과 제지製紙, 제약製藥. 설탕雪糖은 국내생산이 전무한 상태여서 수입에만 의존하는 실정임을 알았다. 이런 품목의 수입대체가 시급하다. 이 회장은 어느 것을 선택하느냐의 기로에서 분석과 검토를 한 끝에 일본 미쓰이三#에 제약, 제당, 제지에 관한 기획과 견적을 의뢰했는데 제당은 3개월 만에 입수됐는데 제약은 6개월, 제지는 8개월이 걸린다고 했다. 1개월이라는 시간이 더없이 귀중했음으로 우선 제당으로 결정했다.

1953년 4월 부산대교로의 삼성물산 사무실 내에 제당회사의 사무소를 설치하고 2개월 후인 6월에 발기인 총회를 열었다. 휴전 협정이 성립되기 1개월 전이다. 자본금은 신화로 2천만 환, 주주로는 대구시대의 구우 여상원씨, 구영회씨, 허정구씨, 김생기씨 등이 삼성물산의 임원들이다. 이 회장 43세 때의 일이다.

사명은 "제일제당공업주식회사"로 했다. 평범하게 부르기 쉽다는 이유였지만 실은 은근히 다짐한 기대와 큰 기대를 담은 것이다.

"무슨 일에나 제일의 기개로 일하자. 제일제당은 우리나라에 건설된 최초의 현대적 대규모 생산시설이다. 앞으로 한국 경제의 제일주자로서 국가와 민족의 번영에 크게 기여해나가자"

이 회장은 공장 부지를 찾는데 애를 먹었다. 부산 시내를 샅샅이 뒤져보았으나 적지를 찾지 못했다. 몇몇 좋은 땅이 눈에 띄었지만 모두 군사지역으로 묶여있었다.

전포동의 부산고무 공업사의 공지 1천 5백 평을 찾아냈으나 사장인 이동인씨는 고집이 대단한 분이었다. 많은 사람들이 땅값을 올리면서 매입경쟁을 벌렸으나 땅을 팔지 않는 막무가내였다. 어떻든 이 회장은 임원에게 교섭을 해보도록 했든바 응답이 뜻밖이었다.

"팔지요. 다만 사람과(이병철 회장) 사업취지와 용도에 반했기 때문이지 돈 욕심이 나서 파는 것이 아니라는 것만은 분명히 알아주시오"

이 회장은 곧바로 찾아가서 인사를 하려고 하던 차에 이동인 사장이 먼저 찾아왔다. 이로서 그와 벗으로 사귀게 되었다. 호의에 보답할 기회를 찾았지만 서울 환도 후 이 사장은 얼마 안가서 타계하고 말아 보답할 기회조차 없어 지금껏 안타깝다.

제일제당은 이후 자금과 설비가 문제다. 미쓰이 물산과 다나카 기계 견적에 따르면 원심분리기 4기와 결정관 1기의 플랜트는 15만 달러, 도입에 수반되는 경비 3만 달러, 도합 18만 달러였다. 당시 한국의 외환보유고로는 큰 금액이다. 그러나 상공부 등 관계기관의 사업 취지에 대한 이해, 지지로 18만 달러의 외환 배정을 받았다. 그리고 내자內資 부족분은 상공은행 이상실 행장이 2천만 환의 융자를 쾌락해 자금문제는 모두 해결됐다.

기계는 부산항에 도착했는데 기계의 조립, 설치, 시운전에 필요한 일본인 기술자는 단 한사람도 입국시킬 수 없다는 것이다. 이승만 대통령의 배일정책 때문이다. 대안으로 기계류를 조립하는 국내 회사에 문의 했더니 설계도만 있으면 가능하다는 것이다. 그들에게 플랜트 조립을 맡기기로 했다. 이번에는 일본 측이 난색을 나타냈다. 성능대로 기계가 움직이지 않고 규칙대로 제품이 생산되지 않으면 일본 측이 책임져야 함으로 반드시 일본인 기술자를 파견해야 한다는 것이다. 당연한 말이기는 하나 이 회장은 일본의 말은 어느새 한국의 기술로 제당공장의 건설이 가능하겠는가하는 것을 말하는, 한국을 비하하는 말로도 이해됐다.

이 회장은 무슨 일이 있어도 한국인 기술진으로 꼭 해보고 싶었다. 김재명 공장장은 국내 기술진으로 완성할 수 있다고 했다. 이 회장은 만일 여기서 좌절한다면 제일제당의 손실은 고사하고 향후 한국의 생산공장 건설은 더욱 늦어질 것이 틀림없다고 생각했다. 무거운 책임감에 사로잡히기도 했다.

　작업은 고난의 연속이었다. 공장 건설에 어려운 일에 부딪히면 국제전화로 다나카 기계에 문의했다. 국제전화 사정은 좋지 않아 아침에 전화신청을 하면 오후 아니면 다음날 연결되기도 하고 전화감이 나빠 싸움하듯 고함지르기 일쑤였다. 서신문의는 2주일이 걸리기 때문에 작업을 중단하고 기다리기도 했다.

　악전고투의 6개월이 지나 공장은 완성되었다. 공기는 2개월이나 단축되었다. 제일제당은 연건평 800평, 일산日産 25톤 규모다. 당시로서는 파격적으로 큰 공장이었다.

　이 회장은 마침내 흥분을 억누르며 시동 스위치를 넣었다.

　아하. 어찌된 일인가. 대만산 원당을 기계에 넣자마자 원심분리기가 크게 요동하며 제대로 작동이 되지 않는 것이다. 원심분리기는 1분에 1,800회나 회전하는 기계다. 가끔 희생자를 내기도 하는 것이다. 다나카 기계에 국제전화로 문의했다. 직접 보지 않고는 확인할 수 없지만 결점을 지적할 수 없다는 것이다. 이 회장은 며칠 밤을 보내면서 기계에 매달렸다. 3일째의 일이다. 공장의 한 용접공이 "원당을 한꺼번에 너무 많이 넣어서 균형을 잃은 것 같다"고 말하는 것 아닌가. 그의 말대로 균형을 맞추어가면서 원당을 넣었더니 순백의 정제당精製糖이 쏟아져 나오기 시작했다. 드디어 성공한 것이다.

　"아하! 나는 성공했다. 한국 기술로 제당공장 건설을 해낸 것이다"

　이 회장은 눈물이 핑 돌았다. 이 회장은 순간 일본의 마쓰시다 고노쓰케松下幸之助씨의 말이 생각났다.

　'한 사람의 천재보다는 두 사람의 평범한 사람의 의견이 낫다'

　조금 전 원당을 규칙에 맞게 조금씩 넣어보라는 용접공의 말이 생각나서이다.

이 회장은 이날을 택해서 53년 11월 5일은 제일제당의 창립기념일로 정했다.

제일제당은 시제품으로 생산된 6천3백kg을 부산 부평동 총판에 근당 100환에 판매했다. 우리 손으로 만든 설탕이 국내시장에 처음으로 판매되는 것이다. 당시 수입설탕의 가격은 근당 300환이었음으로 외국제의 3분의1값에 불과한 것이다.

그러나 초기 소비자 반응은 별로 좋지 않았다. 외국산과 동일하게 당도 99.9%, 색도 동일한데 잘 팔리지 않는다. 값이 파격적으로 싼 것이 원인이었던 것 같다. 국산은 싸고 나쁜 것으로 불신을 받던 시기다. 그러나 싸고 좋은 상품이 팔리지 않을 리가 없다. 얼마 후 제일제당은 판매를 걱정할 필요가 없게 됐다. 완공 2년 후에는 일산 50톤으로 배가 됐으며 국민생활 안정으로 설탕소비도 늘어났다. 제일제당은 공전의 호황을 누렸다. 제일제당이 설립된 53년 우리나라 설탕수입량은 2만3천8백 톤이었다 수입가격은 톤당 35달러 적지 않은 외화가 설탕수입에 지출되었던 것이다. 제일제당 가동으로 수입의존도 100%였던 설탕은 1954년 51%, 55년에는 27%, 56년에는 7%로 떨어졌다. 제일제당 3년 만에 수입을 국내생산으로 대체해 외화 지출을 막자는 당초 목표는 완전히 달성되었다.

"회장님. 당시 한간에는 삼성그룹이 소비재 산업으로 치부한다는 비난도 있었습니다" 변기자의 질문이다.

"한 나라의 산업발전은 단계적으로 진행된다는 것을 역사에서 볼 수 있습니다. 초기에는 일상생활의 필수품을 자급자족하는 소비재 산업이 일어나고 이후 경공업을 육성함으로서 기술(인적능력)과 경험과 자본을 축적하고 그 기반위에 고도의 기술과 거대한 자본이 소요되는 중화학 공업이나 전자 등 고도기술산업으로 이행하는 것입니다. 우리나라는 당시 중화학공업, 전자산업 등에 착수할 수 있는 사회 경제적 기술적 요건이 갖추어져 있지 않습니다. 인도의 예가 좋은 본보기입니다. 경공업 기반 없이 산업발전 단계를 뛰어넘어 제철 등 중화학 공업에 편중하다가 품질, 원가 면에서 경쟁력을 상실. 외화 상환조차 지연되고 있는 것입니다"

이 회장은 인도만이 아니라 브라질, 칠레, 멕시코 등에서도 볼 수 있다고 덧붙였다.

"항간의 이야기들은 이런 경제 발전의 단계를 이해하지 못한데서 오는 것입니다. 오히려 경쟁에 패하여 도산의 불운을 겪는 기업을 볼 때마다 기업이야말로 양질의 상품, 좋은 서비스, 고용과 소득의 기회를 국민에게 제공하는 것이 기업의 막중한 사회적 책임이라는 것을 되새기는 것입니다"

15

제일모직 골덴텍스

'신사복지 모직毛織 산업을 일으켜 400년 전통의 영국복지를 능가해보자.'

이 회장은 새로운 사업으로 모방사업 구상을 굳혀갔다.

"회장님은 제일제당 완공 이후 2년 만에 한국 제1의 거부 칭호를 받으셨습니다. 그것으로 만족하실 수는 없으셨습니까?"

"변 기자. 일신一身의 안락을 생각하면 그것으로 충분했을 겁니다. 그러나 나는 축재가 목적이 아니라 신생조국에 기여할 수 있는 새로운 사업을 구상하고 실현하는 것이 기업하는 사람의 책무라고 생각하고 해오고 있는 것입니다. 황무지에 공장이 들어서고 수많은 종업원이 활기에 넘쳐 일에 몰두하는 모습을 보는 것이 더없는 창조의 기쁨을 느끼게 합니다. 그러나 우리 사회는 기업가를 사시의 눈으로 보려는 경향이 있어 보입니다. 예술가의 사명감이나 정진에는 격려의 박수를 아끼지 않으면서 기업가에 대한 사회의 눈은 왜 그런지 알 수 없습니다. 인간이 무한 탐구, 무한 정진을 추구하는 데는 기업가도 예술가도 다를 바가 없는 겁니다. 무한한 정진은 문명의 원동력입니다."

이 회장은 새로운 사업으로 모직을 일으키기로 결심을 굳혔다. 모직은 설탕과 함께 당시의 시대적 요청이었던 수입 대체 산업으로 초미의 급선무였다.

의衣의 충족은 식食, 주住가 함께 기본이 되는 것, 동서고금이 동일하다. 의생활의 수준은 일국의 문화의 척도가 된다. 우리나라의 섬유산업은 화학섬유가 싹도 트기 전이었고 면방공장이 몇 개 있기는 했으나 수요에 훨씬 못 미치고 품질은 조악했다. 양복이라고는 미군 군복을 염색한 것이 대부분이었다. 이른바 마카오복지는 한 벌에 상위 봉급생활자의 석 달분 월급이 넘었다. 그러나 사내 임원들은 모직사업에 회의적이었다. 모방과 면방을 병행해 시장조사를 해본 결과 만일 삼성이 대형 면방공장을 짓는다면 기존 면방공장들은 대부분 문을 닫게 된다고 예상했다. 면방은 피하는 것이 좋은 것이다.

이 회장은 강성태 상공장관을 만나 의견을 들어봤다.

"긴 안목에서 보면 역시 면방보다 모방입니다. 수출이 가능할 정도의 최신식 자동방적이라면 면방도 기업성이 있을 것입니다. 그러나 면방은 이미 한계에 이르렀습니다. 새로 착수하는 대규모 사업이라면 모방이 훨씬 장래성이 있습니다. 이 사장이 모처럼 하신다면 남이 못하는 모방을 개척하셔야지요. 정부에서도 적극 후원하겠습니다."

강 장관은 이런 말을 덧붙였다.

"관세국장을 지낸 경험에서 말씀드리는데, 모직물의 밀수입이 그치지 않고 있습니다. 모직공장은 국가적으로 시급합니다."

당시는 모직물과 소모방사 밀수가 극성을 부리던 시기다.

1954년 9월 15일, 이 회장은 납입자본금 1천만 원의 제일모직第一毛織공업주식회사를 설립했다. '400년 전통의 영국 모직과 경쟁한다는 발상부터가 어리석다', '제당에서 요행이 성공하더니 세상을 너무 쉽게 본다'는 말이 나돌았다. 이러한 내외의 냉소를 아랑곳하지 않고 공장 건설에 착수했다. 먼저 결정할 것은 공장의 규모였다. 사내 의견은 '만일의 경우도 고려하여 자그마하게 시작하는 것이 안전하다'는 의견이 지배적이었다. 어떤 사업이건 실패의 위험은 뒤따른다. 그러나 가장 위험한 것은 처음부터 '실패의 여지가 있다'는 불안을 안고 시작하는 것이다. 100% 자신이 없으면 애초에 착수하지 말아야 한다. 마음속에 불안을 품은 채 착수하면 주저하여 전력투구를 못하게 된다. 배수진을 치고 백척간두에 선 심정으로 단호히 결행해도 예기치 못한 장애에 부딪치는데, 하물며 출발부터 의심하고 망설이면 될 일도 안 되는 법이다.

'우리나라 최초의 모직공장이기 때문에 국제 경쟁력을 가지려면 최신, 최고 시설의 대규모 공장을 건설해야 한다. 그래야만 생산 원가를 낮출 수 있고 품질 좋은 제품을 염가로 공급할 수 있다.'

막상 대규모 공장 건설 방침을 세우고 나니 워낙 무의 상태에서 출발하는 것이어서 막막하기 짝이 없었다. 이 회장은 모방에서 선진인 일본 모직업계 협력을 구해보았다. 일본은 시장 상실을 우려한 나머지 냉담한 반응을 보였다. 이 회장은 직접 일본에 가 대일본모직의 기술이사 하야시 고헤이 씨의 협조를 얻었다. 그에게 공장의 마스터 플랜을 의뢰했다. 그러나 그의 플랜은 일본제 기계의 사용과 공장 건설에 일본기술자의 감독을 전제하는 것이었다. 하야시 씨의 플랜을 기본으로 해서 정부에 건설 허가를 신청했다. 이승만 대통령은 공장 건축은 재가했지만, 일본제 기계 대신 독일제를 도입하라는 조건을 붙였다. 그리고 또 한 가지 조건으로 정부가 이미 발주해 놓은 서독 함부르크의 스핀바우사 방직기 5,000추를 인수할 것을 내걸었다. 정부는 매년 막대한 양의 모직물 수입에 부심한 나머지 국영기업으로 모직물 공장 건설을 계획하여 이미 발주해 놓은 것이었다. 이 회장은 정부의 의향에 따라 서독제 기계를 수입하기로 하고 스핀바우사에 공장 설계를 의뢰했다. 그러나 2개월 후에 스핀바우사 설계도가 왔고 자세히 검토해본 결과 우리 실정에 맞지 않는다는 것을 깨달았다. 결국 기계는 서독제로 하되 부속 기계는 영국, 이탈리아, 프랑스 등에서 세계 최고의 성능을 자랑하는 것만을 골라 별도로 도입하기로 했다.

서구 선진국에서의 모직공장은 제사, 염색, 가공, 직포 등 공정별로 각기 전문화되어 있다. 그러나 제일모직은 이들 공정을 하나로 묶는 일관 생산을 실현시키지 않으면 안 되었다. 제사, 염색 공정이 한국에서는 뿌리를 내리지 못하고 있었기 때문이다. 뿐만 아니라 능률, 경제성, 제품의 균질성을 생각할 때 일관 생산이 유리했다. 이 때문에 기계의 발주, 도입, 조립에서 매우 어려운 조건을 극복하지 않으면 안 되는 것이었다.

정부 발주 5,000추를 합하여 도합 1만 추의 주요 기계를 FOA자금 100민 달러로 스핀바우사에 발주했는데 이것이 우리나라로서는 최초의 대서독 민간 L/C의 개설이었다.

*

"변 기자, 에피소드 하나를 이야기하겠소."

이 무렵 미국의 유명한 모직기계 메이커인 화이팅사의 임원이 미국 대사관의 소개로 이 회장을 찾아왔다.

"당신은 미국의 원조 달러로 왜 유럽 기계를 사려고 하는가. 성능이 더 좋은 화이팅사의 기계가 있는데……."

"당신 회사 기계가 좋다는 것은 나도 들어 잘 알고 있다. 그러나 그것은 한 종류의 제품을 대량생산할 경우에 한한다. 우리나라처럼 품질, 디자인 등이 다양한 제품을 안배해서 쓰려면 나의 방식이 좋다."

화이팅사 임원은 그날 그대로 돌아가더니 다음날 또다시 찾아와서 말했다.

"화이팅사는 지난 50년 동안 동남아시아, 라틴아메리카 등 세계 여러 나라에 모직기를 판매하여 60여개 이상의 모직공장을 세웠지만 한 번도 실패한 일이 없다. 한국 최초의 당신 모직공장도 화이팅사 기계를 사용하는 게 마땅한 일일 것이다."

기계의 조립이나 설치를 포함하여 공장 건설은 우리의 손으로 할 계획이라고 말하자 그는 무례하게 새가 퍼덕이는 시늉을 하면서 "한국 자력으로 건설한 공장에서 3년 이내에 제대로 제품이 생산된다면 하늘을 날겠소"라고 말했다. 이 회장의 결심은 더욱 굳어졌다. 제당공장을 지을 때도 일본인들이 그런 뜻의 말을 했지만 성공했다.

"제조 기술만 도입하고 그 밖의 것은 모두 우리 손으로 건설해서 당신들을 놀라게 해주겠다."

모직은 어려운 사업이었다. 화이팅사 임원은 입지, 기상, 수질 등 적어도 24개 항목에 걸쳐 우수한 전문 기술자들이 동원되지 않으면 완전한 모직제품 생산할 수 없고 경험이 풍부한 많은 전문가들의 직접 지도가 필요하다고 했다. 실망하고 돌아간 줄 알았더니 또다시 찾아와서 다시 생각해보셨느냐고 접근했다.

"나도 심사숙고해서 내린 결론을 당신한테 말하는 겁니다."

이 회장은 책상 서랍에서 상세한 메모를 꺼내 보여주었다. 메모에는 모직공장 건설에 필요한 필수불가결의 조건으로 온도, 습도 등 기상 조건에서부터 전력, 노동력, 노동, 용수, 수질은 물론 종업원에 대한 기술지도, 훈련 등에 이르기까지 48개 항목의 문제점과 대책까지 모두 적혀 있었다.

"나의 메모 버릇은 이미 몸에 배어 있었지요. 오래 계속되는 일이나 장차 쓰일 것은 정리하여 다른 수첩에 적어놓습니다. 화이팅사 임원은 내가 보여준 메모에 놀라는 것 같았지요. 그 후 다시 찾아오지 않았습니다."

기계 발주 다음에는 역시 입지 선정이 중요했다. 여러 곳을 답사한 끝에 대구광역시 북부 침산동에 7만 평을 확보했다. 당시의 공장부지 7만 평은 해방 후 국내에서는 처음 있는 대규모였다. 자금을 절약한다는 점에서 조금 줄이자는 의견도 있었지만 방침을 바꾸지는 않았다. 그 무렵 침산동은 모두 논밭이었지만 지금은 시내 중심부가 되었다. 그 후 부지를 20만평으로 확장했으나 공장시설의 증설로 오히려 협소한 편이다.

모직공장은 무엇보다도 기온, 습도, 수질이 주요 체크 포인트다. 대구는 사계절의 기온차가 유난히 심하기 때문에 공장안의 온도, 습도에 신경 써야 했다. 1955년에 지진제를 올리고 정지공사에 들어갔나. 얼마 후 서독 스핀바우사 공사 현장 책임자가 내한했다. 그 책임자 역시 자체의 기술로 공장 건설하겠다는 것에 대한 의견차가 있었다. 그는 60명의 독일인 기술자가 필요하며 공기는 1년을 잡아야 한다고 했다. 60여 명의 외국인 기술자의 1년 간 인건비를 대강 계산해 보니 30만 달러였다. 웬만한 공장 하나를 훌륭히 세울 수 있는 금액이었다. 우리의 기술로 할 수 있는 일이라면 30만 달러는 큰 낭비인 것이다. 이 회장은 독일기술자는 핵심 부분의 몇 사람이면 족하다고 했다. 그 말에 독일 공사 책임자는 대경실색했다.

"인도와 터키에서 이 규모의 공장을 건설한 경험이 있는데, 60명의 기술자와 1년의 공기가 필요합니다."

"인도와 터키는 한국과 사정이 다릅니다. 한국에는 유능한 기술자가 많다. 염색, 가공, 공조 분야에 4명만 파견해 주면 충분합니다."

그는 이 회장의 결의가 확고한 것을 알고 '공장 완성 후에 사양대로 제품이 나오지 않아도 그에 대하여 스핀바우사는 책임을 지지 않는다'는 조건으로 이 회장의 제의에 동의했다. 56명의 독일 기술자 1년 치 인건비가 절약되었다. 이 회장은 기술책임자에게 전적으로 기술 문제를 일임한다고 격려하면서 모직공장에 거는 자신의 꿈과 이상을 털어놓았다.

"변 기자. 나는 특히 여자직원의 기숙사에 심혈을 기울였습니다. 공장이 가동되면 1,000명이 넘는 젊은 여성들이 일하게 됩니다. 도쿄 유학 시절에 읽었던 일본의 《여공애사女工哀史》는 비참한 노동 조건 아래서 일하는 방적공장의 참담한 여공 생활을 그린 책입니다. 나의 공장에서는 결코 그래서는 안 되겠다고 생각한 겁니다."

이렇게 해서 여자직원 기숙사 전관에 스팀난방이 설치됐다. 우리나라에서는 초유의 일이다. 목욕실, 세탁실, 다리미실, 휴게실에도 경비를 아끼지 않았다. 복도에는 회나무를 깔아 안정감을 주도록 했다. 이 회장이 숙소나 조경에 그토록 마음을 쓴 것은 여자직원을 포함하여 모든 직원들을 가족적으로 대우하고자 했기 때문이다. 이 회장은 쾌적한 환경 속에서 일하면 작업능률도 반드시 향상되리라는 확신을 가졌다.

제일모직 공정은 급진전됐다. 예정보다 반년이나 앞당겨 6개월 만에 소모사공장이 완공되었다. 1956년도까지 방모, 직포, 염색, 가공 공장도 차례로 완공되었다. 1956년 5월 2일, 완성된 공장 각 부분의 점검을 마치고 드디어 시운전에 들어갔다. 이때는 원모, 염색, 염색, 가공, 방직 등 여러 분야에 걸쳐 영국, 프랑스, 독일, 이탈리아 등 각국에서 기술을 익힌 연수생들도 귀국해 있었다. 이 회장은 기술의 원천을 위해 6개월 기한으로 선진국에 연수생을 보냈다. 전원이 복지가 짜여 나오는 것을 숨죽여 기다리고 있었다. 복지가 나오기 시작했다. 이 회장은 짜여 나온 복지를 손으로 만져보니 어딘가 모르게 힘이 없는 감촉이었다. 디자인, 색조 등 겉보기에는 전혀 나무랄 데가 없으나 힘이 있으면서도 감촉이 부드러운 외국제와는 차이가 있어 보였다. 처음부터 영국제 수준으로 제품이 나올 것으로 기대한 것은 아니었지만 이 회장은 원인이 가깝고도 사소한 데 있을 것으로 보고 총 점검을 해보았다. 역시 가까운 곳, 모직의 최종 공정인 압착, 즉 프레스가 불완전했던 것을 파악했다. 프레스의 조정으로 축 늘어지는 결함은 잡혔다. 그러나 모직 특유의 푹신하고 부드러운 감촉은 여전히 살아나지 않았다.

제일모직의 복지를 시장에 내놓자 소비자 반응은 역시 설탕의 경우와 같았다. 국산품, 즉 조악품이라는 당시 우리 사회의 뿌리 깊은 불신이 팽배했다. 당시 영국제 복지 한 벌 값은 6만환으로 봉급생활자의 석 달 분 급료와 맞먹는 것이었는데 제일모직 복지는 1민 2천원으로 영국제의 5분의 1값인데도 소비자 호응은 미미했다.

이 회장은 연구개발비를 아끼지 않았고 외국 고급 기술자를 초빙해 외국인들 입에서 더 이상 지도할 필요가 없다는 말이 나오도록 만들었다. 그 후 제일모직의 골덴텍스가 국내 소비자의 신뢰를 얻어 영국제와 일본제를 밀어내고 국내시장에서 완전히 자리를 잡았다. 그리고는 모직의 본고장 영국에까지 수출하게 되었다. 제일모직 공장에는 정부기관을 비롯하여 외국의 귀빈들도 많이 찾아왔다. 정부는 외교관들이 해외에 나갈 때는 반드시 제일모직을 시찰하도록 견학 코스로 지정했다. 공장다운 공장 하나 없던 시대였던 만큼, '한국에도 이런 일류 현대적 공장이 있다'는 인식과 자부심을 심어주기 위한 조치였다. 제일모직은 신생독립국인 한국의 국가 위상을 높여주는 상징적 존재가 되었다.

*

이 회장은 자신의 기업에 담은 자신의 꿈과 노력을 전폭적으로 이해하고 헌신적인 노력을 아끼지 않았던 수많은 사원, 기술직, 현장 직원들에게 늘 고마움을 느꼈다.

"회장님, 제일모직 공장 장미정원은 눈부시게 아름답던데요."

변 기자는 제일모직 방문 때 받은 정원에 대한 느낌을 말했다.

"변 기자. 공장의 조경은 하찮은 일이 아닙니다. 그것은 생산 활동의 일부지요. 공장의 조경은 단순 노동에서 오는 작업 능률의 저하를 막아주는 한편, 무미건조한 공장 생활을 윤택하게 만듭니다. 봄과 함께 초봄에 싹이 트고, 꽃이 피는 자연의 변화는 종업원들의 정서를 아름답게 해주고 정신적인 위안을 줍니다. 경제적으로도 많은 이익을 만들어내지요. 공장을 세울 때 몇 십 원씩 들여 사다 심은 나무들이 지금은 몇 백만 원씩 하는 값진 나무로 자란 겁니다. 삼성그룹의 새 공장을 지을 때마다 반드시 나무들을 옮겨 심어요. 일석이조지요. 제일모직의 정원나무를 솎아주고, 신설공장에 새로운 정원이 하나 생기기 때문입니다."

1957년 10월 26일. 이승만 대통령 부처가 데카UN군 사령관과 함께 공장을 시찰하러 왔다. 이 대통령은 기숙사를 두루 살피고 직원들의 어깨를 다독이며 질문하고 격려했다. 이 대통령은 시찰을 마친 다음 흡족한 표정을 지었다.

"애국적 사업이야. 이렇게 자랑스런 공장을 세워주어서 고마워. 제일모직 노력으로 국민이 좋은 국산 양복을 입게 됐구만" 말하면서 휘호를 남겨주었다.

'依被蒼生(의피창생)'

의복으로 국민을 살찌게 하다 정도의 뜻인 것 같다. 이 휘호는 현재도 제일모직 현관에 부착되어 있다.

16

재벌財閥 등극

제일제당, 제일모직의 존재가 널리 부각됨에 따라 '이병철' 이름 석 자는 재계는 물론 일반 시민들의 입에도 오르내리게 되었다. 농촌의 초등학교 어린이들 사이에서도 이 회장의 이름을 모르는 아이가 없을 정도였다. 삼성그룹은 추후 시중은행, 타이어, 비료 기업 등의 대주주가 되어 '한국 최초 재벌가', '한국 제일의 기업'으로 불리게 되었다. 이 회장은 본인이 50고개를 바라볼 때 지난날의 일들을 회고하면서 '공수래공수거空手來空手去'라는 말에 공감했다.

"변 기자. 우리 사회가 재벌에 대한 인식이나 이해가 부족한 것 같아. 왜 재벌을 증오하는지……. 기업의 존재와 역할이 무엇인가? 재화와 서비스를 제공하고 고용, 소득 기회를 확대해 국가재정의 근원인 세원稅源을 조성해주는 것 아닌가."

이 회장은 '인내는 일을 지탱하는 자본이고 희망을 갖는 기술이라 하지 않든가……'를 혼자 되뇌었다. 이 회장은 인고의 용기를 스스로 환기시키면서 언젠가는 기업이 쏟는 의도를 반드시 이해받을 날이 올 것이라고 다짐하곤 했다. 삼성그룹은 당시 국가세수의 4%를 차지하는 거대 기업이었다.

"삼성그룹이 한국에서는 큰 존재일지 모른다. 그러나 다른 선진국의 산업계에 견주어 보면 고작 중소기업 수준을 넘지 못한다. 우리나라 경제가 발전하려면 삼성과 같은 기업이 수천 개는 있어야 한다. 솔직히 국내에서의 소성小成에 만족할 생각은 전혀 없다. 국내에서 제일第一이 된다거나 국내 경쟁에서 이기는 것은 안중에도 없다."

삼성물산이 출발한지 30년. 물산, 제당, 모직의 세 기업은 삼성그룹사의 서장序章에 지나지 않았다. 그러나 이 회장은 제당과 모직이 한국 산업사를 선도했다는 자부심은 갖고 있었다. 두 기업이 성공해서 부를 축적했기 때문만은 아니다. 삼성의 성공이 우리나라 기업가들에게 적어도 생산공장 건설 의욕을 불러일으켜 오늘의 한국 경제를 지탱하는 산업 발전의 계기가 되었기 때문에 그랬다.

제2부

17

시은市銀의 대주주로

 삼성그룹이 재벌로 불리던 1956~1957년경에는 6·25 동란의 후유증인 악성 인프레도 서서히 수습되고 있었다. 생활필수품을 주로 하는 경공업 생산도 동란전의 수준으로 회복되고 있었다. 미국의 원조로 동란으로 파괴된 사회자본의 복구도 활기를 띠고 있었다. 정부나 사회에서도 '한국경제의 부흥과 발전'이라는 말이 오르내리게 되었다. 이 무렵 이승만 대통령은 은행의 민영화民營化를 강력히 지시했다. 미국에서 오랜 생활을 했던 이 대통령은 정부가 시중은행을 소유하는 것에 강한 의문을 갖고 있었다. 금융기관을 경제적 기준에 입각하여 운영하는 데 지장을 준다고 여겼다.

 당시 금융 및 자본시장은 전혀 미성숙인 채로 전근대적인 상황이었다. 증권시장은 형성 이전이었고 시중은행이 4개 있었으나 그 주식의 태반은 정부가 소유하고 있었다. 해방과 더불어 일본인이 소유했던 민간은행 주식이 우리 정부에 귀속되면서 은행은 사실상 국영國營이 된 것이다. 한편 시중에는 연리 20~30%의 고리사채가 횡행하여 금융의 후진성을 그대로 갖고 있었다. 이승만 대통령은 국영인 은행을 민영화해 민간의 새로운 아이디어와 활력을 불어넣어 사채나 귀

금속 등에 쏠리는 시중의 자금을 예금으로 끌어들여 산업자금화하는 것이 한국 경제 발전의 대전제가 된다는 신념을 가지고 있었다. 은행 민영화에 대해서는 경제 관료들 사이에는 이론이 있었지만 이 대통령의 강력한 지시에 따라 재무부는 은행주의 공매불하를 시작했다.

"회장님께서는 금융 산업에 관심을 가지신 것이 처음 아닌가요?"

변 기자가 물었다.

"무역, 제조업에 매진했기 때문에 금융 산업에 관한 깊은 연구는 없었습니다. 그러나 일국의 경제나 산업이 발전하려면 금융 산업은 필수지요. 더구나 당시 은행주 공매에 참여하려는 사람들 중에는 금융에 대한 진정한 이해나 철학도 가지지 않고 단기간에 돈을 벌겠다는 욕심으로 뛰어드는 사람이 많았습니다. 그런 부류들에게 금융을 맡겨서는 안 되겠다는 생각에서 은행불하에 참여한 겁니다."

은행귀속주불하는 여러 차례 걸쳐서 실시되었다. 이 회장은 후일 '한일은행'으로 개칭된 흥업은행주 36만 3500주를 주당 2,866환으로 응찰했다. 입찰에 참여한 사람은 18명이었다. 응찰자 중에는 주당 4,400환의 최고가를 비롯해 3,500환으로 입찰한 사람도 있었다. 이 회장의 응찰가는 3위였다. 그러나 1위와 2위의 응찰주 수는 50주와 100주에 불과했다. 이것은 금융기관을 인수해 국가의 경제 발전에 이바지하겠다는 의지는 전혀 없고 다른 응찰자를 방해하려는 짓궂은 행동으로밖에 볼 수 없는 것이었다. 이 회장은 제 2위인 주당 3,300환으로 잔여주 전부를 사주기를 바란다는 정부의 요청이 있어 사들이기로 했다. 이렇게 해서 이 회장은 흥업은행주의 83%를 가진 대주주가 되었다. 이어 조흥은행주의 55%를 매입했고, 상은商銀 33%를 매입해 결국 4개 시중은행의 거의 절반이 삼성의 소유가 되었다. 어느 개인이 전卒 시중은행주의 절반을 소유한다는 것은 예외적인 일이지만 당시로서는 그것이 가능했다. 삼성은 산업자본에 금융자본까지 장악함으로써 재계에서 삼성의 우위는 절대적이었다.

"변 기자, 나는 이 입장을 이용해 임의로 금융기관을 이용하려 했던 건 절대 아닙니다. 시중은행주를 매수한 것은 이 나라 금융의 근대화를 실현하고자 하는 일념이었습니다."

이 회장은 소유와 경영을 분리해 유능하고 신뢰할 만한 금융인들이 그들의 창의를 충분히 발휘할 수 있게 했고, 행장이나 행원들도 관료의식을 버리고 시민의 금고로 친근감을 주는 은행이 될 것을 강조했다.

삼성은 은행주 외에도 몇몇 대기업의 주식을 샀다. 호남비료 49%, 한국타이어 50%, 삼척시멘트 70% 등이다. 한국 경제의 장래에 모두 중요한 업종이다. 이 회장은 이들 회사들은 합리적인 경영을 할 수 있는 경영진이 갖추어지지 않은 것이 부실경영의 원인이라고 판단했다. 삼성 인수 후 그 기업들은 얼마 가지 않아 모두 궤도에 올랐다.

이 회장은 이러한 가운데서도 새로 착수할 사업을 계속 구상, 조사, 연구하고 있었다.

"더욱 크고, 국민 경제로 볼 때 한층 유익할 것……."

이 회장의 목표였다.

그리하여 선택한 것이 비료공장의 건설이었다. 바로 한국비료韓國肥料, 즉 '한비의 건설'이었다. 이 회장은 그의 자전에서 "나의 사업력과 인생은 이 결단을 계기로 깊은 음형陰形을 새기게 된다"고 기술하고 있다(한국비료 건설에 대해서는 〈제2절 회장실〉을 참고해보면 좋겠다).

18

시련
부정축재자 不正蓄財者 1호의 멍에

이병철 회장은 과연 부정축재자 1호인가, 아니면 한국 경제 발전을 이끌어 온 영웅인가.

기업인에게 부정축재자라는 개념은 이상하다. 조선시대의 탐관오리, 해방 후의 뜨내기 정치인, 공무원들의 권력형 비리, 뇌물수수 같은 것들이 부정축재의 전형이다. 4·19, 5·16, 12·12 등 변혁기마다 '부정축재자라는 칼'이 춤을 춘다. 기업 규모의 크기를 기준으로 1호, 2호…… 그렇게 해서 재계 상위 20사, 30사를 부정축재자로 묶어 추징금 명목으로 거액의 기업 재산을 환수해 간다. 경제인에게 부정축재자라는 낙인을 찍는 것은 다분히 정치적이다. 정치 세력들이 경제인들을 제물로 삼아 그들의 부족한 도덕성을 확보하는 것이다. 이런 일은 시장경제 원리를 훼손하고 경제 성장에 부정적 영향을 미치기 마련이다.

4·19와 5·16은 이 회장에게 큰 시련을 안겼다. 4·19 이후 탄생한 장면 정권은 삼성을 포함한 재계 상위 12개사를 부정축재자로 규정했다. 그리고 5·16 군사혁명 정부가 부정축재자들을 구속하는 사태가 벌어졌다. 이 회장은 한국비료 건설을 위한 독일에서의 상업차관 도입에 성공하고, 귀국길에 이승만 대통령이 하야했다는 소식을 듣고 귀국할까 하다 미국에서의 차관교섭이 남아 있어 미국으로 갔다. 워싱턴에서는 양유찬 주미대사의 주선으로 세계은행 부총재

와 주무성, 상무성 당국자들과 만났다. 그러나 반응은 냉담했다. 세계은행 부총재는 "한국의 차관신청은 당신이 처음이다. 참으로 반갑다. 그러나 한국은 지금 4·19로 혼란을 겪고 있고 상환능력도 의심스럽다"며 거절했다. 이 회장은 국가의 정치 혼란이 경제에 미치는 영향이 얼마나 큰가를 절감했다. 이 회장이 도쿄에서 듣는 한국 정세는 혼란이 점점 심화되고 있었다. 간신히 활기를 보이기 시작했던 한국 경제가 또다시 침체의 늪으로 빠져버린다고 생각하니 울적하기만 했다. 이 회장은 일본에만 머물 수 없어 총선거 전일인 7월 20일 귀국했다.

그런 가운데 삼성 산하의 15기업체가 모두 탈세 혐의로 조사받게 되었다. 이 회장은 검찰에 출두했다. 평생 처음으로 겪는 일이다. 부장검사의 심문이 시작됐다.

부장검사는 먼저 "그동안 탈세로 모은 재산이 얼마나 되느냐" 물었다.

"아직 자세히 계산해 보지 못했습니다."

솔직한 대답이었지만 듣기에 따라서는 이상했을지 모른다.

부장검사는 다시 "왜 탈세를 했느냐" 물었다.

이 회장은 다음과 같이 대답했다.

"아직도 6·25 전시재정戰時財政을 위해 세수의 증대만을 꾀했던 1950년대의 세제稅制가 그대로 답습되고 있습니다. 법인세, 사업소득세, 물품세 등 세법 자체에 기본적인 모순이 있는데 거기에다 영업세나 부과제세까지 부과되니 그것들을 전부 합치면 결국 세율이 수익의 120%에 이르게 됩니다. 예컨대 1,000만 원의 수익을 내는 기업은 1,200만 원의 세금을 내도록 되어 있지요. 어떤 기업도 이런 세제에서는 살아남을 수 없습니다. 세법대로라면 기업들은 5년 안에 도산하고 맙니다. 살아남는 기업이 있다면 그들은 세법을 교묘히 피해나간 것일 뿐입니다. 이 모순을 정부도 알고 있기에 세법개정안이 국회에 제출되어 있지요. 많은 기업들이 탈세했다고 하지만 근원적인 문제는 불합리한 세제에 있습니다. 기업을 존속시키는 것이 국가를 위하는 일이라는 건 누구나 인정하는 사실입니다. 이런 비현실적인 세제는 덮어두고 그에 희생되는 기업만 부정축재로 몰아 단죄하는 것은 사리에 어긋납니다. 처벌에 앞서 세제를 개정하는 것이 일의 순서일 줄 압니다."

이 회장의 유명한 '120% 세제 모순 이야기'다.

부장검사는 말을 바꿔 "사장도 탈세한다는 것을 알고 있었는가" 물었다.

"사장 모르게 어떻게 임직원들이 임의로 탈세 같은 것을 할 수 있겠습니까."

부장검사는 말했다.

"많은 삼성 사원을 조사했는데 그들 모두 자기의 생각으로 한 일이니 책임은 전적으로 자기에게 있다고 하면서 서로 물러서지를 않더군요. 훈련이 잘된 회사라고밖에 할 말이 없네요."

그러면서 부장검사는 밖에 대기하고 있던 삼성 간부들을 불러들여 대질심문을 했다. 그러나 사원들은 한결같이 '자기 책임'이라고 끝까지 우겼다. 부장검사도 어이가 없는지 결국은 웃고 말았다. 부정축재 문제는 이미 정치문제화가 되어 있었다. 기소되면 유죄 선고를 받을 수도 있는 상황이었다. 그럼에도 불구하고 사원들은 스스로 죄를 뒤집어쓰려고 했다. 이후 이것은 항간에 나돈 '회사를 사랑한 삼성맨의 순수함'으로 회자됐다. 이 회장은 사원들의 신념과 용기 있는 처신에 깊은 감명을 받았다.

정부는 9월 들어 50여 개 사에 벌금이 아닌 추징금 200억 환의 통고처분을 내렸다. 삼성에는 6개 업체 50억 환의 추징금 통고가 있었다. 이 회장은 간부들을 모아놓고 다음과 같이 말했다.

"정부의 요구가 무리한 것이어도 따르도록 하자. 해방 후 오늘에 이르기까지 매점매석, 귀속재산 불하, 정치권력과의 결탁으로 졸부가 된 사람도 있다. 은행 돈으로 손쉽게 사업가가 되어 기업은 파산 직전에 있으나 기업가연企業家然 하는 사람도 있다. 삼성은 그런 횡재 기업과는 달리 경제성과 경쟁력을 근간으로 기업을 일으키고 운영해왔다. 삼성이 지켜오고 있는 큰 것까지 잃는 건 국가를 위하는 길이 아니다."

이 회장 사저로 김영선 재무장관이 찾아왔다. 김 장관은 한국비료 건설을 위한 서독과 이탈리아에서 상업차관 교섭에 성공한 것을 알고 간청했다.

"아무리 생각해봐도 그만한 큰일을 할 사람은 이 사장 밖에 없습니다. 이 사장의 심정은 이해하지만 기업은 아무나 하는 것이 아닙니다. 국가를 위한다는 높은 견지에서 한비를 계속 추진하십시오."

이 회장은 "부정축재자의 낙인이 찍힌 몸이다. 나라를 위한 일이라고는 하지만 그런 공장을 세울 재력도 없고, 기력도 없다"고 사양했다.

*

"변 기자. 당시 우리사회의 혼란상은 형언할 수 없는 지경이었습니다. 데모로 해가 뜨고 데모로 해가 지는 나날이 계속됐습니다. 사회질서를 지켜주는 경찰관마저 데모에 나서는 판국 이었습니다."

이 회장은 마음이 울적해 여행이나 할까 하고 여권을 신청했다. 그러나 외무부는 부정축재자에게는 여권을 발급해줄 수 없다고 했다. 김 장관에게 이런 말을 했더니 김 장관은 금시초문이라면서 여권 교부를 주선해 주었다. 이 회장은 일본 데이고쿠 호텔에 두문불출하다시피 했다.

1961년 5월 16일, 아침 7시경 이 회장이 모처럼 골프를 하러 가려고 호텔 현관에서 차에 타자, 일본인 기사 구와바라 씨가 말했다.

"한국에서 군사혁명이 일어났다는 뉴스 들으셨습니까."

이 회장은 혁명 주체 세력은 누구며 우리나라가 나아갈 길이 어떻게 되는가 깊은 생각에 잠겼다. 민주주의가 정상적으로 발전하지 못하고 정치적인 격변을 되풀이하는 조국의 운명이 서글펐다. 그러나 군사혁명이라는 비상수단에 의한 변혁에는 반드시 큰 사회적 진통이 수반될 것이었고 부정축재의 후유증을 간신히 탈피하려던 기업 활동이 다시금 타격을 입게 될 것이 염려스러웠다.

2~3일 후 군사혁명의 윤곽이 대체로 밝혀지고 유혈流血 없이 전국의 치안이 회복되었다는 사실이 알려졌다. 이 회장은 무엇보다도 혼란과 무질서가 조속히 바로잡혀 모든 사람이 생업에 종사하기를 기원했다. 민주당 정권의 정치력 부족은 결국 사회의 동요를 다스리는 데 실패했다. 5월 29일에는 경제인 11명이 부정축재 혐의로 구속되었다는 신문보도가 있었다. 구속된 경제인 한 사람이 "부정축재 1호는 동경에 있는데 우리들 조무래기만 체포하는 것은 불공평하다"고 옥중에서 불평을 했다는 말이 전해졌다. 이 회장을 두고 하는 말이었다.

"변 기자. 나는 도피할 생각은 전혀 없었습니다. 다만 빈곤 때문에 사회 혼란이 이야기되고 빈곤 추방에 앞장서야 할 경제인들을 차제에 잘 활용해야 할 텐데, 근본적인 해결책은 등한시하고 무슨 목적으로 구속하는가가 의문이고 아쉬웠습니다."

6월 4일쯤 재일거주민 단장인 권일 씨가 찾아와서 이 회장의 귀국을 재촉해달라는 국가재건최고회의 당국의 말을 전하면서 귀국을 권했다. 며칠 후에는 혁명정부가 파견했다는 청년 두 명이 호텔에 나타나더니 즉시 귀국하는 편이 신상에 이로울 것이라는 협박이나 다름없는 말을 남기고 사라졌다. 6월 13일 쯤에는 동경 마루노우치서(署)의 경부 두 명이 찾아왔다. 신변보호 때문이라고 말했다. 그 후 이회장이 어딜 가나 일본 형사들이 뒤를 쫓아왔다.
　하코네에서 삼성 동경지사에 연락했더니 본국에서는 이 회장이 귀국하지 않아 모든 일이 수습이 안 되고 구속된 경제인들도 귀국을 바라고 있다고 했다. 이 회장은 귀국에 앞서 경제인으로서 솔직한 소신을 피력해 두는 것이 좋을 것이라고 판단해 국가재건최고회의 이주일 장군 앞으로 서한을 보냈다. 우선 조국의 적화(赤化)를 방지하고 국민의 생명과 재산 보호에 전력하는 혁명정부에 사의를 표하면서 이어 부정축재자 처벌에 대한 의견을 대략 다음과 같이 밝혔다.
　"부정축재자를 처벌한다는 혁명정부 방침 그 자체는 이의가 없다. 그러나 백해무익한 악덕 기업인들과, 변칙적이고 불합리한 세제 하에서 국가 경제 재건에 기여하면서 국민에게 일자리를 주어 생활을 안정시키고 세금을 납부해 국가 운영을 뒷받침해 온 기업인들은 엄격히 구별되어야 한다고 생각한다. 염려하는 바는 오직 오늘날의 혼란의 근원은 국민의 빈곤에 있는데 그것을 어떻게 제거하느냐는 의문에 대해 달리 대안(代案)을 제시하지 못하는 것이다. 경제 안정 없이 빈곤을 추방할 수는 없다. 경제인을 처벌하여 경제활동이 위축되면 빈곤 추방이라는 소기의 목적 달성에 오히려 역행하는 결과를 낳고 말 것이다. 이것은 나를 비롯한 많은 경제인들의 부정축재 혐의를 모면하기 위한 궤변이 아니다. 나는 전 재산을 헌납하는 한이 있더라도 그것이 국민의 빈곤을 해결하는 방법이 된다면 다행이라고 생각하는 바다"

6월 15일, 이 서한이 공표되자 그 진의 여부를 확인하려고 일본의 각 보도기관 기자 수십 명이 찾아왔다. 6월 29일 오전 10시, 이 회장은 데이코구호텔에서 AP, UPI 등의 기자들과 회견했다.

"이 서한은 타의 아닌 본의에서 나온 것이다. 빈곤 제거를 위해 전 재산을 국가에 헌납할 용의가 있다. 귀국하는 대로 이에 필요한 절차를 밟고 정부의 조치를 기다리겠다."

기자들은 혹시 강요된 것 아니냐고 신랄하게 질문을 해왔지만 이 회장은 '숨김없는 본심'임을 분명히 밝혔다. 이 회견을 보고 주일 류태하 대사가 전화를 걸어왔다.

"나는 귀국하지만 당신은 좀 더 기다려보는 것이 좋을 듯합니다."

그의 목소리에는 석별의 정이 어려 있었다.

6월 26일, 이 회장은 귀국하기로 결정했다. 군사혁명이 일어난 지 40일 만이다. 비행기가 연착되어 한밤중에 김포공항에 도착했다. 여름비가 억수같이 쏟아지는 밤이었다. 기체가 정지하자 한 청년이 트랩에 뛰어올라 이 회장 이름을 부르더니 먼저 내리라고 했다. 이 회장은 대기시켜 놓은 지프에 올라탔다. 차는 급속력으로 신세계 백화점 방면으로 질주했다. 서대문 형무소 방면이 아니었다. 다다른 곳은 명동의 메트로 호텔이었다.

'부정축재자 1호인 나는 특별히 호텔에 별도 수용한다는 말인가······.'

군인들이 삼엄하게 경계하고 있었다. 2층에 올라가보니 거기에도 헌병이 있었다. 방에 들어서자 어떤 청년이 "집에 연락할 일은 없느냐" 물었다. "전화를 하고 싶다" 했더니 수화기를 갖다 주었다. 이 회장은 "지금 돌아와 무사하니 걱정하지 말라"고 알렸다.

다음날 이 회장은 이주일 장군과 경제기획원 장관이 올 테니 기다리라는 말을 들었지만 그들은 끝내 오지 않았다. 이튿날인 27일, 박정희 최고회의부의장을 만나야 하니 대기하라는 말을 전한 청년이 곧 데리러 왔다. 지프차를 타고간 곳은 후에 원호처 청사가 된 참의원 자리였다. 비서실장(박태준, 후일 포항제철 사장)을 거쳐 안내된 100여 평 되는 넓은 방이었다. 군인 몇 사람과 함께 강직한 인상의 검은 안경을 쓴 사람이 걸어 왔다. 검은 안경을 쓴 박정희 부의장을 금방 알아볼 수 있었다. 방안은 사뭇 삼엄한 분위기가 감돌았다. 박정희 부의장의 첫인상은 아주 강직해 보였다. '지도자로서 덕망은 어떨까' 지대한 관심을 가지고 있던 찰나, 검은 안경을 낀 박 부의장은 "언제 돌아오셨습니까, 고생은 되지 않았습니까?"라고 안부 인사부터 건넸다. 의외로 너무나 부드러운 음성에 이 회장은 안도감을 느꼈다. 이어 박 부의장은 부정축재자 11명의 처벌에 대해 이 회장의 의견을 물었다. 부정축재 1호, 이 회장은 스스로 어디서부터 말문을 열 것인가 한동안 고민하느라 침묵이 흘렀다.

"어떤 이야기를 해도 좋으니 기탄없이 말해 주십시오."

박 부의장은 재촉했다.

이 회장은 소신을 솔직히 말하기로 했다.

"부정축재자로 지칭되는 기업인들에게는 사실 아무 죄도 없다고 생각합니다."

박 부의장은 일순 굳어지는 표정이었다.

"나의 경우만 하더라도 탈세했다고 부정축재자로 지목되어 있습니다. 그러나 현행 세법은 수익을 훨씬 넘는 세금을 징수할 수 있도록 규정된 전시 비상사태의 세제 그대롭니다. 이런 세법 하에서 세율 그대로 세금을 납부한 기업은 아마 도산을 면치 못할 것입니다. 만일 도산을 면한 기업이 있다면 그것은 기적입니다."

박 부의장은 가끔 고개를 끄덕이면서 납득하는 태도를 보였다.

"액수로 따져 1위에서 11위 안에 드는 사람만이 지금 부정축재자로 구속되어 있지만 12위 이하 기업인도 수천 수만 명 있습니다. 사실 그 기업인들도 똑같은 조건에서 기업을 운영했습니다. 그들도 모두 11위 안에 들려고 노력했으나 역량이나 노력이 부족했거나 혹은 기회가 없어 11위 이내에 들지 못했을 뿐 결코 사양한 것은 아닐 겁니다. 따라서 어떤 선을 그어 죄의 유무를 가려서는 안 됩니다. 사업가라면 누구나 이윤을 올려 기업을 확장하려고 노력할 것입니다. 다시 말해 기업을 잘 운영해 그것을 키워 온 사람은 부정축재자로 처벌 대상이 되고, 원조달러나 은행융자를 배정받아서 그것을 낭비한 사람에게는 죄가 없다고 한다면 기업의 자유경쟁이라는 자유경제 원칙에도 어긋납니다. 부정축재자 처벌에 어떠한 정치적 의미가 있는지는 알 길이 없지만 어디까지나 기업을 경영하는 사람의 처지에서 말씀드리는 것뿐입니다."

박 부의장은 "그렇다면 어떻게 했으면 좋겠냐" 물었다.

이 회장은 이렇게 대답했다.

"기업하는 사람의 본분은 많은 사업을 일으켜 많은 사람들에게 일자리를 제공하면서 그 생계를 보장해 주는 한편, 세금을 납부해 그 예산으로 국토방위는 물론이고 정부 운영, 국민 교육, 도로항만시설 등 국가 운영을 뒷받침하는 데 있다고 생각합니다. 부정축재자를 처벌하면 그 결과는 경제 위축으로 나타날 것이며 그렇게 되면 당장 세수가 줄어 국가 운영이 타격을 입을 것입니다. 오히려 경제인들에게 경제 건설의 일익을 담당하게 하는 것이 국가의 이익이 될 줄 압니다." (이 대화록은 《호암자전》에서 인용한 것이다.)

박 부의장은 이 회장의 말을 감명 깊게 들은 것 같았으나 "그렇게 되면 국민들이 납득하지 않을 것"이라고 했다. 그러나 이 회장은 "국가의 대본大本에 필요하다면 국민을 납득시키는 것이 바로 정치가 아니겠느냐"고 말했다. 한동안 정적이 감돌았다.

잠시 후 미소를 띤 박 부의장은 "다시 한번 만날 기회를 줄 수 없겠느냐" 물으면서 이 회장의 거처를 물었다. 메트로 호텔에 연금 상태에 있다고 했더니 사뭇 놀라는 기색을 보이며 청년에게 까닭을 물었다.

이튿날 아침, 청년은 이 회장을 찾아와 이제 집으로 돌아가도 좋다고 말했다. 다른 경제인들도 전원 석방 되느냐고 물었더니 아직 아니라는 것이었다. 이 회장은 "그들은 나와 친한 사람들일 뿐 아니라 나와 같은 경우에 처해 있는데, 오히려 부정축재 1호인 나만 호텔에 있다가 먼저 나가면 후일에 그 동지들을 무슨 면목으로 대하겠느냐. 나도 그들과 함께 나가겠다"고 말하며 거절했다.

그 다음날인 29일 아침. 그 청년이 다시 이 회장을 찾아와 "전원 석방되었다. 그래도 귀가하지 않겠느냐" 물었다. 이 회장은 그렇다면 왜 여기 있겠느냐고 답하며 홀가분한 마음으로 귀가했다. 그 후 안 사실이지만 이 회장을 안내한 청년은 당시 중앙정보부 서울분실장이었던 이병희 씨였다. 그는 후에 국회의원과 무임소장관을 지냈다.

혁명정부는 8월 12일 부정축재에 대한 추징벌과금을 기업주별로 통고했다. 27개 기업주에게 578억 8백만 환이 부과되었는데 삼성은 103억 4백만 환으로 전체의 27%를 차지했다. 혁명정부는 시정 기본 방침으로 1면건설, 1면국방에 두고 특히 경제 발전에 주력하기로 결정하고 있었다. 그렇기 때문에 경제인을 처벌하는 데 따르는 마이너스 면도 충분히 인식하고 있었다. 그러나 부정축재 문제는 너무나 정치문제화 되어 있었기 때문에 다소 과중한 조치라는 것을 알면서도 부득이 단행하지 않을 수 없었다.

"박 의장을 두 번째 만났을 때 무슨 말씀을 나누셨습니까?"

변기자가 물었다.

"박 의장을 두 번째 만날 때는 국가재건최고회의 의장인 장도영 씨가 구속되고 박 부의장이 의장이 되어있던 때였습니다. 경제인들에게 벌금 대신 공장을 건설하게 하고, 그 주식을 정부에 납부하는 방안을 제의했습니다. 그렇게 하면 납부하는 사람에게는 시간적 여유가 생기고 정부는 그때까지 과연 국가에 해를 끼쳤는가, 혹은 이바지 했는가를 다시 평가할 기회를 가질 수 있었습니다. 박 의장은 그러면 국민들이 납득하지 않을 것이라고 전날과 같은 말을 했지요. 그러나 저는 국민을 납득시키는 일이 정치일 것이라고 거듭 강조했습니다. 나의 제안은 최고회의 의결을 거쳐 '투자명령投資命令'이라는 법령으로 실현됐습니다. 이 투자명령에 따라 기업인들이 생산 공장을 짓기 시작한 겁니다."

19

공직외도公職外道 경제인협회 초대회장

 이 회장은 단 한 번 공직公職을 맡은 일이 있다. 한국경제인협회 초대회장이 그것이다.

 (이에 앞서 오래전에 이 회장은 대구의 사업가들로 구성된 을유회乙酉會라는 이름의 친목 단체를 결성한 일이 있다. 명칭은 해방된 해의 간지를 딴 것이었다. 미군정의 경북 민정장관이었던 장인환 씨를 비롯해 채현병, 여상원, 이홍로, 이근혜, 박용식, 김재소, 이창업 씨 등 9명이 그 멤버였다. 해방 후의 환희를 지역사회 발전을 위해 승화시켜보자는 철학으로 매주 한 번씩 만나 사업의 자세나 국가사회의 장래를 진지하게 논의하곤 했다. 비록 지방에서 기업을 경영할지라도 이상만큼은 높게 잡고 멀리 내다보자는 뜻깊은 모임이었다. 그와 더불어 해방 전에 일본인이 경영했던 대구의 지방신문 〈조선민보〉를 공동으로 인수하여 〈대구민보〉로 개칭하고 언론을 통해 당시 어수선했던 사회 분위기를 쇄신해보려는 노력을 기울이기도 했다).

 한국경제인협회는 현재의 전국경제인연합회 전신이다. 정부는 한국경제인협회 창립을 추진했고 그 초대회장 취임을 요청했다.

 이 회장은 1961년 8월 16일 열린 창립총회에서 초대회장으로 선임되었다. 4·19 이후 계속된 혼란으로 경제활동이 위축되고 물가와 실업 문제가 심각한 때였다. 농산물의 흉작까지 겹쳐 쌀 파동까지 일어났다. 정부와 경제계의 협력이 절실하게 요청되는 시기였다.

"변 기자, 나는 정부의 요청을 거듭 사양했습니다. 정치나 공직을 맡는 것은 나의 평소 신념인 '사업보국'과도 맞지 않았기 때문입니다."

경제인협회 정관은 '경제인 및 경제 각 부문 간의 연결을 도모하며 주요 사업의 개발과 국제경제 교류를 추진함으로써 건전한 한국경제의 발전에 기여함을 목적으로 한다'로 규정되어 있었다. 경제인협회는 혁명정부의 제1차 경제개발에 대응하기 위한 정부창구역할을 담당했다. 창립회원은 부정축재로 구속되었던 다음의 12명이었다.

부회장에 선출된 조성철 중앙산업차장, 남궁현 해운공사사장, 이정림, 설경동, 박흥식, 홍재선, 최태섭, 이환원, 정재호, 김지태, 이양구, 함창희 등이었다. 창립 후 곧 송대순, 박선기, 김종희, 구인회, 우창형, 서정익, 김용성 등 7명을 추가하여 회원은 20명이 되었으며, 그해 11월에는 다시 20여 명을 영입하여 총 40명으로 명실상부한 우리나라 유력 경제인의 총 집결체가 되었다.

이 회장은 협회장으로서 우선 혁명정부 요인과 경제인들과의 이해를 도모하면서 의견의 조정에 주력했다. 혁명정부는 의욕이 앞선 나머지 조급하고 무리한 일이 없지 않았다.

이런 일도 있었다. 어느 날 김종철 씨가 이 회장을 다급하게 찾아왔다. 당국의 지시대로 당장 공장을 짓지 않는다고 독촉이 대단하다고 이야기했다. 김종철 사장은 볏짚펄프공장을 계획했으나 자금은 물론 기술이나 경영면에서도 아직 검토할 문제가 많다고 토로했다. 그러나 당장 공장 건설에 착수하지 않으면 별도의 조치를 취하겠다는 당국의 강경한 통고가 있었다는 것이다. 그의 말에 일리가 있어 최고회의에 들어가 공장을 지으려면 여러 가지 사전 검토가 필요하며 지금은 볏짚펄프공장보다 더 시급한 것이 많으므로 볏짚펄프공장은 뒤로 미루는 것이 적절하다고 설득해 기획을 변경시켰다.

경제인협회는 최고회의에 다음과 같이 강력히 건의했다.

① 경제인들이 차관교섭 등 대외 경제활동 차 해외에 나갈 때는 신속히 여행 허가를 해주고 외화여비의 할당을 우선해 줄 것(당시 여권 허가는 빨라야 허가신청으로부터 3개월이었고, 6개월, 1년이 걸리기도 했다).
② 차관도입에는 정부가 지급보증 원칙을 확립할 것.
③ 신규 투자에 있어서 정부는 큰 테두리만을 결정하고 그 틀 안에서 이루어지는 세부적인 구제적인 사항은 기업가에게 맡길 것.
④ 차관 사업의 경우 외자에 대응한 내자內資의 조달을 지원해 줄 것.

혁명정부는 경제인협회의 이러한 건의를 모두 받아들여 실제 정책도 그런 방향으로 추진했다.

이 회장 재임 중 경제인협회가 산업계의 총의를 모아 다룬 가장 큰 일은 대단위공업단지를 건설해 기간산업 공장군工場郡을 그곳에 유치하는 것이었다(이에 관해서는 뒤에서 별도로 다루겠다). 그리고 그 소요자금의 확보를 위해 과감하게 외자를 도입하는 일이었다.

협회는 논의를 거듭한 끝에 기간산업의 건설이 무엇보다 우선되어야 한다는 데 의견의 일치를 보고 정유, 제철, 시멘트, 비료, 나일론, 합성수지, 전기기기, 케이블 등의 공장건설안을 최고회의에 건의했다. 이 건의에 따라 투자 명령이 시달되었다.

이 회장과 정재호, 김지태 씨가 비료를, 남궁련 씨가 정유를, 이동준, 이정림 씨가 제철을, 구인회 씨가 케이블을, 감성곤 씨가 시멘트를, 이한원 씨가 전기를 각각 담당하게 되었다. 투자 명령은 부정축재자로 지목된 경제인을 처벌하는 대신 그들로 하여금 공장을 짓게 하여 경제 건설에 참여시켜야 한다는 경제인들의 의견을 혁명정부가 받아들여 취한 조치다.

이 회장은 자금이나 기술면에서 난처한 사람이 생기면 일본의 경제단체나 개인에게 연결시켜 주고 미국이나 유럽에도 알선하여 서로 협력하게 했다. 그러나 그중에는 더러 경영에 관한 지식이나 경험이 없고 겉으로만 공장 건설 계획을 내세울 뿐 구체적으로 아무런 준비도 하지 않는 사람도 있었다.

일례로 이 회장은 중공업에 참여하겠다는 사람과 일본에 동행해 가와시키川崎 제철 사장에게 소개해 주었다. 그런데 얼마 후 가와사키 제철 사장이 "도대체 이야기가 되지 않으니 사람을 바꿔 달라"고 하소연했다. 그 사람에게 공장 건설 계획의 진척을 물었더니 기술자 5명을 데리고 내가 몇 해 동안 검토해 왔다고 태연하게 말했다는 것이다.

이 회장은 1961년 9월 초, 남궁련 협회부회장과 미 샌프란시스코 국제산업회의에 참석했다. 이 회의는 세계 80여 국에서 500여 명의 기업인들이 모여 자유기업의 국제적 유대와 상호협조에 의한 경제발전의 촉진을 토의하는 회의였다. 도미의 주 목적은 한국의 경제인 대표로서 미국의 관변 측과 경제계에 한국의 경제 사정을 설명하고 정유와 비료공장 건설을 위한 투자 유치를 교섭하는 데 있었다. 이 회장과 남궁련 사장은 미국의 여러 실업인들을 만나 한국은 앞으로 유망한 투자대상국이 될 것이라고 설명하고 투자를 촉구, 그 방법 등을 설명했다. 회의 결과는 혁명정부에 보고했다.

당시 국내에서는 한국 경제의 재건을 위해서 공업화가 시급하다는 기본 방향에 대해서는 이론이 없었으나 구체적인 방법에 대해서는 두 가지 의견으로 나뉘었다. 하나는 외자를 적극 유치하여 기간산업 공장을 하나라도 더 세워 수입 대체와 수출 촉진을 서둘러야 한다는 것이었고, 다른 하나는 공업화에 선행하여 인구의 대다수가 취업하고 있는 농업을 먼저 개발함으로써 농촌의 구매력과 원자재의 공급 능력을 배양하면서 경공업에서 중공업으로 점진적으로 균형 있게 성장해야 한다는 것이었다. 혁명정부는 기본방향을 잡지 못하고 우왕좌왕했다. 이 회장의 주장은 전자, 즉 '공업화우선'이었다.

"우리가 빈곤에서 하루빨리 탈출하기 위해서는 공업화를 서둘러서 생산과 수출을 늘려야 한다. 그러나 국내는 아직 자본이 형성돼 있지 않고 기술도 없기 때문에 선진국에서 차관이나 투자의 형식으로 자본과 기술을 도입해야 한다. 물론 농업 개발과 공업화를 병행하는 것이 가장 바람직하지만 후진성 탈피의 지름길은 공업화에 있다."

이 회장의 이 같은 경제 정책에 관한 지론은 후일 〈한국일보〉에 5회에 걸쳐 연재되었다. 경제인협회는 민간 외자도입교섭단을 구성해 미국과 유럽에 파견하기로 했다. 미국 쪽은 이회장이 유럽 쪽은 이정림 씨가 단장을 맡았다.

이 회장은 1961년 11월 2일 다시 도미했고 미 기업가들이 모인 자리에서 연설했다.

"한국은 향후 10년 동안 경제 개발을 위해 20억 달러가 필요하다. 20억 중 13억 달러를 외자로 충당해야 하는데 10억 달러는 세계은행이나 수출입은행의 공공차관으로, 나머지 3억 달러는 해외의 민간 투자를 유치하여 충당할 계획이다."

이 여행에서 구체적인 도입 계약은 체결하지 못했다. 그러나 걸프는 후에 울산정유에 대담한 투자를 했다. 아무튼 한국의 계획과 의욕을 널리 알리고 한국에 대한 투자의 분위기를 조성하는 데는 큰 효과를 거뒀다.

이 회장이 경제인협회 회장 일에 전념하던 그 해 세모에 혁명정부의 부정축재자에 대한 재조사 결과가 발표되었다. 부정축재자 27명에 대한 추징액은 당초의 378억 환에서 500억 환으로 늘어났으나 삼성은 28억 환이 감액되어 '80억 환의 추징'으로 확정되었다. 그러나 이와 함께 호남비료에 투자했던 14억 환의 주식을 비롯하여 시중은행의 이 회장 소유주 전부가 정부에 환수되었다. 이 회장은 모두 150억 환을 국가에 바치지 않으면 안 되었다.

"회장님. 충격이 상당히 크셨겠습니다."

"변 기자. 동요되기보다는 담담했습니다. 달리 생각해 보면 시중은행의 대주주가 될 당시 국부國富의 규모로 보아 개인 재산으로는 너무 많지 않았나 생각을 해 본 겁니다. 그 시절 국민들의 의식 속에 자본주의라는 개념이 자리 잡기도 전인데, 너무 빨리 부를 성취한 일면도 있습니다. 물론 나의 재산은 부당한 방법에 의해 불어난 것이 아니고 정당한 기업 활동에 의해 축적된 것이기는 합니다만."

20

한일회담 이면지원

　1964년 한일 국교정상화를 위한 회담이 최종 단계에 이른 때였다. 이 회장은 당시 김동조 주일 한국대사와 회담에 대해 논의하면서 김 대사의 기발한 발상을 듣게 되었다. 김 대사는 틀에 박힌 직업외교관과는 달리 담대하고 통이 큰 인물이었다. 김 대사는 대일청구권을 어떻게 타결 짓느냐는 문제에 대해서 나름대로의 생각을 내놓았다. 대일청구권 문제는 '김-오히라 메모'에 따라 대체적인 윤곽은 잡혔으나 세부적인 조정에 난항을 겪었다. 김-오히라 메모에 의해 대일청구권은 무상無償 3억 달러, 유상有償 2억 달러, 상업차관 1억 달러로 틀이 잡혀 있었다. 김 대사는 무상 3억 달러를 6억 달러로 무려 3억 달러를 더 증액하면 어떻겠냐고 말했다. 이 회장은 이에 대해 다음과 같이 말했다.

　"무상을 늘리는 것은 일본 측의 외화 부족과 정치적 사정도 있어 어려울 겁니다. 유상 역시 장기차관이기는 하지만 일본 측의 외환 사정을 감안하면 선뜻 응할 여유가 없을 거예요. 그러나 수출입은행이 관장하는 상업차관은 일본 측이 상품을 팔고 동시에 이자도 받을 수 있으므로 교섭하기에 따라서는 충분히 증액의 가능성이 있습니다."

김 대사는 '그렇겠다'고 납득하면서 우시바 노부히코 외무심의관에게 그런 방향으로 교섭해 줄 것을 간청했다. 우시바 외무심의관은 후에 대외경제상을 지낸 회담의 실세였다. 이 회장은 어디까지나 상업차관에 관해 전문지식을 가지고 있었다.

*

이 회장은 우시바 씨와 교섭을 위해 우선 골프에 초대했다. 우시바 씨, 김 대사, 김봉은 한은도쿄지점장, 이 회장 네 사람이 모였다. 골프를 마치고 예약한 츠키지에 있는 후구겐鰒源이라는 유명한 복요리 집으로 갔다. 후구겐은 일본에서는 최고급의 이름난 복요리 요정이다. 이 회장은 여기에서 오래 기억에 남은 인상 깊은 사건을 겪었다.

이 회장 일행이 식당에 도착한 것은 예약 시간보다 1시간이 늦은 때였다. 식당 주인이 예약 시간보다 1시간이나 늦었다고 크게 화를 냈다. 8척 장신인 그 주인은 규슈 출신으로 일본 제일의 복 요리사가 되는 것이 꿈이었다고 했다. 주인은 "복요리를 맛있게 들리면 시간이 맞아야 한다. 예약 시간에 맞추이 조리해 두었는데 시간이 늦이 맛을 잃게 되었다"라고 말했다. 식당 주인은 룸에 들어와 화낸 것을 사과하면서 이렇게 말했다.

"복요리 집을 하는 것은 돈을 벌자는 것 외에 최고의 맛을 손님들에게 서비스하는 데 있습니다."

이 회장은 일본 사람들의 '외골수로 파고드는 직업정신'을 오래도록 잊지 못했다.

한편 이 회장은 회담에서 1억 달러의 상업차관을 6억 달러로, 5억 달러를 증액하는 문제를 꺼내며 '우시바 씨가 이를 추진해 줄 것'을 제의했다.

"상업차관을 늘린다고 해도 한꺼번에 그것을 제공하는 것이 아니고 적어도 4, 5년에 걸쳐 분할하는 겁니다. 우선 한도액만 정해 놓고 사업에 따라 순차적으로 제공하는 것이니 그다지 부담이 되지 않습니다. 뿐만 아니라 상품을 해외에 팔면서 이자까지 받기 때문에 일본 측에서는 손해가 있을 수 없을 겁니다."

누누이 강조했다.

이 회장은 가능성이 있음을 간파했다. 우시바 씨는 다음날 전화로, 잘되는 방향으로 추진해 보겠다고 말했다. 이 회장은 이 소식을 김 대사에게 전하고 귀국하자마자 박정희 대통령, 정일권 총리, 장기영 부총리를 만나 전말을 알리고 반드시 실현시켜 달라고 강조했다. 그렇게 되면 수십 개의 현대화된 공장의 건설 자금이 확보되는 것이었다. 그러나 당시 정치인이나 당국자들은 6억 달러의 상업차관이 어떤 의미를 지니는지 제대로 실감하지 못하는 것 같았다.

얼마 후 도쿄에 간 이 회장은 김 대사가 상업차관의 증액은 추진하지 않기로 했다는 소식을 들었다. 이 회장은 무슨 이야기냐고 했더니 본국에서 청구권 관계의 전문가가 와서 상업차관의 증액보다는 유상자금 2억 달러의 이자를 인하하고 상환 기간을 15년에서 25년으로 연장하는 편이 훨씬 유리하다는 방침을 정해 그런 방향으로 진행되고 있다는 얘기였다. 목전의 소리小利 때문에 국가 백년대계의 대리大利를 놓치는 셈이다. 이자율을 낮추고 상환 기간을 늘리는 것은 몇 천만 달러에 불과하다.

"외자를 도입해 많은 공장을 세워 빚을 갚아가면서 기업의 힘을 기르고, 한국 경제의 몸집을 키워나가야 합니다."

이 회장은 장기적인 안목을 갖고 여러 가지 계수를 들어 설명했다.

"유상차관이자 인하와 상업차관 두 가지를 병행해 교섭해 보겠다"

김 대사가 말했다. 그러나 결국 본국의 지시로 양자 병행이 아닌 이자율 인하 쪽으로 결정됐다. 이 회장은 어이가 없었다. 당시의 6억 달러는 지금의 60억 달러 이상의 가치가 있었다. 만일 상업차관의 증액이 실현되었다면 한국 경제의 성장은 크게 앞당겨졌을 것이다.

한일회담 타결 후 한국 경제는 호조를 띠었지만 이내 외화가 부족하게 되었다. 갑자기 5,000만 달러가 필요하게 되어 장기영 부총리가 일본으로 가 1주일간 체류하면서 상업차관교섭을 했으나 성사시키지 못했다. 대일청구권 타결에서 정부 당국은 1년 앞을 내다보지 못했다.

21

울산공업단지 조성

공업화를 위한 기간산업의 조기건설에는 정부나 경제계의 의견이 일치했다. 경제인협회(회장 이병철)는 숙의를 거듭한 끝에 대규모 공업단지의 조성을 촉구한 바 있다. 당시 '공업단지'라는 개념은 생소하여 일반 국민이 잘 이해하지 못했다. "국내 어디에나 공장을 세울 땅은 있다. 번거롭게 단지를 조성할 필요는 없다"고 일부 경제 관료는 부정적인 태도를 보이기도 했다.

'단지를 조성한다면 어디로 할 것인가.' 입지 선정에는 이론이 분분했다. 공단 입지는 여러 조건을 갖추어야 한다. '전력, 용수, 육해의 수송, 노동력 확보의 편의 등의 조건이 충족되어야하고 일반 주거지와 거리가 있어야 하며 소요 면적이 확보될 수 있어야 한다.' 이러한 조건들을 갖춘 대규모의 공업단지를 조성해 각종 공장들이 한곳에 모여 유기적으로 운영하는 것이 여기저기 공장들이 분산되어 있는 것보다는 훨씬 능률적이고 경제적이었다. 외국기업의 투자유치를 위해서도 모든 환경과 조건을 겸비한 단지 방식이 유리할 것이 분명했다.

단지로서의 적지를 조사한 결과. 물금, 삼천포, 울산 세 곳이 후보지로 거론되었고 '그중에서도 울산이 가장 적지'라는 결론이 났다.

이 회장은 이정림 씨, 남궁연 씨, 정재호 씨와 현장답사를 하기로 했다. 1961년 12월 31일, 서울을 떠나 경주에서 1박한 뒤 다음날 원단 아침에 울산에 도착했다. 마침 날이 맑았다. 울산만의 일출 광경은 우리나라의 밝은 앞날을 보여주는 서광처럼 보였다. 1만 톤급 선박 5~6척이 입항할 수 있는 잔잔한 항만, 태화강의 용수, 육로의 교통 등 대형 공업단지로서의 조건을 충분히 갖추고 있었다. 이 회장은 귀경하자마자 협회의 회의에서 답사 결과를 설명하고 울산공업단지 계획을 최고회의에 제출했다. 계획은 그대로 채택되었고, 2월 5일 울산 현장에서 성대한 기공식이 거행되었다.

"4,000년 빈곤의 역사를 씻고 민족숙원의 번영을 마련하기 위해 우리는 이곳 울산을 찾아 신생 공업단지를 건설하기로 하였습니다."

박정희 최고회의 의장의 치사는 감개무량한 것이었다.

이 회장은 공업단지 출범을 두 가지 점에서 기쁘게 생각했다. 하나는 침체된 경제활동에 새로운 활력소가 마련되어 기업인들이 다시 투자 의욕을 되찾는 계기가 되었다는 것이고, 다른 하나는 이 계획이 외국의 차관이나 투자 유치에 좋은 여건이 되어 우리나라의 공업화를 촉진하는 절호의 기회가 되리라는 것이었다.

이 회장은 투자명령에 따라 비료공장 건설을 맡게 되었다. 서독의 크루프, 이탈리아의 몬테카티니와의 차관도입을 성사시키고도 두 차례 혁명의 여파로 좌절되고 말았던 비료공장이다. 이 회장은 정재호 씨, 김지태 씨와 '울산비료 투자공동체'를 구성하고 차관교섭을 위해 재차 일본, 유럽을 순방했다. 그러나 이 계획도 결실을 보지 못하고 말았다. 외자 5,500만 달러, 내자 50억 환을 투자하여 연산 35만 톤 대규모 최신 비료공장을 짓는다는 계획은 당시 우리나라 연간 수출액이 1억 달러 미만이었던 것을 감안하면 시기상조일 수 있었다. 비료공장 건설 계획은 우여곡절 끝에 수포로 돌아가고 말았다.

다른 기간산업 건설도 지지부진했다. 정부의 경제정책도 일관성이 없었고, 한 단계 고비를 넘기는 데는 시간이 필요하다고 생각되었다. 이 회장은 과로도 겹쳐 1년간의 임기만 채우고 기꺼이 경제인협회 회장직을 사임했다. 처음이자 마지막 공직이었다.

22

통화개혁과 삼성의 위기

화禍는 부단행不單行이라고 한다. 4·19와 5·16 두 혁명을 겪는 동안 이 회장은 삼성이 입은 타격이 얼마나 컸는지를 새삼 통감했다. 추징금 명목의 막대한 정부 환수금 때문에 삼성그룹의 자금 사정은 이루 말할 수 없이 어려운 상태에 빠져 있었다. 이 회장은 정부 환수금 납부를 위해 한국은행과 미도파 백화점(현 롯데쇼핑센터) 사이의 소공동 소재 금싸리땅 300여 평을 당시 '월남파병특수'로 현금이 풍부한 조중훈 KAL(대한항공) 사장에게 매각하기도 했다. 이 회장이 자금 사정 악화로 소유 재산을 매각한 것은 이것이 처음이자 마지막이었다.

설상가상으로 또다시 큰 시련이 닥쳐왔다. 1962년 6월 9일, 제2차 통화개혁이 전격적으로 단행됐다. 혁명정부는 통화의 호칭을 환圜에서 원圓으로 바꾸고 10대 1의 평가절하를 단행했다. 한편 신 화폐 교환액은 1인당 하루 500원으로 제한했다.

통화개혁 전후에 이런 일도 있었다. 공장 건설을 위한 자금 지원을 기업이 호소할 때마다 송요찬 내각수반은 "조금 있으면 좋은 일이 있다"와 같은 영문 모를 말을 하곤 했는데, 이는 바로 후일의 이 통화개혁을 두고 한 말이었다. 개혁이 단행된 6월 9일 밤, 이 회장은 송 내

각수반의 초청을 받고 요정 대하大爬에 갔다. 송 수반을 비롯한 다수의 경제 당국자들이 참석했고 재계에서는 이 회장을 비롯 홍재선, 이정림, 남궁련, 설경동 씨 등이 참석했다. 모두 자리를 잡자 송 수반은 라디오를 가져오게 하면서 "8시에 중대발표가 있으니 함께 듣자"고 했다. 송 수반 말대로 8시 정각이 되자 임시뉴스가 흘러나왔다. 통화개혁 발표였던 것이다. 초대받은 경제인들은 모두 깜짝 놀랐다. 어떤 이는 어! 하면서 비명을 지르기도 했다. 송 수반 등 당국자들은 "산업자금의 조달을 위한 조치인데 왜 기뻐하지 않느냐"고 오히려 의아스러운 표정이었다. 이 회장은 "착상은 기발하지만 반드시 좋은 결과를 기대할 수 있다고는 생각되지 않는다" 전제하고 "곤란한 사람은 많고 득본 사람은 적을 것으로 안다"고 말했다.

연회는 어색해졌고 파흥이 되고 말았다.

그 다음날 아침 박정희 의장에게 불려갔다.

"어젯밤, 들었지요?"

박 의장은 대뜸 물었다.

"들었습니다."

"어떻게 생각하십니까."

"큰 혼란에 빠질 겁니다."

"경제 건설을 위한 자금 조달에는 이것밖에 없다고 해서 단행한 것입니다."

"극비리에 진행됐기 때문에 최고회의 내에서도 모르는 사람이 많이 있습니다. 새 지폐는 천병규 재무장관이 영국에 가서 인쇄했습니다."

"신화폐의 교환을 위해서 매일 수백만 명이 은행창구에 서야 하니 그 원성이 모두 정부에 돌아갈 것이고 국민경제적인 면에서도 큰 에

너지 낭비일 뿐 아니라 세계적으로도 화폐개혁은 해害만 남겼지 성공한 예가 거의 없습니다. 제2차 세계대전 후 서독은 워낙 인플레가 심해 그 수습책으로 통화개혁을 단행했지만 한국의 사정은 다릅니다. 큰 돈 가진 사람도 많지 않습니다."

"경제인의 의견도 사전에 들을 것을 그랬군요."

중대한 경제 문제는 사전에 경제인협회와 협의하기로 박 의장은 이 회장과 약속한 바가 있다. 이야기 중에도 박 의장은 빈번하게 전화를 받았다. 각 방면의 반응에 관한 보고인 듯했다. 박의장의 표정은 그다지 신통한 일은 없는 것으로 보였다.

박의장은 약간 난감한 표정으로 "어떻게 하면 좋겠습니까" 하고 수습책을 물었다.

"곧 해제하는 것이 어떻겠습니까."

"그렇게 하면 정치에 대한 국민의 신뢰를 완전히 잃게 되지 않겠습니까, 무슨 다른 방도는 없을까요?"

"예금 동결의 전면 해제가 어려우면 기술적으로 서서히 풀어가는 도리밖에 없겠습니다"라는 말을 남기고 물러 나왔다(이 대화록은 《호암자전》에서 인용한 것이다).

당시의 한국 경제는 여전히 흙탕물에 빠진 것과도 흡사한 상황이었다. 공업은 아직 요람기를 벗어나지 못했으며, 국민의 생활필수품을 포함하여 많은 물자를 수입에 의존하지 않을 수 없었다. 농업의 생산성도 낮아 주식인 쌀을 비롯하여 곡류의 대부분도 자급자족이 불가능했다. 미국 원조에 크게 의존하고 있었지만 그 원조도 차차 줄어들고 있었다. 북한의 무력침공에 대비하여 방대한 군사비 지출이 불가피했다. 자연히 통화가 증발되고 인플레가 진행되는 형편이었다. 예금 동결은 즉시 해제 방침이 정해졌고 서서히 풀기 시작한지 1

개월 후에는 금융 사정도 차츰 정상화되었다.

해가 바뀌는 1963년에는 삼성에게 또 다른 시련이 닥쳐왔다. 삼분三粉 파동이 그것이다. 설탕, 밀가루, 시멘트 가격 폭등 현상이었다. 원당과 원맥을 전적으로 수입에 의존하던 제분, 제당은 수급의 심한 불균형으로 가수요마저 유발, 품귀 현상을 빚고 유통 과정에서 가격이 폭등했다. 이에 덩달아 국내 원료로만 제조되는 시멘트마저 값이 급증해 가격 폭등 사태를 일으켰다.

이 가격 파동은 생산자가 매점매석하고 가격을 조작한다는 오해를 사게 됐다. 이를 기화로 몇몇 야당 국회의원은 아무런 근거 없이 경제인이 가격을 조작한다고 하면서 삼성을 공격했다. 인신공격마저 서슴지 않았다. 일부 신문도 이에 가세해 과장보도했다. 사실관계 확인도 없이 경제인에게 책임을 뒤집어씌우는 일은 안 된다고 생각하고 그 국회의원과 신문을 제소하고 사직당국에 엄중한 조사를 요청했다. 그 결과 삼분 파동은 동업자 한 사람이 허위사실을 조작해 사건을 만들고 국회의원과 신문에 유포했다는 진상이 드러났다. 유포자는 친부親父를 밀가루 판매총책으로 앞혀 놓고 중간 유통 과정에서 막대한 폭리를 취했다는 것이 밝혀졌다. 그 유포자는 많은 벌금을 물게 되었다. 삼분 파동은 그 장본인의 자작극이었다.

23

이병철 회장의 충고

이 회장은 삼분 파동을 겪으면서 우리 사회가 안고 있는 병폐, 무고한 사람을 함부로 중상하는 행위와 경제인을 시기하는 풍조를 발견했다. '우리가 잘 살려면 의식 개혁이 시급하다' 이 회장은 생각했다.

"경제인이 신문 기고를 결심하시기는 쉽지 않은 일인데요."

"변 기자, 꽤 고심했지. 이병철이가 글을 쓰면 찬반 말이 많을 것이 틀림없었지만 꼭 하고 싶은 말이 많아 용기를 냈습니다. 글이 나간 후에 평소의 지론을 공개한 용기를 높이 평가한 측이 있는가 하면 '부정축재로 지탄받는 것을 변명한 것이다' 같은 비판도 있었습니다."

변 기자는 이 회장이 〈한국일보〉에 5회(1963년 5월 31일부터 6월 4일)에 걸쳐 〈우리가 잘 사는 길〉을 게재한 후 13년이 지난 후에 이 회장을 만난 것이었다.

"여러 신문 중에 〈한국일보〉를 선택하셨습니다."

"그렇지요. 한국일보를 선택한 것은 나름대로 이유가 있습니다. 한국일보 사주 장기영 씨는 평소 나와 친근하게 지내고 있으며 장 사주도 우리 경제 발전에 대한 문제들을 항상 걱정했습니다. 그 나름의 철학도 가지고 있었지요. 후에 부총리 겸 경제기획원 장관이 되어 한국 경제 정책을 책임지고 이끌어 나갔습니다. 장 사주와는 그가 한국은행에 있을 때부터 잘 아는 사이였고 그의 일에 대한 집념은 놀라울 정도라는 것도 잘 알고 있었어요. 지금은 고인이 됐지만 부지런하고 인정 많고 애써 남을 돕는 성격입니다. 관직에 물러난 후에는 일주일에 한 번은 만나 골프를 치거나 식사를 했지요. 그가 있는 곳에는 항상 활기가 넘쳤습니다. 내가 한비韓肥를 재추진할 때도, 경제기획원 장관으로서 행정상의 문제는 모두 내가 뒷받침할 테니 빨리 건설하라고 다그치기도 했습니다."

이 회장이 어떤 개인에 대해 이렇게 긴 설명으로 회고하는 것은 흔히 있는 일은 아니었다. 이 회장은 〈백상 장기영 형의 명복을 빌면서〉라는 제하로 중앙일보에 조문을 쓰기도 했다.

이 회장의 5회에 걸친 기고문은 1회 〈우리의 빈곤〉, 2회 〈우리의 반성〉, 3회 〈부정축재 처리문제〉, 4회 〈경제 5개년 계획의 성취를 위하여〉, 5회 〈좋은 장래를 위하여〉 순서로 게재되었다. 이 책에서 이 회장의 기고문 전부를 전재할 수는 없으나 각 회별로 중요한 내용은 발췌해 다시 보는 것은 의미가 있겠다.

*1회 〈우리의 빈곤〉

이 회장은 '우리는 왜 빈곤하며 한국적 빈곤은 어디에 기인하는가'를 물었다.

역사적으로 근세 100년 동안을 보면 전반에 해당하는 50년 동안 선진 국가가 공업국가로의 전환 내지 발전하던 시기였다. 그러나 우리나라는 대외적으로 중국에 대한 사대주의에 치우쳐 쇄국주의를 고집한 나머지 신문명, 과학 및 기술의 도입을 등한시하여 근대국가가 될 기회와 발전의 계기를 일실逸失했다. 국내적으로는 조선 중엽부터 싹튼 그칠 줄 모르는 사색당파에 매몰되어 좌정관외坐井觀外의 우를 범했고, 부정부패의 씨를 배태하여 국민의 이익을 등지는 무정부상태를 거듭했다. 마침내 후반 50년에는 선진강국의 침략을 막지 못하여 일본의 힘 앞에 굴복하고 말았다. 이 비운의 일본의 강점 기간 중 일본은 우리를 그들 본국 경제를 위한 식민지 경제의 영역을 벗어나지 못하게 했고, 그 결과 우리나라는 현대국가로의 경제 발전상 가장 중요한 시기였던 36년을 후진국 경제의 테두리 속에 얽매이고 말았다. 그 경제적 약탈에 따르는 재정상의 손실도 손실이거니와 그들의 식민지적 교육정책은 우리 고유의 민족성과 민족문화를 말살했다. 오늘날 긴요하게 필요한 사회 발전의 중추적 기능을 담당할 중견 지도자를 배양, 배출하는 교육의 기회를 봉쇄, 제한하고 국가 사회의 유위한 지도자로 성장 발전할 수 있는 역량의 배양과 훈련 기회를 박탈했다. 유능한 지도자를 육성할 수 없었다는 사실은 커다란 민족의 상처가 아닐 수 없다. 실로 오늘날의 정국, 혼란의 깊은 근원은 바로 여기에 있으며 우리에 대한 일본의 가장 큰 책임도 여기에 있다고 본다.

8.15 해방 후의 38선에 의한 국토양단과 6.25동란이라는 민족적 불행은 가뜩이나 부족한 지도자들의 분열, 대립을 초래하였고 지도자들을 납치 또는 죽음의 길로 몰아넣었다. 이러한 역사와 사실은 국민들에게 실망과 퇴폐적 풍조를 몰고 왔다. 더구나 역대 위정자들은 협잡과 부정부패를 바로잡을 성의와 실천력을 갖지 못했고 경제 건설을 위한 국민의 합의를 방치하면서 지도력을 발휘한다는 것은 엄두도 낼 수 없는 일이었다. 따라서 우리의 빈곤은 인적 자원의 결여에 있다는 것을 지적해 두고 싶다.

다음으로 우리가 지적해야 할 것은 천연자원의 결여다. 사우디아라비아의 석유, 쿠바의 원당, 말레이시아의 고무, 콩고의 동 같은 개발이 가능한 자원을 우리는 갖고 있지 않다. 우리의 자원이라면 세계시장에서 판로가 거의 막힌 미곡과 중석 정도다. 경제자립을 기하고 빈곤을 구축할 만한 천연자원은 거의 갖지 못한 실정이다.

2회 〈우리의 반성〉

이 회장은 퇴폐와 자학의 구각을 타파하는 새로운 정신적 기조가 이루어져야 한다고 강조했다.

우리는 오랜 세월을 두고 빈곤에 시달려왔다. 그 때문인지 사회 규범이나 가치 판단의 기준을 빈곤과 결부시켜 빈곤을 청렴과 혼동하고 오히려 이를 자랑하는 사조와 함께 마치 폐의봉두弊依蓬頭가 청렴의 상징인 것처럼 생각하는 경향이 있다. 빈곤에 젖은 사조는 시기猜欺의 병발을 막을 수 없어 속담대로 사촌이 논 사는 것을 배 아파하며 갖은 노력 끝에 입신양명한 사람에 대해서도 면전에서는 아부하고 뒤돌아서면 험담하게 된다. 희망과 의욕의 상실에서 오는 정신적 허탈 속에서 남을 위해 희생한다든가 봉사심을 발휘한다는 여유란 찾을 길이 없다.

반면 시기, 모략 등 타인에 대한 가해 행위는 횡횡한다. 이러한 자주성과 긍지의 결핍, 훈훈한 인정의 소멸 등 일련의 서글픈 현상은 확실히 우리사회의 한 단면을 나타내는 것이다. 그러나 이것은 우리 민족성의 고유한 결함에서 생긴 것은 결코 아니다. 과거 여러 시기에 걸친 정치적 무능과 부패로 인하여 불가피하게 강요된 후천적인 개성이거나 아니면 일종의 반발적인 진상이라고 생각한다. 그러나 이러한 반갑지 않은 국민적 기풍이 역사적으로 많은 지도자를 상실하고 지도자로 클 싹을 잘라버리는 결과를 낳고 말았다. 우리가 경제적 번영을 누릴 수 없었던 중요한 요인이었다. 스위스, 덴마크, 뉴질랜드와 같은 나라가 황무지를 사람의 두뇌와 탁월한 지도력으로 옥토로 변화시킨 사례에 비추어 우리들이 깊이 반성해야 함을 다시 한 번 강조하고 싶다.

제3회 〈부정축재처리문제〉

우리는 빈곤 및 이의 추방과 관련하여 한마디 부정축제에 대하여 언급하지 않을 수 없다. 이 문제의 근원은 과거의 악명 높은 불합리한 경제적 현실을 무시했던 세제稅制에 있다. 불합리한 세제 하에서 몇몇 기업인들은 부득이 탈세는 하였을망정 기업을 창립, 확장하여 방대한 공장을 건설하고 수많은 실업자에게 취업의 기회를 주었으며 그들 가족들의 생활을 지탱시켰다. 뿐만 아니라 국가 경제적으로는 물가의 안정을 기하고 제품 수입에서 오는 막대한 외화를 절약하였다. 일본인으로부터 회수한 다수의 대소공장과 기업체를 물려받고서도 그 경영에 실패하고 또 은행 융자와 원조 자금의 배정 특혜를 받고서도 이를 낭비하여 쓸 만한 공장이나 유익한 산업 하나 일으키지 못함으로써 결과적으로 국가에 막대한 손해를 끼친 자는 불문에 붙였다.

반면에 허다한 애로를 극복하여 기업을 새로 건립, 확장하거나 자금을 건전하게 운영함으로써 생산증가와 고용증대에 공헌하여 결과적으로는 한국의 산업경제 발전에 상당한 기여를 했다고 할 수 있는 유위有爲의 실업인實業人이 어찌하여 부정축재자로 처형 받게 되었는가.

그 동기에는 감정적인 것이 있어 극히 유감스럽게 생각한다. 위정당국자나 일반기업인을 비롯하여 모든 국민이 다시 한 번 냉철히 이 문제를 반성해 볼 필요가 있다고 생각한다.

이 문제를 계기로 기업인들 사이에는 참으로 걱정스러운 퇴영적 풍조가 일어나기 시작했다. "구태여 비난의 욕을 먹으면서까지 힘이 드는 사업을 일으킬 필요도 없다. 고리대금高利貸金이나 증권투자 또는 부동산투자도 무방하다. 돈만 벌면 된다" 이러한 음성투자陰性投資에만 눈을 돌려서 자기 일신의 영화를 쫓는데 여념이 없다. 실상 부정축재자로 처벌받은 사람들이 남 보기에 큰 공장이나 산업을 일으키지 않고 음성투자만 교묘하게 했더라면 오늘날 그들이 부정축재자로 처벌받았을 리 만무하다. 지금 이 시점에 와서 냉정하게 반성해 본다면 부정축재자 처벌로써 제일 많은 피해를 본 사람은 처벌 통고를 받은 기업인이 아니고 국가와 국민이라는 결론에 아마도 누구나 찬동하게 될 것이다.

부정축재 처벌로 인해 공장의 신설과 증설은 정체되고 생산의 감퇴도 두드러졌다. 따라서 GNP상에도 커다란 후퇴가 있었다는 사실을 통계 수치를 대조하더라도 누구나 부인할 수 없을 것이다. 4·19혁명 전인 1958년과 1959년은 GNP 성장률이 각각 7.1%, 5.2%로 두 해 평균 성장률이 6.1%로 높았는데 4·19혁명 후 당해 년인 1960년도와 부정축재 조사 처리가 종결된 1961년도의 GNP 성장률은 각각 2.3%, 2.8%로 두 해의 평균 성장률이 2.5%에 불과하였으므로 최소한 지금 현재(1963년)로서도 2년 이상의 경제 후퇴가 있었다고 할 수 있다. 어쩌면 4년 내지 5년 이상의 경제 후퇴가 있었다고 해도 과언은 아닐 것이다. 거듭 말하거니와 내가 여기서 부정축재 처벌 문제를 말하는 것은 앞으로 다시는 어떠한 개변과 사회적 변혁을 겪는다

하더라도 이성理性과 법리를 무시한 소급법遡及法을 제정하여 경제 사회의 발전을 저해하는 일이 다시는 없어야 한다는 충정에서다.

제4회 〈경제 5개년 계획의 성취를 위하여〉

이제 우리는 빈곤을 없애고 자유경제의 기반을 확립하기 위한 현실적인 노력으로서 제1차 경제개발 5개년 계획의 실천에 들어갔다. 5개년 계획에서 우리는 먼저 우리가 목표하는 생활 안정선을 미리 책정해서 그것을 잘 달성해야 하지만 문제는 우리가 달성해야 할 그 생활 안정선을 어디에 두어야 하는가가 중요하다고 본다. 이 문제에 대한 나의 결론은 현재의 1인당 국민소득 78달러 선에서 적어도 100달러를 증가시켜서 178달러까지 높여야 한다는 것이다(1963년 당시로서는 이 수치는 파격적 수준의 제안이다). 78달러는 세계최저 수준이며 목표인 178달러는 필리핀, 터키와 비슷한 수준에 불과하지만 그래도 정부의 계획보다는 훨씬 많다. 그렇다면 그 실현을 위해서 우리는 어떻게 해야 할 것인가?

먼저 경제 기본 정책에서 중농重農 정책과 중공重工 정책의 어느 것을 선택하느냐가 문제다. 경제발전사의 고전적인 코스를 따르면 먼저 농업을 발전시켜 자본과 시장을 키운다. 그리고 수공업, 경공업을 일으키며 그것을 바탕으로 하여 점차로 중공업中工業 내지 중공업重工業으로 발전해나감이 정칙일 것이다. 그러나 우리는 지금 1770년대의 산업혁명 이전으로 돌아가서 약 200년 전의 코스를 하나하나 밟아 내려올 시간의 여유를 갖지 못한다. 우리는 너무나 뒤떨어져 있기 때문에 무슨 비약적인 수단이나 방법을 쓰지 않고서는 도저히 우리의 빈곤이나 산업구조의 낙후성을 극복할 수 없다. 우리는 과감하게 그 순서를 바꾸어 대기업에서 출발하여 중소기업으로 내려가는 방식을 취해야만 한다고 나는 생각한다.

일본은 농업인구가 총 인구의 31%를 차지하지만 GNP상의 농업생산액은 17%에 불과하며 세계에서 농업국으로 널리 알려져 있는 덴마크도 역시 17%로 농민의 대다수가 공업에 의존하고 있음을 알 수 있다. 완전히 공업화한 미국과 서독은 GNP상의 농업생산액 비율이 각각 4%와 7%로 장차 농업이 확대된 국민경제에서 차지할 위치를 쉽게 짐작할 수 있다. 그러므로 농촌을 구제하는 길은 오히려 과감한 외자도입에 의한 공업화를 통해서만 가능함을 인식해야 할 것이다. 외자차관 교섭을 위해 미국을 비롯한 독일, 이탈리아, 프랑스 등 각국을 2~3차례 순방한 나의 체험을 통하여 느낀 소견을 피력하건데 외자차관의 주력은 무엇보다도 먼저 미국에 경주해야 할 것이며 그 다음으로 배상금 문제를 주안점으로 하는 일본, 그리고 독일, 이탈리아, 프랑스, 네덜란드 등의 각국 순으로 중점을 두어야 한다고 믿는다.

대미차관의 핵심이 되는 것은 AID 차관인 바, 미국의 원조를 받아오던 우리나라는 3년 전부터 미국의 수원액受援額 감소를 면치 못하게 되었는데 줄어든 것만큼을 이제부터는 차관으로 메워나가지 않으면 안 될 것이다. 그러나 우리가 아시아의 반공보루국으로서 수원 태세를 건실하게 확립하고 조야가 합심, 노력하면 과거의 수원 실적에 비해 차관기금의 100%에 해당하는 1억 달러 정도의 차관을 매년 확보하는 것은 그렇게 어려운 일이 아니라고 생각한다. 물론 우리의 운영 실적이 양호하면 1억 달러 이상을 확보할 수도 있을 것이다. 앞으로 10년 동안에 10억 달러 정도의 차관 획득도 꿈은 아니다. 그다음으로 한일회담이 원만히 타결되는 날엔 일본에서 10년간 6억 달러를 도입하는 일도 큰 문제가 되지 않을 것이다. 이것은 그동안 한일회담의 추세를 보아온 사람이면 쉽게 수긍하리라고 생각한다. 또 그간의 움직임으로 보아 독일, 이탈리아, 프랑스 등에서 10년 동안에 5억 달러 정도의 차관을 확보하는 것은 그렇게 어려운 일이 아닌 줄로 생각하는 바 이상을 합치면 대체로 앞으로 10년간 21억 달러 내지 23억 달러 가량의 외자도입을 확보할 수 있다는 결론이 나온다.

그리고 발전소發電所 건설 자금만은 영국, 호주, 벨기에, 스위스, 덴마크, 네덜란드, 포르투갈 등 각국에서 1,700만 달러씩 도합 1억 5천만 달러 정도를 차관으로 도입하는 것이 좋으리라. 와사瓦斯 가스 등 민생 문제에 직결되는 사회 공공사업의 개발자금차관은 비교적 용이하기 때문이다. 이상에서 말한 외자도입이 원활하게 달성되면서 3년만 지나면 이미 건설 완료한 공장에서는 수익이 나오게 된다. 그것을 매년 2억 달러 내외로 보고 이 자금을 다시 민간 사업자에 재투자할 것 같으면 10년 동안에 15억 달러 내지 20억 달러에 해당하는 공장 건설 자금을 확보하는 결과가 될 것이다. 만일 거의 구상이 계획대로 진척된다면 36억 달러 내지 45억 달러 투자가 가능할 것이다. 이를 40억 달러로 추정하면 4백만 달러규모의 공장 1천 개를 건설할 수 있다. 그렇게 되면 투자총액의 약 70%에 해당하는 28억 달러의 연간 생산증가는 곧 같은 액의 GNP 증가를 기대할 수 있으므로 1인당 국민소득 100달러의 증가는 무난히 달성될 것이다. 또한 이들이 평균 한 공장에 500명씩 고용한다고 치더라도 고용증가는 50만 명에 달할 것이며 부양가족을 5인 평균으로 친다면 250만 명이며 그 밖의 하청 중소공장과 유통단계에서의 고용을 합치면 무려 500만 명의 고용 증대를 기대할 수 있다. 즉 농가 인구를 공장에 흡수하여 그들의 생활이 보장받을 수 있게 될 것이다. 그리고 이러한 공장 하나에 부과되는 세금을 평균하여 20만원으로 추정하면 세금총액이 20억 원이 되는 바 이렇게 되면 정부의 세수입은 배증된다. 공무원의 급여도 배액이상 지불할 수 있게 되어서 점차로 부정부패도 일소할 수 있고 사회도 명랑하고 건전하게 될 것이다.

농촌의 직접구제란 한도가 있고 자칫하면 의뢰심을 조장할 우려도 없지 않다. 진실로 농민을 위하는 길은 앞서 말한 바와 같이 1,500만 농민의 3분의1에 해당하는 500만 명을 공업에 흡수함으로써 현재 420평에 불과한 1인당 경지면적을 630평으로 확대시켜 농업생산성을 높이는 한편 농산물 생산비에 절대적 영향을 주는 비료나 농기구 등을 국내공장에서 염가로 생산·공급하는 공업화를 촉진함으로서 농민들이 간접적으로 공업화에 의한 파급효과를 받도록 할 수밖에 없다고 생각한다.

제5회 〈좋은 장래를 위하여〉

우리 민족도 이제부터는 좋고 밝은 장래에 대한 희망과 행복하기 위한 의욕을 가지고 살아야겠다. 그렇기 위해서는 무엇보다도 먼저 빈곤이 먼저 추방되어야 하지만 더 선행적으로는 우리의 올바른 마음의 자세나 문제를 해결하기 위한 올바른 태도나 방법이 무엇인가를 살펴볼 필요가 있을 것 같다.

첫째로 우리가 해야 할 일은 빈곤의 원인부터 알아야겠다는 것이다. 환자를 다룰 때 먼저 그 병이 무슨 병인가를 정확하게 진단하고서 그에 적합한 약 처방을 내야 하듯이 지금 위정당국이 해야 할 일은 먼저 국민들에게, '왜 빈곤하고 얼마나 빈곤한가'를 통계 수치를 들어 사실 그대로 알려 주어야 하며 그 다음에는 우리가 도달하여 할 목표를 명시해 주어야 한다. 그 목표는 현실적으로 국민들에게 희망과 의욕을 줄 수 있어야 하므로 적어도 10년간에 1인당 100달러의 소득 증가는 있어야 한다는 것을 강조하는 바다. 그리고 2차, 3차로 계속 5개년 계획으로써 꾸준히 우리의 살림살이가 전진, 발전한다는 것을 사실대로 국민에게 알려주고 아울러 국민 각자가 장래에 대한 희망을 알고 내핍과 근면으로서 이에 호응해야 하는 것을 주지시켜야 할 것이다.

이러한 민족의 대과업을 수행함에 있어서 특히 명심해야 할 것은 관민 또는 정부와 기업인이 전국적 협동체제 안에서 상호 협조와 격려로서 추진의 원동력을 삼아야 한다는 것이다. 그렇기 위해서는 개개인의 창의와 자율성이 최대한으로 보장받는 것이 긴요하다. 특히 5개년 계획 수행에 중요한 추진력이 될 기업인들의 활발하고 자유로운 기업 활동을 보장해주는 것이 긴요하다. 기업인을 죄인 취급하거나 기업의 성장을 죄악시하는 사회풍조 시정에 노력하는 한편 기업의 성장이 곧 국리민복의 증진과 국민경제의 부흥촉진에 직접적으로 기여한다는 것을 국민들에게 계몽하는 것도 필요하다.

그 다음으로 제1차 5개년 계획에서 우선 착수해야 할 일은 외화를 많이 사용하는 품목, 국민대중에게 많은 혜택을 주는 품목, 그 원료를 국내에서 확보할 수 있는 품목 등의 생산 공장을 단시일 내에 건설하는 것이다. 다행이 이러한 구상은 계획 중에 포함, 반영되어 있고 이미 울산에는 방대한 종합공업단지의 건설이 진척되고 있다. 이로써 국민들이 정신적으로 내일의 행복을 바라볼 수 있게 하고 대외적으로는 한국인의 경영 능력을 입증하여 수원受援 및 차관의 증진도 가할 수 있도록 하여야 할 것이다. 그리하여 정부, 기업인 할 것 없이 전 국민이 빈곤을 추방해야만 실효 있는 반공反共 체제를 확립할 수 있다. 지금 이 귀중한 시기를 놓치면 다시는 경제 재건의 호기好機가 없다는 것을 명백히 인식해서 흔쾌히 재건대로를 매진하는 날, 우리 마음과 우리 사회에는 희망과 행복이 깃들게 될 것이다.

*

"회장님. 우리 경제 발전에 대한 통찰력이 대단하십니다. 1인당 GNP 78달러 때 100달러를 더해 178달러 시대를 말씀하셨는데, 그로부터 13년이 지난 현재 그 수준을 훨씬 넘어서는 발전을 했으니까요."

"그렇죠. 나도 우리 민족이 대단하다고 생각합니다. 우리가 그렇게 비약적인 발전을 할 수 있었던 것은 그동안 우수한 인적 자원을 확보할 수 있었던 것이 원동력이 됐다고 봐요. 우리 한국 사람의 교육열은 세계에 자랑할 만한 것입니다."

"회장님, 1960~1970년대의 대기업에 대한 시각이 이제는 많이 바뀌었습니다. 부정축재자 처벌에 대한 재평가가 분명 있을 겁니다."

"변 기자 말을 믿고 싶소. 그런 날이 어서 왔으면 합니다."

이 회장은 〈한국일보〉 기고 이후 24년이 지난 1987년 1월 1일부터 〈중앙일보〉에 5회에 걸쳐 신춘특별기고 〈부국론〉을 게재했다.

24

문화재단 설립

이 회장은 1965년 3월 어느 날, 설 실장을 불렀다.

"설군. 록펠러, 포드, 케네기, 노벨재단 등 외국 유명 문화재단에 대해 조사해서 보고하래이."

"어떤 것들을 조사할까요?"

"재단의 목적, 기금 규모, 조성과 구조, 운영 방법 등 자세한 조사면 좋겠다."

"알겠습니다."

이 회장은 그의 기업력과는 전혀 다른 영역에 손을 댔다. '삼성문화재단의 설립'과 '〈중앙일보〉의 창간'이었다. 이 회장 55세 때의 일이다. 옛말대로라면 지천명知天命의 나이이다. 이 회장은 한국 제일의 재벌 세평을 들으면서부터 기업 외의 영역에서 사회에 직접 공헌할 수 있는 길이 무엇인가를 모색해 왔다.

'기업은 경제적 가치를 통해 인간의 행복을 약속해 주지만 인생에서 경제 이외의 가치를 도외시할 수는 없다.'

외국 재벌의 경우를 조사하는 한편 내외의 여러 친지들과 기탄없이 논의했다. 경제적 사정 때문에 유위한 인재가 교육받을 기회를 얻지 못하고, 학술, 문화 활동의 창달이 제대로 안 된다면 이는 공평의 원칙에 어긋날 뿐 아니라 사회 발전을 원천적으로 저해하는 일이 아닐 수 없다고 생각했다. 이 회장은 55회 생일을 맞이해 '삼성문화재단의 설립'을 결심했다. 이 뜻을 우선 온 가족에게 설명했다.

"우리 가족이 생활하고도 남는 재산을 문화재단에 출연하여 육영, 문화, 복지 등 사회공익에 기여하도록 하자. 사회 일반의 복지증진 없이는 우리 가족만의 행복도 기할 수 없다. 우리나라는 아직도 저소득 후진 상태에 있다. 우리 일가가 앞장서서 사회의식의 개발과 사회 번영에 이바지 하자."

가족들은 모두 찬성했다. 그러나 삼성 사내에서는 의견이 두 갈래로 나뉘었다. 오히려 소극적 반응이 다수였다. 그들 주장은 두 번의 혁명에서 겪은 상처가 아직도 채 아물지 못한 상태일뿐더러 워낙 거대한 자금이 환수되었기 때문에 재단 설립의 취지에는 찬성하나 그 시기를 늦추는 것이 좋겠다는 것이었다. 그러나 이 회장은 끈질긴 설득 끝에 그들의 찬동을 얻었다.

세계 유명 재단을 소상히 조사한 결과, 이 회장은 재단의 존립과 재단 사업의 영속성을 보장받기 위해서는 재단 기금이 잠식되지 않아야 한다는 것을 새삼 알게 되었다. 재단 기금이 인플레로 가치 잠식이 되거나 수익이 없어 기금 자체를 잠식하는 일이 있어서는 안 되기 때문에 기금 출연을 부동산과 주식으로 하기로 결정했다.

제일제당, 제일모직, 동방생명(후일 삼성생명), 신세계 등의 주식 중 개인 지주 분 10억 원 상당과 부산시 용호동의 임야 10만 평을 출연하였다. 정관에는 '재단이 해산되는 때에는 재단의 잔여재산은 국가에 귀속된다'는 조항을 규정함으로써 후일 혹시나 재단 재산이 사익에 이용되거나 사장되는 일이 없도록 했다. 이 회장은 문화재단 설립에 즈음하여 발표한 취지서에서 당시의 심경을 다음과 같이 피력했다.

"본인은 금방 본인 소유의 재산을 던져 다년간의 숙원이었던 육영과 문화, 복지사업을 위하여 삼성문화재단을 창설하기로 했습니다. 본인은 경제계에 투신한 이후 30여 년간의 긴 세월을 오직 기업의 창설, 개척, 확장에만 전념해 왔습니다. 본인이 이룩했던 업체 하나하나는 모두 본인의 꿈과 피와 땀이 엉키지 않은 것이 없습니다. 그야말로 혈한각고血汗刻苦의 결정입니다. 그러나 허다한 기업의 창설과 발전 그리고 자본의 축적은 그 목적이 본인 후손의 풍요한 생활 영위에 있었던 것은 결코 아닙니다. 그러므로 개인생활 영위에 필요한 범위를 훨씬 초과하는 본인의 재산은 이것을 계속 사유해 사장, 방치하는 것보다는 국가를 위해 유용하게 전환, 활용하는 것이 옳다고는 생각해 왔던 것입니다. 이제 본인의 소유를 떠나 다시는 본인에게 돌아오지 않을 이 재산이 새로운 공익재단의 사업 활동의 근원이 되어 재단이 목적하는 바 각 분야의 사회 공익에 다대한 기여가 있도록 국민 여러분의 절대하신 성원을 거듭 기대하여 마지않습니다."

6년 후인 1971년, 이 회장은 두 번째로 사재의 처분을 단행하였다. 문화재단 설립에 주식, 부동산 등을 출연한 후의 나머지 개인 소유의 조사를 금융기관에 의뢰했더니 180억 원으로 판명되었다. 이것을 3등분했다. 180억 원 중 60억 원을 삼성문화재단에 추가 출연하고 다음 60억 원은 가족과 삼성그룹의 유공사원에게 주식으로 배분했다. 그리고 나머지 60억 원에서 10억 원은 사원공제조합 기금으로 기증하고 50억 원은 이 회장이 보유했다가 다시 유용한 사용 방도를 강구하기로 했다. 이 회장은 1971년 주주총회 종료 후 이 '사재 3분화'를 공표했다. 이 사실은 내외 매스컴에 크게 보도되었다. 대체로 과단果斷이라는 평이었다. 그러나 "무언가 복선이 있을 것"이라는 일부의 험담도 없지는 않았다.

*

"회장님. 사재를 출연하신 후 소감을 나이 많은 딸애를 시집보낸 것 같은 후련함이라고 하셨는데요."

"변 기자, 나는 시중 은행주를 내놓을 때도 그랬지만 '한 개인이 너무 많은 재산을 가질 필요가 있는가' 하는 생각을 갖게 된 겁니다. 미국의 철강왕 알프레드 카네기는 그의 저서 《부론富論》에서, 잉여재산은 '신성한 위탁물'이라고 표현했습니다. 그 위탁물을 어떻게 사회의 공동선共同善을 위해 쓰느냐가 문제인 겁니다. 문화재단을 설립한 의도는 도의의 고양과 가치관의 확립을 지원하는 동시에 재정 기반이나 내용에 있어서 미국의 카네기재단이나 스웨덴의 노벨재단에 버금가는 것을 만들어보려는 데 있었지요. 노벨상의 경우는 뉴욕의 월가 같은 데서 주식투자도 하고 때로는 투기까지 해서 기금을 증식시켜 상의 권위나 신뢰를 유지해 가고 있는 것입니다."

'종신지계終身之計는 막여수인莫如樹人(한 평생을 위한 계획이라면 사람을 키우는 것 만한 것이 없다)'이라는 명언을 빌릴 것도 없이 국가 백년대계에 있어서 인재육성은 아무리 강조해도 지나치지 않다. 이 회장은 삼성문화재단 첫 사업으로, 자금난으로 어려움을 겪고 있는 대구대학(현 영남대학)을 인수했다. 그 자금투입액은 서울에서 대학을 하나 세울 만한 거금이었다. 교육, 문화의 서울 집중을 막고 지방에도 골고루 대학을 키워보자는 생각에서였다. 대구는 삼성물산의 발상지이고 제일모직의 본 공장이 있어 삼성과는 인연이 깊은 곳이었다. 당초 청구대학을 인수해서 종합대학으로 키울 계획을 하고 있던 박정희 대통령이 대구대학의 양도를 간청할 때 결국 넘겨주었다. 한편 삼성장학회의 사업을 계승,

확장하는 것도 문화재단의 일이었다. 학생에 대한 장학금 급부에만 그치지 않고 학술연구 기관이나 학자들의 연구 활동에도 자금 면에서 지원하는 제도를 만들었다.

이어 자금난과 재정난으로 운영난에 빠져 있던 성균관대학교를 인수했다. 인재 육성을 위한 문화재단 사업의 일환이었다. 당시 성균관대학교는 종합대학으로서는 인문계에만 치우쳐 있었다. 운영의 정상화와 함께 이공계 교육의 거점으로 과학관을 신축 기증했다. 삼성재단에서 운영한지 10년 동안에 성균관대학교는 비약적 발전을 이룩했다. 1977년 시점에서 산하의 단과대학 4개에서 8개로, 학과는 25개에서 40개로, 학생 수는 3,600명에서 7,000명으로 배증되었다. 교사의 연면적도 1만 평에서 2만 7천 평으로 확장되었다. 교세의 급신장에 따라 수원 천천동에 15만 평의 부지를 마련하고 분교 캠퍼스를 단계적으로 건설할 계획을 추진했다. 그 첫 단계로 이공대학의 신교사 6,000평을 1977년에 완성하여 이공계학과의 이전을 추진했으나 일부 학생이 이에 반대하여 교수를 구타하는 용납될 수 없는 반교육적 행태가 일어났다. 교수 안면에 유혈이 낭자한 것을 목격한 이 회장은 대학의 운영권을 정부에 일임하고 말았다.

"변 기자. 삼성문화재단의 여러 사업 중에서도 도의문화의 앙양은 주류를 이룹니다. 애국심, 공사의 구별, 봉사정신, 어버이를 헤아리는 성실한 마음, 이것들이야말로 인간 본연의 모습입니다. 역사가 말해주듯 도의가 땅에 떨어지고 망하지 않은 국가는 없습니다. 근자에 남을 중상하고 해치고도 태연해 하는 현상이 두드러지고 있어요. 이러한 시류를 단숨에 바로잡는 것은 불가능할지 모릅니다. 그렇다고 해서 그것을 포기할 수 없지요."

이 회장은 '효행상孝行償'을 들었다. 매년 각도에서 숨은 효행자를 한 사람씩 추천받아 포상하는 것이었다. 우리나라 전통에서 '효'는 가장 소중한 가치다. 어버이를 효경하는 자식의 마음에는 차이가 있을 수 없다. 효가 바탕이 된 가정은 건전하다. 이 회장은 1969년에 아산 현충사의 중건에 따르는 조경 공사를 맡아줄 것을 박정희 대통령으로부터 청 받았다. 이 회장은 사실 그때 문화재단의 사업으로 국민의 추앙을 받는 이순신 장군의 사당을 시멘트조가 아닌 한국 고유의 전통미를 갖춘 장엄한 목조 건축을 원했다. 그것을 실현 못한 아쉬움은 지금껏 남아 있지만 삼성의 중앙개발 조경부에서 만든 주변 10여만 평의 현충사 경내 조경은 국내 최고의 조경으로서 영국, 일본의 조경 전문가들도 감탄하고 있다. 인재를 육성하는 일이나 사람들의 심금을 울려 정신 개혁을 추구하는 일은 결코 용이한 일일 수 없다. '천리의 길도 한 걸음부터'가 이회장이 문화재단사업에 거는 변함없는 소원이었다.

25

호암미술관 설립

 이 회장의 미술품 수집은 그의 나이 33세 때로 소급된다. 대구에서 삼성물산의 전신이라고 할 삼성상회를 설립하여 양조업을 주 산업으로 확장해가던 시기다. 그는 서書에서 시작해 회화에 끌렸고 신라토기, 이조백자와 고려청자를 거쳐 불상을 포함한 철물, 석불, 조각, 금동상에 심취하게 되었다. 수집된 점수는 2,000여 점. 이 중 국보와 보물로 지정된 것이 50여 점 있다. 그중에서도 가장 자랑스러운 것은 청자진사연화青磁辰砂蓮花, 표형주지瓢形注子와 청지·상감운학모란국문青磁象嵌雲鶴牡丹菊紋, 매병梅瓶 등이다. 표형주자는 동자童子와 연꽃잎의 정교함, 진사채유의 넘치는 기품, 뛰어난 기형의 조화미, 그것들이 혼연히 일체가 되어 뭐라고 형용할 수가 없는 분위기를 풍겨낸다.

 이것과 비슷한 주자注子가 미 워싱턴의 후리어박물관에 소장되어 있는데 그나마 뚜껑이 없어 완형完形도 아니며 정교함이나 조화 면에서 우리나라의 호암미술관 소장의 주자와는 격이 다르다. 세계 명품 주자는 일본에 밀반출되었던 것을 파격적인 거금을 주고 사들인 것이다. 그 당시 가격으로 일본에서는 100만 달러로 평가되었다. 임금을 4번이나 바꾼 고려조의 절대적 권신 최충헌의 손자인 최항의 강화도 무덤에서 묘지와 함께 출토된 것이다.

한편 매병은 상감의 문양이나 비취색을 띤 유약의 빛이 비길 데 없이 밝고 부드러워 우아한 기품과 안정감을 자아낸다. 미국이나 일본 등지에 흘러간 것까지 함께 생각하더라도 고려청자로서는 일품일 것이다. 고려청자는 송나라 자기와 동시대 것이지만 그 제조방법은 다르다. 북송자기는 섭씨 800도로 구웠으나 고려자기의 일품은 1,200도의 고온으로 처리했다. 그러므로 고려자기의 일품은 5,000개나 1만 개 중에서 한 개 나올까 말까 할 정도로 희귀한 것이다. 국보, 보물은 이 2점 외에도 용두보당, 가야금관, 청동검, 백동은입사함, 평저주형, 토기, 토이, 태환이식, 단원의 군선도 등이 있다.

이 회장은 골동품 수집의 동기가 무엇이냐는 질문을 더러 받았다. 솔직히 말해 이 회장 스스로도 분명치 않다. 굳이 말한다면 선친先親의 영향이라고 할까. 1968년 초 〈일본경제신문〉의 청탁을 받아 미술 취미에 대해 기고한 일이 있는데 몇 대목을 옮기면 다음과 같다.

"선친이 거처하던 사랑방에는 평상시 당신이 아끼시던 필묵이 담긴 문갑이 여러 개 있었다. 찾아오는 묵객이라도 있으면 그 문구로 시 문답을 했다. 선친은 그것을 병풍으로 꾸미거나 문갑에 붙이거나 하였다. 그러한 선친의 조용한 뒷모습은 지금까지도 눈에 선하다. 한국 가정에서는 예로부터 제주병祭酒瓶을 소중히 다루어왔다. 제주병이란 문자 그대로 조상봉사의 제주를 담는 그릇을 말한다. 자가양주自家釀酒가 허용되던 시대에는 가량주家釀酒의 상품을 이 제주병에 담아두었다가 제삿날 제주로 쓰곤 했다. 4대조까지 봉사하는 제사 풍습이 있는 만큼 제주병을 소중히 여기는 일은 당연했다. 그 제주병은 종손에게 전승되어 다른 제구와 함께 문중 재산목록의 첫째로 꼽힌다. 이런 환경이 나로 하여금 자연스럽게 서書나 도자기의 길로 들어서게 한 것 같다. 도자기에 대한 한국인의 일반적인 눈은 제주병에 의해 길러졌다고 할 수 있다."

*

'민족문화의 유산을 더 이상 해외에 유출, 산일시켜서는 안 된다.'
나이가 들면서 이러한 사명감이 이 회장을 더욱 미술 수집의 길로 이끌었다. 인생은 짧고 예술은 길다는 말이 있다. 예술이란 인간 정서의 고양을 최고, 최선의 것으로 순화하여 표현해내는 인간의 정신 활동이다. 오랜 세월에 바랜 서화, 도자기, 철물 등에서 옛 사람들의 희노애락을 느끼고, 보다 좋은 것, 보다 아름다운 것을 좇는 인간의 정열을 함께 감지한다. 거기에는 인류의 역사가 있고 영원의 낭만이 있다. 그것들은 때로 침묵의 스승이 되기도 한다. 마음이 울적할 때는 위로와 용기를, 들떠 있을 때는 자제自制를 던져주곤 한다.

이 회장은 10여 년 전 60세가 될 무렵부터 이들 컬렉션을 어떻게 후세에 남길 것인가를 이리저리 생각해 봤다. 비록 개인의 소장품이라고 하나 이깃은 바로 우리 민족의 문화유산이기 때문이었다. 개인이 보전하기에는 이미 그 양이 너무 많았다. 이것을 영구히 보전해 널리 국민 누구나가 쉽게 볼 수 있게 전시하는 방법으로는 '미술관을 세워 문화재단의 사업으로 공영화하는 것이 최상책'이라는 결론에 이르렀다.

1975년 2월. 삼성문화재단 이사회에서 이 뜻을 밝혔다. 이왕 미술관을 건립할 바에는 소장품을 영원히 보전하면서 미술애호가들이 많이 찾아올 수 있어야 했다. 그리하여 해외 개인 미술관을 여러모로 조사해 보았다. 일본만 해도 건평이 700평이나 되는 큰 규모의 유명한 이데미츠出光 미술관을 비롯해 일본 전국에 1,500여 개의 개인 미술관이 있었다. 우리나라에는 국립박물관 이외 한두 곳이 더 있을 뿐이다. 참으로 놀랍고 서운한 일이다.

　이 회장은 용인 자연농원에서 제일 좋은 위치에 1만5천 평의 부지를 마련하고 미술관 건립에 착수했다. 뉴욕의 구겐하임미술관을 설계한 라이트(Frank Lloyd Wright)는 건물 그 자체가 조형미를 갖도록 세심한 배려를 했다고 한다. 이 회장도 미술관 건물이 우리나라 고유 건축미와 정수를 결집한 것이 되도록 설계에 중점을 두었다. 오랜 풍설에도 견딜 수 있도록 견고한 화강석조로 한 것도 그 특징의 하나다. 이 미술관 건립을 계기로 삼성문화재단을 삼성미술문화재단으로 개편했다. 미술관은 1982년 4월 22일에 개관했다. 미술관의 명칭은 '호암'이었다. 호수마냥 맑은 물을 잔잔하게 가득 채웠고, 큰 바위마냥 흔들리지 않는 준엄함을 뜻하는 이 회장 자신의 호를 그대로 붙였다.

　"회장님, 한때 시중에서는 회장님 도자기 수집을 놓고 회장님이 도굴을 조장하신다는 풍문이 돌기도 했는데요."

　"변 기자, 다 잘못된 억측입니다. 나의 도자기 수집을 못마땅하게 여기는 사람들이 만들어 낸 유언비어지요. 사실 많은 사람들이 여러 경로를 통해 고화나 도자기를 가져옵니다. 그 중에는 도굴해서 가져온 것도 있는 게 사실입니다. 나는 그런 것들은 아예 관심을 표명하지 않습니다. 귀중한 문화재들은 외국 경매에서 거금을 주고 수집합니다."

　개관을 앞두고 〈중앙일보〉는 호암미술관을 다음과 같이 소개했다.

　"한민족의 유구한 얼과 5천년 문화예술의 극치를 모아놓은 호암미술관은 재단법인 삼성미술문화재단이 총 20여 억의 공사비를 들여 건립한 우리나라 최초의 공익 법인이 설립한 민간 미술관이다. 지상 2층, 지하 1층에 연건평 1,200평. 1976년 7월 착공 1978년 5월에 완공했다.

1층은 경주 불국사의 백운교와 같은 아치형 돌계단을 기단구조로 하고 그 위에 청기와 단층 건물을 얹어 2층으로 만들었다. 내부는 국내에서 가장 앞선 최신의 습도 조정 장치와 조명, 방화, 방범, 냉난방 시설 등을 완벽하게 갖춘 현대적 시설로 꾸며져 있다. 이 같은 규모와 시설은 민간 미술관으로서는 동양에서는 손색이 없는 완전무결한 설비라는 평가를 받고 있다. 240평의 1층 전시실에는 현대미술품을, 2층 전시실에는 선사유물, 도자기, 금속품 등의 문화재를 전시하고 있다. 동양화실인 1층 제1전시실에는 동양화 6대가大家와 이용우, 최우석, 김중현 등의 대표작을 비롯한 1910년대 이후의 현대화가 대표작 30여점이 전시되어 있다. 서양화실인 제2전시실에는 서양화 도입 시기인 1920년대부터 1970년까지의 화가, 조각가 60여 명의 작품을 전시하고 있는데 이중에는 오지호, 박수근, 이인성등의 풍경화와 이달주, 도상봉의 인물화, 권진규의 테라코타조각 등도 있다. 박수근의 50호짜리 〈소와 아이들〉은 특히 고가로 매입한 것이라고 한다.

2층 문화재 중 가장 관심을 끄는 것은 국내 유일의 것이며 신라금관보다 1천년을 앞서고, 그 양식도 달리하는 순금제 가야금관. 이 밖에 그 당시 우리나라에는 한 점도 남아있지 않고 일본에 70여점이나 유출되었던 고려불화도 매입했는데 바로 그것이 아미타삼존도阿彌陀三尊圖와 지장보살도地藏菩薩圖였다. 이 불화는 일본에서 경매를 통해 구입했지만 일본 당국의 반대에 부딪혀 미국을 경유해 들여오는 우여곡절을 겪었던 것이다. 호암미술관은 동양에서는 최초로 금세기 최고의 조각가 헨리 무어의 작품을 영국에서 반입, 한 달반 동안 전시하여 대성황을 이루기도 했다. 전시내용을 충실히 하기 위해 로댕의 작품과 부르델, 마용 등 근대 최고 조각가들의 명품을 위시하여 세계적으로 저명한 유화油畵 명작을 순차적으로 매수 중에 있다."

26

중앙일보 창간

'마상馬上에서 천하를 잡을 수는 있으나 마상에서 천하를 다스리지는 못한다'는 명언이 있다. 이 회장은 생애에서 딱 한 번, 정치가가 되려고 생각한 적이 있었다. 4·19와 5·16을 거치면서 우리나라 경제가 혼미를 거듭하고 있을 무렵이었다. 이 회장은 천부의 사명이 사업에 있다고 믿고 오로지 사업을 통해 경제와 사회를 번영시킴으로써 국가에 공헌하려는 일념밖에 없었다. 그러나 두 차례의 변혁으로 중첩된 정치 사회의 혼미는 경제에 파국적이라고 할 만한 영향을 미쳤고 기업 활동을 위축시켰다. 그것은 국가와 민족의 백년대계에 치명적인 손실이 아닐 수 없었다. 이 회장은 기업을 창설해 국민에게 일자리를 제공하고 저렴한 양질의 상품을 공급하면서 국민의 소득을 늘렸으며 수입의 국산 대체와 수출의 증대로 국제수지 개선에 이바지했다. 그러나 그러한 기업 활동에서 얻은 수익으로 세금을 납부해 정부 운영과 국가 방위를 뒷받침하는 이 회장의 막중한 사명과 사회적 공헌은 전적으로 무시되고, '부정축재자'라는 죄인의 오명을 쓰게 됐다.

"회장님. 정치가가 되시면 그런 마땅하지 않았던 오명이 해소될 것이라고 생각하셨습니까?"

"변 기자. 경제인의 미약함과 한계를 통감한 나머지 정계에서 어떤 역할을 해낼 것이라 생각해 본 겁니다. 그러나 약 1년의 숙고 끝에 정치가의 길을 단념했습니다."

이 회장은 마상의 총검보다도 강한 힘을 가지고 있는 펜(PEN), 즉 '언론'을 생각했다. 언론은 구사하기에 따라 정의가 되기도 하고 불의가 되기도 한다. 펜이란, 그러니까 언론이란 이 양면의 성격과 기능을 지닌 '양날의 검'인 것이었다. 이 회장은 이를 충분히 인식한 바탕 위에서 자율의 억제가 통하고 균형 감각이 잡힌 힘 있는 종합매스컴을 만들어 육성하고 싶었다. 그러나 당시 정부는 언론사의 과당경쟁을 억제하는 정책을 고수, 신규 신문사 발행 허가는 일절 내주지 않고 있었다. 이 회장은 박정희 대통령을 찾아가서 협의했다. 박 대통령은 찬의를 표하면서 그 자리에서 홍종철 문화부장관에게 전화를 걸어 적극적으로 뒷받침하도록 지시했다.

1965년 9월 22일, 〈중앙일보〉가 고고의 성을 울렸다. 그때 이미 1964년 5월 9일에는 〈라디오 서울방송〉이, 동년 12월 7일에는 〈동양 텔레비전 방송(TBC)〉이 개국되어 홍진기 사장이 경영을 맡고 있었다. 제호인 '중앙'에는 '제일 크다'는 뜻이 담겨 있었다. 이 신문이 사회의 공기로서 큰 역할을 완수해 줄 것을 기원하면서 이 회장은 윤전기의 시동 버튼을 눌렀다.

삼성이 〈중앙일보〉를 창간하는 것을 보면서 "삼성은 그동안 신문 때문에 많은 곤욕을 치러왔다. 이번에는 그 보복을 할 작정인가 보다", "삼성그룹에 대한 공격의 방패로 삼으려는 것이다" 등 험담과 중상이 분분했지만 이 회장은 침묵을 지키고 사장 취임식에서 다음과 같이 말해 사원들을 격려했다.

"정신생활의 해이와 사회윤리의 타락은 거의 막바지에 이른 감을 주고 있습니다. 사회기풍을 발전의 방향으로 진작시키고, 인간의 존엄성과 사회의 공정성을 일깨우며 창조와 생산의 풍토가 이룩될 수 있는 길잡이가 되고자 합니다."

*

〈중앙일보〉는 편집의 지침이 될 사시社是를 다음과 같이 정했다.

1. 사회정의에 입각하여 진실을 과감·신속하게 보도하고 당파를 초월할 정론正論을 환기함으로써 모든 사람들이 밝은 내일에의 희망과 용기를 갖도록 고취한다.
2. 사회복지를 증진시키기 위하여 경제후생經濟厚生의 신장伸張을 적극 촉구하고 온갖 불의와 퇴영退嬰을 배격함으로써 자유언론의 대경대도大經大道를 구축한다.
3. 사회 공기公器로서 언론의 책임을 다함으로서 이성과 관용을 겸비한 건전하고 품위 있는 민족의 목탁木鐸이 될 것을 자기自期한다.

사시가 서술형으로 소상하게 기술된 것이 특징이다. 언론이 춘추의 필법으로 사리의 정사곡직을 밝혀야 함은 너무나 당연하다. 그러나 언론은 자칫하면 사회의 어두운 면이나 개인의 과오 같은 것을 필요 이상으로 부각시키는 센세이셔널리즘의 함정에 빠지기 쉽다. 오히려 사람들의 선의나 선행 등 밝은 화제나 사실을 적극적으로 발굴하여 독자로 하여금 장래에 대한 희망과 용기를 가질 수 있도록 환기시켜 주는 것도 신문의 큰 사명이라고 생각하여 이것을 사시의 첫머리에 못 박았다. 신문이 품위 있는 사회 목탁 구실을 하려면 기자를 위시한 전 사원이 그것을 감당할 만한 투철한 사명감과 능력을 갖추는 것이 긴요하다. 또한 사원이 긍지와 보람을 갖고 일할 수 있는 환경과 후한 대우의 뒷받침이 있어야 한다.

〈중앙일보〉는 우선 신문사로서는 국내 초유의 호화 사옥을 건립하고 최신 시설과 기재를 갖추었다. 지상 10층, 연건평 4,300평의 건물로, 당시 서울에서는 굴지의 빌딩이었다. 전 관에 냉난방 시설을 한 것도 신문사로서는 초유였고 고속윤전기나 모노타이프 등도 최신이었다. 대우 면에서는 기자를 중심으로 동업 타사보다 급여를 2~3배 수준으로 했다. 이것은 당시 언론계에서는 파격적 수준이었다. 〈중앙일보〉는 삼성그룹의 기업경영 신조인 '최고의 상품을 생산하기 위한 최고의 시설과 대우 및 인재人材' 4가지를 갖추고 있었다.

〈중앙일보〉 창간 당시 전국의 일간지는 서울의 전국지 8개사를 비롯하여 모두 40여 개에 이르고 있었다. 발행 부수는 기존 신문사의 수위가 26만 부, 2위가 20만 부 수준이었다. 〈중앙일보〉는 창간 발행 부수 책정에 많은 논의가 있었다. 지역별 보급소장으로부터 올라온 집계가 8만 부였으므로 우선 10만 부를 발행해서 연내 20만 부로 늘린다는 계획이 사내에서 세워졌다고 했다. 이 회장은 '바로 20만 부로 출범하라'고 지시했다. 신문은 무엇보다도 편집의 내용이 중요하지만 부수 역시 등한시할 수 없다. 근소한 부수로는 세론을 이끌어나가거나 대변하는 것이 불가능할 뿐더러 사회의 평가를 받으려면 처음부터 반드시 부수가 많아야 한다고 확신했기 때문이다.

결과는 예상 밖의 호성적이었다. 창간 38일 만인 10월 말에는 목표의 85%인 17만 2,000부가 고정 독자에 의한 유가지有價紙로 되고 창간 1년 후에는 28만 부를 돌파하여 국내 수위의 자리를 확보하게 되었다. 경영 면에서는 "6개월 내에 적자를 면하면 탁월한 경영이며, 1년 내에 적자를 면하면 보통이고, 1년이 지나 그래도 적자가 나면 그것은 잘된 경영이 아니다"라고 당부했지만 결과는 '탁월한 경영'으로 나타나 삼성의 자금 지원에 의존하지 않게 되었다.

그러나 만사가 순탄하지만 않았다. 창간 1주년을 목전에 두고 한비 사카린밀수사건이 도하 각 신문에 보도되면서 〈중앙일보〉도 큰 타격을 입었다. 발행 부수는 한꺼번에 2~3만부나 줄었다. 그러나 〈중앙일보〉는 전 사원이 단합된 노력으로 이를 훌륭히 극복했다.

"홍진기 사장은 나의 사돈이면서 고락을 같이한 동지라고 생각합니다."

중앙 매스컴의 운영에서 이 회장은 기본 방침만을 정하는데 그치고, 일체를 홍 사장에게 일임했다. 신문방송의 운영 전체를 책임지고 그는 성심성의 심혈을 기울였다.

'홍 사장만큼 나를 이해해 주고 협력해 주는 사람도 드물다.'

이 회장이 홍진기 사장을 '동지'라 표현한 것은 매우 특별한 일이었고 이 회장이 그에 대한 신뢰가 얼마나 깊은가를 알 수 있는 것이었다.

"변 기자. 중앙일보 지면 제작에 대해 한 가지 말해 줄게 있소. 최소 주 1회, 도의道義 특집을 꾸며달라는 주문을 했다는 것이지요."

'도의앙양'이 삼성미술문화재단 사업 정신의 근간이다. 중앙일보는 주 1회씩 도의 특집을 꾸몄고 이 도의 테마에 적합한 훈훈한 화제나 교훈적인 사건을 예의銳意 다루어 도의 진작에 앞장섰다. 자매지인 〈월간중앙〉, 〈여성중앙〉, 〈학생중앙〉, 〈소년중앙〉, 〈계간미술〉, 〈문예중앙〉, 〈이코노미스트〉, 〈중앙신서〉 등의 잡지, 서적에서도 도의앙양은 주 테마였다. 압도적으로 높은 시청률을 견지했던 동양방송(TBC)이나 동양라디오 등에서도 마찬가지였다. 이 회장은 TBC의 사세신장에 맞춰 여의도의 3만 평 규모 대지 위에 10층 연건평 1만 평의 동양에서는 최신 최고의 시설을 갖춘 새 스튜디오를 완성했다. 한국방송사에 기록될 만한 시설이었다.

그러나 중앙매스컴에 뜻하지 않은 비운이 찾아왔다. 새 스튜디오 완성 3개월 후, 박정희 대통령이 암살되고 신 정권이 수립된 후 언론통폐합 조치로 동양방송이 KBS에 흡수되어 존재 자체가 사라져버렸다. 동양방송은 발족 후 17년간 국민의 사랑 속에서 크게 성장한 방송사였다.

"회장님. 한비 헌납, 시중은행주 환수, 부정축재 추징, 이번 동양방송 강제합병은 네 번째 겪는 일이신데요."

"TBC를 정성을 다해 키웠기에 마음의 아픔은 금할 길이 없지요. 이전에 겪었던 일들은 당시 경제 사정으로 어느 정도 내 스스로 이해한 면도 있었지만 이번 일은 이해가 잘 되지 않아. 무슨 합당한 논리가 없어요."

이 회장은 1980년 11월 30일. 여의도 스튜디오 현장을 찾았다. 탤런트, 기술진, 직원들은 하나같이 눈물로 마지막 인사를 나누고 있었다. 밤 12시 정각 텔레비전 마지막 화면은 동양방송 TBC의 사기(社旗)가 게양대에서 서서히 내려오는 장면이었다. 전원이 그 장면을 지켜보면서 통곡했다. TBC 영상은 이것을 최후로 사라졌다. 지금도 많은 사람들이 그 녹화 필름을 보관하고 있다고 한다. 그 마지막 장면을 어떻게 잊을 수 있겠는가.

이 회장은 여의도 스튜디오를 지을 때 그것이 아시아 제일의 시설이라는데 만족하지 않고 최첨단 기술을 집약시킨 방송 문화의 극치를 구현해야 한다고 생각했다. 동양방송의 역사는 비록 17년으로 막을 내렸지만 그동안 TBC가 보여준 갖가지 프로그램은 항상 선구적이었고 사회에 끼친 영향이 지대했다. 한국의 영상 문화를 한 단계

끌어올렸다.

중앙매스컴에는 여러 가지 이야기가 많다. 그중 하나는 〈중앙일보〉 창간 준비 때의 윤전기 구입에 관한 이야기다. 〈중앙일보〉가 윤전기를 발주한 1963~1964년 당시 일본은 도쿄올림픽 경기가 절정에 다다르고 있었다. 윤전기를 발주하려 해도 응해주지를 않았다. 〈중앙일보〉가 재일교포 실업자인 손달원 씨와 동행하여 찾았던 오사카의 어떤 메이커는 "3년분의 주문이 밀려있다"며 거절했다. 대 메이커를 단념하고 윤전기 메이커로서는 별로 크지 않았던 이케카이池貝에 제작을 의뢰했다. 이것이 계기가 되어 그 후 이케카이에 대한 윤전기 발주가 쇄도했고 성가가 급상승했다.

제 3 부

현대그룹 정주영 회장 고희 및 연설문집 출판기념회에서
(왼쪽부터) 김병관 동아일보 사장, 홍진기 중앙일보 사장, 이병철 회장, 저자

파안대소하는 이병철 회장(왼쪽)과 저자(오른쪽)

27

위암 수술

인명재천人命在天이라고 한다. 이 회장은 1960년대 전반까지는 눈코 뜰 새 없이 바빴다. 문화재단, 신문방송, 농원 등 동분서주했지만 건강했다. 50고개를 바라보면서 가벼운 신경통을 앓은 일이 있었지만 이렇다 할 지병은 없었다.

그해 여름, 이 회장은 도쿄에 들른 김에 게이오 대학병원 인간도크에 들어가 검사를 받았다. "위궤양 같은데 수술을 받으시는 게 어떻겠습니까? 증상은 아주 경미하지만 빨리 손을 쓰는 것이 좋겠습니다."

담당의사가 말했다. 이 회장은 X레이 사진과 진료 차트를 보면서 대수롭지 않게 여기는 듯했다. 담당의사는 "서울에 돌아가는 대로 의논하여 결정해 달라"고 하면서 X레이 사진을 넘겨주었다. 서울에 돌아온 이 회장은 의사인 여서(조운해 고려병원원장 첫째 사위)와 장질에게 게이오 대학의 진단 소견을 알리고 X레이 사진을 보여 주었다. 그리고 "위궤양이 어느 정도 진행되고 있는지 모르지만 뚜렷한 자각 증상은 없다. 약물 치료나 했으면 한다"며 그들의 의견을 물었다. 며칠 후 돌아온 그들의 대답은 "곧 수술을 받으시는 것이 좋겠습니다"였다.

주요 병원 전문의들의 의견도 참작한 결론이라 했고 가족들도 같은 의견을 말했다. 그제서야 이 회장은 심상치 않다고 생각했다. '암이 아닐까' 직감했다. 그는 가족을 모아놓은 자리에서 이렇게 말문을 열었다.

"인간의 생로병사는 피할 수 없다. 섭생을 게을리 했거나 방심해 명命을 재촉했다면 몰라도 병사야 어찌하겠느냐. 불치의 병이라면 태연히 임사臨死하는 것이 마땅하지 않겠느냐."

침묵이 흘렀다. 그가 다시 말을 이었다.

"만약 암이라면 현대의학으로도 난치의 병이 아니냐. 사실대로 말해다오. 동요하지 않는다." 가까스로 털어놓은 가족들의 말은 "아직 단정할 수는 없으나 암의 가능성을 전혀 배제할 수는 없다"였다.

더 들을 필요가 없었다. '역시 암이었구나.' 이 회장은 가족들 앞에서는 태연했지만 내심 착잡했다. 온갖 생각이 엇갈려 그날 밤 늦도록 잠을 이루지 못했고 며칠이 지나 마음의 평온을 되찾았다. '내 나이 66세…….' 아직 여명이 있어도 좋은 나이지만 인명은 재천이다. 이 회장은 이 시점에서 최선의 선택이 무엇인지 생각했다. 여러 전문가들의 의견을 종합해 보니 초기의 위암은 수술로 완치할 수 있었다. 위암은 세계에서 일본이 제일 많고 그 치료도 일본이 앞서 있다고 했다. 이 회장은 도쿄의 암 연구소 부속병원에 입원하기로 결정했다. 원장인 카지타나 박사는 소화기계 암의 세계적 권위자였다. 단신 도쿄로 갔다. 여서 조운해와 장질. 3남 건희가 한발 앞서 와 있었다.

1976년 9월 13일. 수술대에 올랐다. 마취에서 깨어났을 때 카지타니 박사는 다음과 같이 말했다.

"아직은 극히 초기 증상이여서 완벽한 수술을 했습니다. 기관지를 제외하고는 그 밖의 기관에는 이상이 없습니다. 담배만 끊으시면 앞으로 20년은 걱정 없으십니다."

이 회장보다 1년 연상인 백발이 성성한 믿음직한 노의였다. 그의 충고에 따라 40년 동안 즐겼던 담배를 끊었다. 수술 후 회진의사가 이런 이야기를 들려 주었다.

"이 병원에서는 암인 줄 본인이 알고 수술 받는 사람은 100명 가운데 5명 정도밖에 안 됩니다. 선생은 그 몇 안 되는 5% 가운데 한 분인데 참으로 평온한 표정으로 수술대에 올랐습니다. 지금도 여전히 평온한 기색이시니 사생관이 뚜렷한 분 같습니다."

이 회장 역시 의사 말대로 시종 마음이 평온한 것은 아니었다. 처음 암인 줄 알았을 때 '한 10년만 더 살 수 있었으면……' 생각했다. 그러나 한편으로는 조금 일찍 죽는다고 생각할 뿐 절망하지는 않았다.

"하고 싶고 해야 했던 사업에는 거의 손을 댔고 성공도 했다. 그 사업을 통해 국가사회에도 기여했다. 이 이상을 바라는 것은 과욕일지 모른다. 생은 기起이고 사는 귀歸이다. 그러나 인간의 죽음은 흔히 너무 이르든가 늦든가 한다. 그러므로 죽음의 길은 언젠가는 가야할 줄 알면서도 미련이나 슬픔, 공포를 자아내는 것이다. 아무튼 위암 수술은 나에게 생과 사를 직시하는 기회를 주었다."

이 회장은 이제까지 모든 사업을 관리해온 방식 그대로 건강도 한번 관리해 보자고 작정했다.

"변 기자. 다행히 수술 경과가 좋아 11년이 지난 지금도 건강하게 지내고 있지요. 어떤 사람은 암을 극복한 나를 건강을 창조한 사람이라고도 말합니다."

28

호텔 신라

 1972년 가을이었다. 정부로부터 뜻밖의 청이 들어왔다. 영빈관을 인수해 국빈이 투숙할 수 있고 1,000여명 규모의 국제회의를 개최할 수 있는 호텔을 건립해 달라는 것이었다. 이듬해 이 회장은 부득이 인수하기로 하고 곧 호텔 건설에 착수했다. 호텔은 도시의 얼굴이고 한 나라의 얼굴이다. 그러나 당시 서울에는 '한국의 얼굴'이라고 내세울 만한 호텔이 없었다. 사업 관계로 여러 나라를 여행하면서 저명 호텔을 많이 보고 경험해본 이 회장은 '이왕 선설할 바에는 외국의 귀빈을 안심하고 대접하고 대규모로 국제회의도 개최할 수 있는 세계 초일류 것이어야 한다'고 생각했다.
 이 회장이 일본에 갈 때마다 묵는 호텔은 오오쿠라大倉다. 도쿄 도심에 있는 이 호텔은 그 시설과 서비스가 구미의 초일류급 수준일 뿐 아니라 일본적 정서와 서구의 기능성이 교묘하게 조화를 이루고 있는 훌륭한 호텔이다. "외관이나 내부는 일본 고유의 문화를 상징하도록 디자인했다"고 오오쿠라의 노다野田 회장은 말한다. 일본 헤이안平安 시대의 문화를 재현했다고 하는 오오쿠라의 로비에 들어서면 역시 하나의 또 다른 '일본의 얼굴'을 감지할 수 있다. 이 회장은 오래전부터 친교가 있던 대성건설의 남 회장 알선으로 호텔 오오쿠라의 노다 회장을 만나 제휴를 제의했다. 호텔 경영은 노하우의 집결체나 다름없어 집기 하나, 음식 나르는 법 하나에도 법칙이 있다. 호텔의 노하우는 모두 1,400종에 이른다고 한다. 이것을 완벽하게 갖춘 호텔 오오쿠라를 배우고 도입하자는 의도였다. 노다 회장이 결심하기까지 상당한 시간이 걸렸으나 내한하여 호텔의 필요성과 신용도를 직접 조사한 후 제의를 쾌락했다. 여러 호텔들의 제휴를 끝내 거절해온 노다 회장은 비스니스의 차원을 넘어 적극적인 협력을 아끼지 않았다.

한편 자금 면에서는 자본금 1,200만 달러 중 600만 달러를 일본 측이 부담해 달라고 미쓰이물산에 제의했다. 미쓰이물산은 이를 받아들이고 호텔 오오쿠라, 대성건설, 야마이치 증권 등이 이에 참여하게 되었다. 〈일본경제신문〉의 엔조지圓城寺 사장 소개로 일본 수출입은행 총재를 만나 500만 달러의 차관도 내락 받았다. 그러나 미쓰이 측의 작업은 지지부진했다. 반년이나 실행을 지연시키면서 약속은 이행하지 않고 제휴 호텔을 오오쿠라에서 JAL호텔로 바꾸자는 엉뚱한 제안을 해왔다.

이 회장은 할 수 없이 닛쇼이와이日商岩井의 카이부 하치로 전무를 찾아가서 닛쇼이와이가 맡아 추진해 달라고 부탁했다. "삼성은 회장 단독으로 결정할 수 있지만 닛쇼이와이 측은 회의를 거쳐야하므로 기다려달라"는 대답을 들었다.

"나는 카이부 씨를 찾아온 것이지 닛쇼이와이를 찾아온 게 아닙니다. 당신이 모든 책임을 지고 추진해야 되지 않겠습니까."

이 회장이 말했다. 이 말을 들은 카이부 전무는 "그렇다면 맡겨 달라"고 하며 닛쇼이와이 측이 200만 달러를 투자하는 동시에 이 프로젝트의 주도적 역할을 맡아 줄 것을 약속했다. 그러나 김대중 납치 사건이 발생해 일본의 대한 차관이 중단됐다. 차관 도입선을 미국으로 옮기고 호텔 명칭을 신라新羅로 정하여 1973년 말 기공식을 올렸다. '신라'라는 이름을 택한 것은 찬란한 우리 고유의 문화를 꽃피웠던 신라시대의 우아한 품위와 향기를 재현시켜보자는 의도에서였다. 그러나 이번에는 제1차 오일쇼크를 만나 건설공사가 일시중단되었다. 1976년에 공사를 재개했지만 때마침 중동 건설 붐을 타고 일류 건설 기술자들이 대부분 해외로 나가는 바람에 기술자 확보에 무척 애를 먹었다.

이렇듯 호텔 건설을 결의하여 공사가 본격적으로 시작되기까지 4년이라는 귀중한 세월이 흘러 큰 손실을 보게 되었다. 그러나 이 회장은 건설 공사를 추호도 소홀히 하지는 않았다. 외관은 물론 내부시설, 실내 장식, 서비스에 이르기까지 초일류의 '한국의 얼굴'이 되도록 애썼다.

영빈관과 조화를 이루도록 현관 지붕에는 청기와를 입히고 한국 특유의 '흐르는 선線'을 대담하게 강조했다. 로비, 커피숍, 라운지, 객실 등은 신라의 꽃격자 무늬, 일월장생도, 봉황도, 봉덕사 범종의 문양으로 꾸미고 대大 샹들리에의 금속장식은 신라왕 금대金帶의 금구金具 모양을 그대로 본떠서 신라의 전통미를 최대한으로 살렸다. 정원이나 가구에도 한국미를 추구했다. 특히 정원 조경에 세심한 배려를 더했다. 주위 산의 화목花木 배치를 새로이 하여 경관을 살리면서 투숙객들이 산책을 즐길 수 있도록 했다.

1979년 3월, 드디어 전관 개관을 보았다. 700여 객실, 6개 언어 동시통역 장치를 갖춘, 1,000명을 수용할 수 있는 회의장, 동서양 스타일의 각종 식당을 구비한 23층의 우아한 '신라'가 문을 열자 비로소 우리나라에도 호텔다운 호텔이 생겼다고 세간의 주목을 받았다.

그러나 공기지연, 오일쇼크 후의 세계경제 불황으로 초기의 경영은 순조롭지 못했다. 하지만 홍진기 회장의 총지휘하에 사장 손영희, 이인희(이 회장 장녀) 고문이 주방 등 안방살림을 맡으면서 신라는 활기를 띄기 시작했다. 호텔은 일종의 예술 작품이자 문화 사업이었다.

"변 기자. 호텔 사업은 큰 이익이 나는 사업이 아닙니다. 일국의 얼굴 역할을 하면서 외국 투숙객들이 우리나라의 품격, 문화의 향기를 맡게 하는 민간외교 역할을 해내면 충분하다고 생각합니다."

이 회장의 호텔에 대한 소견이 그랬다.

29

신세계 백화점

　1975년 7월 여름 어느 날, 이 회장은 시원한 수박이 생각난다며 신세계 백화점 식품부에서 수박을 가져오라고 지시했다. A 식품부장은 회장실로 가는 것이었기에 최상품을 골라 비서실로 보냈다. 그런데 문제가 발생했다. 이 회장이 수박을 먹어보고는 "이것도 수박이가"하며 진노했다. 맛이 오이와 다름없었다. 신세계 백화점은 초비상이 걸렸다. 이 일로 결국 구매부장이 책임지고 물러났으며 그때부터 신세계 백화점 식품부 구매부장은 식품생산 현지에 내려가 상품을 구입하기 시작했다. 신세계 백화점이 일류 백화점으로 태어나는 과정에서 일어난 일이었다.

　이 회장은 이에 앞서 1963년 봄, 동방생명(현 삼성생명)의 어느 임원의 내방을 받았다. 이전에 안면이 있는 사람이었다.

　"회장님. 저희 동방생명을 삼성에서 인수하실 수 없겠습니까."

　"좀 생각할 시간을 주시오."

　"동방생명은 현 상태로는 파산을 면치 못합니다. 삼성에서 인수해주시면 고객들도 피해를 입지 않게 됩니다."

　그 임원이 말하는 동방생명의 사정은 강희수 사장이 타계한 후 주주와 경영진 간의 의견 대립이 격화되었고 갈수록 경영 상태가 악화되어 이대로는 파산을 면치 못하게 된다는 것이었다. 그래서 공신력이 있는 분이 회사를 인수하는 방법 밖에는 사태 해결의 길이 없다고 전 경영진이 판단하여 그 제1후보로 삼성을 골랐다고 했다. 이 회장은 삼성그룹의 수출입 규모가 커짐에 따라 손해보험 업무를 겸영할 필요성이 있어 이미 1958년에 안국화재(현 삼성화재)를 인수하여 그룹사의 화재보험 업무를 맡기고 있는 중이었다. 생명보험은 소득의 2차 배분 기능을 가지고 있으며 가입자는 저축과 유고시에 대비할 수가 있었다. 한편 국가경제는 경제개발의 투자재원을 생보生保에서 조달할 수 있었다. 생명보험은 한국이 선진국으로 발돋움하기 위해서 없어서는 안 될 업종이었다. 이 회장은 '생명보험 회사도 은행 못지않은 금융업으로 육성할 수 있다'는 신념으로 동방생명을 인수하기로 결심하고 총 주식 전부를 인수했다.

   손해보험, 생명보험 할 것 없이 보험업의 수준은 경제 발전 단계에 비례한다. 당시 동방생명 외에 6개의 생명보험 회사가 있었으나 도산한 예도 있었고 가입자만 일방적으로 손해를 보는 경우가 비일비재했다. 따라서 보험에 대한 국민들의 신뢰도는 낮았다. 이 회장은 우선 생명보험의 공신력을 높이는 것이 급선무라고 판단, 보험금의 지급은 반드시 약정기일에 지급하도록 조치했다. 또한 생보다운 생보를 만들기 위해 삼성의 많은 자금과 인재를 동방생명에 투입해 경영을 공고히 다져갔다. 경제발전에 따라 국민소득이 높아지고 보험에 대한 국민의 이해도 높아져 동방생명의 계약고는 1975~1983년 사이에 연평균 64%라는 경이적인 고도신장을 이룩했다. 1984년의 보험계약액은 20조 원, 총 자산은 1조 7천억 원에 이르렀고 보험 건전도를 나타내는 수지차(보험료수입과 보험금지급액과의 차差)도 5,400억으로 신장했다. 매수 후 10년만에 이룩한 빛나는 기록이었다.

한편 동방생명의 인수와 더불어 동방생명이 100% 주식을 소유하고 있던 동화백화점도 인수하게 됐다. 현재의 신세계 백화점이다. 당시 우리나라에서 백화점은 타이틀뿐이었고 직영 방식은 전무했다. 진열장을 임대받은 상인들의 집합체에 불과했다. 신세계 백화점은 직영제를 선택했다. 상품 지식이 풍부한 전문가가 품질을 날카롭게 검토하여 상품을 구입했기 때문에 중간마진이 배제되어 그만큼 소매가격이 저렴해졌다. 이용 고객은 양질의 상품을 저렴하게 구입하게 되는 것이었다.

신세계 백화점은 국내에서 최초로 신용카드제를 도입해 신용사회 구축에 앞장서기도 했다. 1984년에는 건평 5,000여 평의 영등포 분점을 개점했고 가을에는 태평로에 건평 4,700평의 동방플라자를 개장했다. 여기에 본점을 합하면 1만 4,000평의 연면적을 가지는 우리나라 정상의 백화점으로 성장한 것이었다. 신세계는 1974~1984년 동안 연평균 30%의 매출 신장률을 보였다. 신세계는 그런 저력으로 중앙개발과 함께 1983년 6월 30일, 서울 도심 토지 소공동에 자리한 대지 3만 3,917평, 건평 1만 5,900평의 조선호텔을 547억 원에 인수했다.

30

보스턴대학 명예박사학위

　이 회장은 1979년 미국 뱁슨대학에서 최고경영자상을 받았고, 그 후 1982년 미국 보스턴대학에서 명예경영학 박사학위를 받았다.
　뱁슨대학은 하버드대학 비즈니스 스쿨에 비견되는 경영학 명문이다. 이 상은 기업 업적을 통해 세계경제 발전에 공헌한 탁월한 경영인에게 수여된다. 동양인으로서는 이 회장이 두 번째 수상자였다. 첫 번째 수상자는 일본 혼다자동차공업의 창업자인 혼다 소이치로 씨다. 수상식에는 3남 건희가 대신 참여해 수상했다. 소랜슨 총장의 축사는 과찬이었다.
　"이병철 회장이 새로운 사업을 일으킨 것은 항상 그 사업의 시장성이 가장 낮은 수준에 있을 때였고 극히 곤란한 환경에 처해 있을 때였다. 끊임없는 개척자 정신으로 성취한 여러 사업의 업적은 사회에 대한 봉사였다."
　한편 보스턴대학은 명예박사학위 수여 제의를 계속했으나 이 회장이 사양하고 있었다. 보스턴대학은 150년의 역사와 전통을 자랑하는 미국 동부의 명문이다. 보스턴대학은 "국토가 협소하고 자원도 없는 한국에서 수십 개의 기업을 창설해 한국의 경이적인 경제 성장에 공헌한 실적은 찬양하고도 남는다. 대학으로서 세계 각국에서 수상 후보자를 엄선한 결과 세계에서 귀하가 최적임자라고 전 교수진이 결정했으니 꼭 수락해주기 바란다"고 간청했다. 이 회장은 더 이상 거절할 수가 없어 결국 수락했다. 이번에는 대리참석자를 보낼 수 없어 직접 미국을 방문했다. 1961년 외자유치를 위해 민간경제사절단 단장으로 방미한 이래 21년만의 미국 여행이었다.

　이 회장은 1982년 4월 2일, 보스턴대학 교문에 들어섰다. 수여식에서 가운을 입고 박사모를 쓰고 학위를 받을 때는 묘한 기분이 들었다. 이 회장은 답례 연설에서 '인재제일人材第一' 경영철학의 일단을 피력했다. 식장을 메운 사람들은 연설이 끝나자 기립박수를 보냈다. 보스턴대학은 전례 없이 이날을 'B.C. Lee의 날'로 정했고 존 실버 총장이 레이건 대통령, 주지사, 보스턴 시장, 케네디 상원 등 저명인사들의 축전을 소개했다.

　'변화하는 기업 환경'이라는 주제로 열린 심포지엄에는 ITT, 코닝 회장을 비롯해 아모코, GE, 인터내셔널 하베스터, BOA, 시티은행 등 미국 경제계를 대표하는 대기업들의 최고 경영진들이 참석했다. 이 회장이 귀국하는 날까지 미국 각계를 찾아보기로 하고 처음 찾은 곳이 IBM의 컴퓨터 공장이었다. 제대로 시찰하려면 5일은 걸린다고 해, 시간 관계상 30분 정도 시찰을 할 수 없느냐고 이 회장이 물었더니 선뜻 쾌락하며 사진촬영도 무방하다고 했다.

　"컴퓨터 공장에는 비밀이 많을 텐데 사진 촬영을 허락합니까?"
　"이 공장을 관찰한다고 해서 아무나 흉내를 낼 수 없습니다."
　건축의 명문 벡텔사도 자신에 차 있었다. 벡텔 고문은 82세에도 정정했다.
　"벡텔의 기술은 어느 누구도 따라올 수 없습니다. 중동에서도 저低

기술의 공사는 한국이나 일본에 맡기고 우리는 최첨단의 기술 프로젝트만을 맡는다."

GE 본사는 뉴욕 교외의 조용한 전원의 환경 속에 묻힌 백색의 화려한 건물이었다. GE는 직원이 30만 명이 넘는 연간 매출총액이 3백억 달러나 되는 세계유수의 기업이었다. 친교가 있던 존슨 회장이 퇴사하고 젊고 유능한 잭 웰치 회장이 이 회장을 위해 하루 종일 시간을 내 친절하게 안내해 주었다. GE 회장, 부회장 등과 회동하는 자리에서 이 회장은 "지금 미국 경영자들은 무엇을 생각하느냐"고 물었다.

"미국 기업들은 일본 자동차 산업의 추격을 받고 있어 전 경영자들이 생산성 향상 운동에 전력을 기울이고 있습니다. GE는 로봇 매출로 연 40~50억 달러를 벌지요."

웰치 회장은 이렇게 답하면서 삼성의 경영 방법에 깊은 관심을 보이면서 무엇에 중점을 두느냐고 물었다.

"거의 50년 동안 생산성 향상을 위해 노력해왔으며 로봇 같은 기계가 아닌 사람을 잘 교육하고 훈련해 적재적소에 인재를 배치하고 있습니다."

이 회장이 자신 있게 답했다. GE 임원들은 다시 그 효과가 어떠냐고 물었다.

"결국 로봇도 사람의 일을 하는 것 아닙니까. 인재 양성에 의한 생산성 관리의 큰 성과 가운데 하나는 노조가 없는 것입니다."

GE 임원들은 "과연 동양의 기업가다운 발상"이라며 감탄했다. '

*

이 회장은 GE를 방문하기 한 달 전에 서한을 보내 GE와 큰 규모의 거래를 하고 싶다고 뜻을 전했었다. GE는 그 서한에 근거해 로봇을 같이 연구해서 기술 제휴를 해도 괜찮고, 원자력을 비롯해 발전 시설, 의료기기의 기술 합작에 협력할 수도 있다고 답했다. 삼성은 제일 먼저 의료기기의 기술 합작에 합의해 첫 사업을 시작했다. GE의 의료기기는 세계적인 정평을 받고 있었다. 바로 그 합작회사가 지금 공장 건축 공사를 하고 있었고 GE는 앞으로 의료기기의 생산기지를 한국에 두고 그 생산품을 한국은 물론 미국, 유럽, 아시아 등 전 세계에 내보낼 계획이었다.

이 회장이 미국에서 통감한 것은 GE도 그렇고, 모든 것의 규모가 엄청나게 크다는 것이었다. 물론 국토가 넓기 때문이기도 하겠지만 공장 하나를 지어도 널찍하게 터를 잡는 것에 놀랐다. 호암 미술관 개관을 앞두고 있어서 스미소니언, 후리어, 코닝글라스 등 몇몇 박물관도 돌아보았지만 그 건물이나 전시품 전부 예상을 뛰어넘는 큰 규모였다. 코닝은 원래 도시이름으로, 그곳에는 코닝글라스와 관계를 맺고 있는 사람들이 70%나 살고 있었다. 코닝글라스의 호돈 회장은 삼성이 미술관 개관을 준비하고 있다는 얘기를 듣고 코닝글라스의 박물관을 참관해 달라고 부탁했다. 이 회장은 시간을 쪼개 코닝글라스의 본사와 박물관을 둘러보았다. 그 중에 코닝 유리박물관은 2만 점이나 되는 소장품의 대부분이 유리류였다. 기원전 15세기 이집트의 유리 그릇에서부터 현대의 각종 유리 제품까지 망라하고 있는 세계 유수의 위대한 유리 박물관이었다. 이 회장은 미국의 저력에 새삼 놀랐다. 물론 미국에도 그늘진 부분이 없지는 않았다. 무엇보다도 서비스가 졸렬하여 일류 호텔만 해도 시설은 훌륭했지만 서비스는 낙제였다. 프런트의 응대만 보더라도 지나치게 사무적이어서 한국이나 일본 호텔 같은 따뜻한 분위기가 없었다.

이 회장이 〈중앙일보〉와 자매관계를 유지하고 있는 〈워싱턴포스트〉를 방문해 고희에 가까운 그레이엄 회장과 기념 촬영을 할 때의 일이다. 그레이엄 회장이 느닷없이 안경을 벗고 구두를 벗는 것이었다. 동양에서는 큰 손님 앞에서는 그렇게 하는 것이 예의라고 들었기 때문이라고 했다. 이 회장에 대한 경의의 표시였다. 이 회장도 그레이엄 회장 같은 훌륭한 인물 앞에서는 구두만이라도 벗어야 한다고 말했다. 안경과 구두를 벗은 두 사람의 웃는 모습이 AP통신을 통해 내외에 보도되었다. "이것이야말로 100만 달러짜리 포즈"라며 둘은 파안대소했다.

  이 회장은 이번 미국 여행에서 무엇보다도 맥아더 장군의 미망인을 만나보는 것을 가장 중요한 일정의 하나로 잡았다. 워싱턴에서 비행기로 30분 거리에 있는 버지니아주 노포크시의 맥아더 장군 기념관을 찾고 미망인도 만났다. 이 회장은 '이승만 박사와 맥아더 장군이 없었더라면 한국의 독립과 6·25의 전승이 과연 가능했을까' 항상 생각해 왔다. 맥아더 장군 미망인은 장군이 점령하의 일본 국민을 위하고, 6·25 동란 중의 한국 국민들을 위한 갖가지 일화를 자세히 말해 주었다. 장군의 투철한 애국심과 영웅적인 언행에 이 회장은 깊은 감명을 받았다. 이 회장은 장군에 대한 깊은 경의와 감사의 정을 나누고 장군의 동상을 기념관에 기증하고자 미망인과 관장에게 상의하였더니 1m 20cm 정도의 높이면 관내에서 가장 좋은 위치에 세울 수 있다고 했다. 귀국 후에 약속대로 그곳에 적합한 장군의 동상과 인천상륙작전의 부조동판을 만들어 기증했다. 관련자 100여 명이 참석한 성대한 동상 제막식이 현지에서 거행되었다. 똑같은 동상을 하나 더 만들어 호암미술관 앞뜰의 전망 좋은 곳에 세우는 한편 장군과 인연이 깊었던 이승만 박사의 동상과 인천상륙작전 동판도 함께 세워 두 인물을 기념했다. 이 회장의 이 두 분에 대한 존경심은 남다른 것이었다. 장군 못지않게 한국을 사랑하고 자유를 사랑했던 미망인과 오찬을 들면서 환담했던 일은 이 회장에게 뜻 깊은 추억이 되었다. 미망인은 이 회장의 한국 방문 초청에 혼자서 해외 나들이는 하지 않기로 결혼 당시 장군과 굳게 약속했다며 사양했다.

31

취미편력, 골프, 수집벽

　이병철 회장의 취미, 수집벽은 독특하고 특별했다. 이 회장의 취미관도 철학적 수준이었다.

　이 회장은 '취미란 원래 공적 논의의 대상 밖이어서 완전한 사적 세계로 생각한다. 그러나 사람을 아는 데는 그 사람의 취미만큼 확실한 교재(教材)도 없다.'

　이 회장은 생각했다. 또 자신에게도 취미는 사업이나 인생의 교재이기도 했다. 인간의 기량은 여유에서 생긴다고 한다. 여유가 없는 인간은 하찮은 구실이나 타산에 치우쳐 어딘지 모르게 성격도 편협하다. 취미는 이 여유와도 인연이 없지는 않을 것이다. 이 회장은 약 40년 동안 미술품을 수집했는데, 이밖에도 여러 가지 수집 취미를 갖고 있었다. 그의 수집품에는 공예가구, 나전칠기, 벽지, 융단, 조각, 석물, 금속물 등 대형의 것으로부터 골프채, 양화(洋靴), 가방, 넥타이, 시계, 만년필, 라이터, 파이프, 낙관인(落款印) 등이 있고 서적, 비디오테이프를 비롯한 기록물도 있다. 이 중 골프채는 500여 셋트를 갖게 되었지만 100년 전의 것도 있어 일부를 안양 베네스트 클럽하우스(안양 컨트리)에 진열했고 이에 골퍼들이 관심을 가졌다.

그는 또 수집한 것을 남에게 주기를 좋아했다. 변 기자가 소속사 사장님을 모시고 이 회장에게 신년인사를 갔을 때였다. 변 기자 소속사의 정진기 사장님은 신년이면 재벌그룹 총수에게 신년인사를 가는 것을 하나의 관례로 삼고 있었다. 정 사장님은 '언론은 대기업의 우군이 되어야 한다. 대기업 없는 언론 생존은 충분하지 않다'는 철학을 가지고 있는 분이었다. 변 기자와 정 사장님이 인사를 끝나고 일어서려 할 때, 이 회장은 편탁 서랍을 열더니 길쭉한 모양의 융단으로 겉모양을 입힌 박스를 꺼내 건네주었다.

"별 특별한 것은 아니지만 신년 선물로 받아주면 고맙겠소."

내용물은 금색 도금이 된 전자 손목시계였다. 문자판 이면에는 이 회장을 뜻하는 B.C. Lee 영자 이름이 쓰여 있었다. 삼성그룹이 일본 세이코시계와 합작, 시계 산업에도 진출해 있을 때 생긴 것이었다. 이 회장의 남에게 주기를 좋아하는 습성을 보여주는 일면이다.

3남 건희는 공들여 모은 것을 남 주지 말고 소장하면 반드시 좋은 기념이 될 것이라고 말했다. 이미 남에게 준 것도 많다. 모은 것에는 정이 가고 힌없이 에착이 간다. 대수롭지 않은 일이라고 웃을지도 모른다. 그러나 나름대로 이유가 있는 수집이다. 모으는 것은 사람의 손으로 만드는 것이 대부분이다. 만든 것이 아니면 쓴 것, 그린 것, 깍은 것들이다. 이들 수제품에는 만든 사람, 쓴 사람의 땀이 스며들어 있다. 보다 아름다운 것, 보다 훌륭한 것을 추구하여 마지않는 집념이 어려 있다. 꿈이 있고, 낭만이 있고, 개성이 있고, 인생이 있다. 이런 것을 생각하면서 바라보고 만져보고 비교도 해보며 망중한忙中閑을 즐기는 것이다.

이 회장은 파이프를 수집할 때 영국제는 왜 유명한지, 덴마크제는 모양은 좋으면서 왜 질이 떨어지는지, 던힐파이프가 세계적인 명성을 오래 지닌 비결은 무엇인지, 이러한 것들에 항상 관심이 쏠렸다. 이것 역시 사업하는 마음과 관련이 전혀 없지는 않다. 지금은 아주 끊었지만 한때는 담배에 대해서도 여러 자료를 찾아보았다. 문헌을 들추기도 하고 전문가에게 묻기도 했다. 체질에 가장 적합한 담배를 피우기 위해서였다. 이 회장의 끽연은 궐연에서 파이프담배로 그리고 시가로 옮겨갔는데, 궐연은 미국제 '바이스로이'와 일본의 10개들이 '호프'가 입에 맞았고 파이프담배로는 '던힐'을 즐겼다. 시가는 미국의 '크리스탈'과 쿠바의 '처칠'을 애용했다.

애지중지하는 만년필 중에 프랑스제 '워터맨'이 있었다.

"비록 고가품 만년필이라 하더라도 펜촉에는 각기 개성이 다르고 다소의 품질 우열도 있다. 수십만 개가 같은 형에서 나오지만 그 가운데 특히 좋은 것은 2~3%에 불과하다. 흔히 사람들은 고급품은 그렇지 않을 것이라고 생각한다."

이 회장이 직접 수집한 워터맨 펜촉으로 써서 보이기도 하고 직접 써보도록 하기도 했더니 사람들은 이 회장의 말이 옳다고 깜짝 놀라는 것이었다.

"이것이 바로 개성個性이다."

*

"회장님, 세상에서 회장님 마음대로 되지 않는 것이 세 가지가 있는데 그중 하나가 골프라는 이야기가 있습니다."

"나도 그런 이야기가 돌고 있다는 것을 듣고 있습니다. 변 기자, 골프도 하나의 예술입니다. 예술가가 어떤 작품을 만들어 낼 때 완벽하게 자기 마음에 드는 작품이 얼마나 되겠습니까. 모든 골퍼들은 그날 아주 좋은 스코어를 내기를 원합니다. 그러나 좋은 스코어에 너무 집착하면 되려 좋지 않는 결과가 나오게 되지요. 골프만큼 정신적인 영향을 민감하게 받는 스포츠도 없을 것입니다. 나는 필드에 나가면 좋은 스코어에 집착하지 않습니다. 내 골프는 호쾌한 장타보다는 정교한 편입니다. 내가 안양 골프장 17번 숏홀에서 홀인원을 3번이나 한 것이 이를 증명하지요."

이 회장은 여가로서의 골프와 안양 골프장에 대해 다음과 같이 말한 바 있다.

"나는 시간낭비를 가장 싫어한다. 매일의 일과는 빈틈없이 시간배분이 되어 있기 때문에 잡념이 끼어들 겨를이 없다. 그러나 사업 이외에 미리 시일을 정해 놓고 거르지 않는 것이 하나 있는데 바로 골프다. 건강을 위해서 시작했지만 70세가 넘은 이제와서는 생활의 일부가 되어 일상생활과 끊을 수 없게 됐다. 일주일에 2~3번씩 규칙적으로 코스에 나가는데, 벗들과 어울려 푸른 잔디를 밟으며 맑은 공기를 만끽하다보면 마음도 몸도 가벼워진다. 오늘의 건강도 골프 덕이 아닌가 생각한다. 때로는 라운딩 중 사업의 아이디어가 떠오르고, 골프장이 결단의 장소가 되기도 한다. 골프를 같이할 수 있었던 일본의 많은 경영자와 명사들 중에서도 '경제총리'로 불리는 일본 경단련 회장 이나야마 요시히로 씨는 잊지 못할 분이다. 전후 일본의 경제번영에 큰 공을 세운 이나야마 씨는 빈곤 추방으로 세계 평화에 이바지하고 불황 없는 자유경쟁경제의 구축으로 인류의 공존, 공영을 도모한다는 것을 지론으로 하는 높은 식견의 소유자로 예의바르고 친절하다. 나는 안양 골프장 관리에 무척 신경을 쓴다. 안양 골프장 착수에 앞서 일본의 유명 골프장을 다 돌아보고 구미歐美에 관한 문헌을 두루 찾아 그 장점을 따서 가장 이상적인 설계를 했다. 일본의 명문 스리헌드래드(300) 클럽의 이사장이고 일본 상공회의소 회두인 고토노보루 씨에게 의뢰하여 그의 산하업체 임원인 가네자와 씨가 설계하도록 했다. 나무 한그루, 화초 한 포기의 배치에도 정성을 쏟았다."

"회장님. 안양 골프장은 회원권을 분양하지 않고 회원제로 운영하지요?"

"삼성이 돈만을 벌기 위해서 안양 골프장을 조성한 것은 아닙니다. 품위 있는 명문 골프장이 되기 위해서는 골프장을 이용하는 골퍼들도 중요한 요소입니다. 질서 있고 예의바른 골퍼들이 중요하지요. 일본의 명문 스리헌드레드 골프장은 회원을 딱 300명으로 한정하고 기존회원 결원이 생길 때 보충합니다. 이런 원칙을 따라 안양 골프장 당국이 회원을 지정하는 연간 회원제를 선택한 겁니다."

"그룹 내에서 한동안 안양 골프장이 그룹에서 분리되어 소유주가 바뀐다는 이야기가 있었는데요."

"그건 낭설에 불과합니다. 안양 골프장은 어떻게 보면 삼성그룹의 상징 같은 존재입니다. 삼성의 얼굴 역할을 하는 것이지요. 한국의 명사들이 사교하고 휴식을 취하는 장소입니다. 삼성과 분리될 수 없는 존재지요. 만일 안양 골프장이 삼성에서 분리된다면 현재와 같은 품격이 지켜지지 않고 일반 상업용 사업장이 되고 말 것입니다."

"회장님. 골프핸디를 여쭤보아도 될까요?"

"변 기자. 이것은 잘 공개안하는 것인데, 말해주지요. 70이 넘은 지금 핸디는 명예핸디이기는 하지만은 13정돕니다."

"10번 홀 그늘집 우동은 맛있기로 유명한데요. 안양컨트리에 오는 골퍼들은 10번 홀 그늘집 우동 맛을 보기 위해 온다는 농담이 있습니다."

"우동의 본고장 일본 수준에 버금가도록 관리하고 있습니다. 내 스스로가 우동 맛을 섬세하게 감별하는 우동 매니아이기도 하지요."

"회장님. 10번, 11번 홀 봄철 진달래꽃이 유난히 아름다운데요"

"변 기자. 나는 진달래가 피는 계절에 그 두 홀을 라운딩할 때마다 돌아가신 어머님 생각에 젖곤 합니다. 시골 농촌에서는 진달래꽃 피는 계절이 보릿고개로 가장 배고픈 때랍니다. 어머니께서는 그런 때면 어려운 사람들을 그냥 지나지 않으시고 식량을 나눠주곤 하셨습니다."

*

이 회장이 이렇게 말한 적이 있다.

"밤 한때 국악에 귀 기울이면서 정심定心을 찾고 혼자 조용히 지내는 것은 즐거움의 하나다. 딸들은 '이런 근대적 스트레오로 하필이면 국악을 들이시다니' 하고 말하기도 하지만 우리 민족사의 연륜이 새겨진 그윽한 선율은 무조건 마음을 한없이 안온하게 감싸준다. 나는 국악의 선율이 귀에 익은 세대다. 현재 몇몇 대학에 국악과가 있어 민족문화를 계승할 젊은이들이 배출되고 있다. 그러나 일상 속에서 국악과 교류를 갖는 세대는 내 연배가 마지막인지도 모른다. 망중한 집무실에서 오전 한때 서예로 시간을 보내는 것도 최근 수삼년 습관이 되고 있다. 먹을 갈고 붓을 잡으면 온 정신이 붓 끝에 집중되고 숙연해진다. 내가 어려서 글씨를 익힌 것도 붓이었다. 붓은 손에 익으나 서투르다. 서예가 정하건 선생의 지도를 받으며 임서도 해봤지만 여의치 않다. 특별한 서체도 아닌 어중간한 서체이지만 무심히 그은 1획, 1점의 운필이 마음에 들 때의 희열은 이루 형언할 수 없다."

또 이 회장은 한국식 목조 건물을 좋아했다. 지난 30년 동안 여러 공장을 세워 왔지만 공장을 단순히 물건을 만드는 곳이라고 생각하지 않았다. 공장에도 미의 표현이 있어야 한다고 생각했다. 그러한 생각은 공장 건물의 설계나 조경에 언제나 반영되었지만 용인 자연농원에 세운 한옥은 건축에 걸었던 꿈이 결집된 하나의 작품이라고 할 수 있었다. 살아 있는 듯 숨 쉬는 목재가 잘 배합되고 직선과 곡선이 융합, 조화된 우리 한옥은 독창적인 운치를 가지고 있다. 세계 어느 나라의 전통 있는 건축물에 비해도 추호의 손색이 없다. 이 회장은 기본 설계에 그 뜻을 살린 것은 물론이고 목수와, 와공과도 직접 대화를 나누며 한옥 고유의 형상과 색조와 선의 조화를 표현하려고 부심했다. 용인 자연농원에 세운 한옥은 후세에 남길만한 건축물이라고 확신했다. 한옥의 수명은 능히 천년의 풍설에도 견딘다고 한다. 그는 용인 자연농원을 지은 지 10여 년 후에 좀 더 견고하고 좀 더 한국 고유의 건축미를 갖춘 150평 정도의 한옥을 서울 한남동에 하나 더 건축해 승지원承志園이라고 이름 붙였다. 승지원은 이 회장 자택이다.

《논어》는 인간 형성의 근원이다. 이 회장은 어려서부터 독서를 게을리하지 않았다. 소설에서 사서에 이르기까지 다독보다 난독하는 편이었다. 가장 감명을 받은 책, 항상 좌우에 두는 책을 들라면 서슴지 않고 《논어》를 말할 수밖에 없었다.

"나를 형성하는 데 가장 큰 영향을 미친 책은 바로 이 《논어》다. 나의 생각이나 생활이 《논어》의 세계에서 벗어나지 못한다고 하더라도 오히려 만족한다. 《논어》에는 내적 규범이 담겨 있다. 간결한 말 속에 사상과 체험이 응축되어 있어 인간이 사회인으로서 살아가는 데 불가결한 마음가짐을 알려준다. 법률과는 대극의 위치에 있다. 법도 인간사회의 불가결한 규범이기는 하나 이미 발생한 인간의 행위 밖에 다루지 못한다. 어떤 행위가 발생한 연후에 적용하는 것이 법이다. 행위가 발생하기 이전에는 법은 아무 상관이 없다. 남을 기만하거나 살상하거나 혹은 명예를 훼손하는 행위가 있고 그것이 발각되어야만 비로소 적용하는 것이 법이다. 이와 같은 인간사회 규율에 적대하는 행위의 발생을 막는 것이야 말로 개개인이 갖는 내적 규범인 것이다. 내적규범을 상실한 인간, 즉 무규범의 인간이 늘어나는 사회는 과연 어떻게 될까. 함부로 법률만 발동되고 죄인만 늘어난다. 그 결과 사람들 사이에는 불신감이 쌓이고 연대감이 희박해져 나약한 사회로 전락하고 만다. 한국 사회의 앞날은 어떠할까. 여기까지 생각이 미치면 오늘날 《논어》가 지닌 크나큰 의미를 새삼 되새기게 된다. 그건 그렇다 치고 나는 경영에 관한 책에는 흥미를 느껴본 적이 별로 없다. 더러 유명 경영학자들이 새 이론을 전개하여 낙양의지가를 올린 일도 있지만 그것은 대체로 지엽적인 경영의 기술면만 다루는 데 지나지 않기 때문이다. 내가 관심을 갖는 것은 경영의 기술보다는 그 저류에 흐르는 기본적인 생각, 인간의 마음가짐에 관한 것이다."

32

삼성전자三星電子 탄생

　삼성그룹의 사업 영역 확장은 눈부신 성취였다. 제당, 모직 등 소비재 산업에서 백화점, 보험 산업을 거쳐 중화학공업 분야까지 확대됐다. 삼성이 중화학분야에 진출한 시기, 세계 산업계 추세도 그러한 방향으로 흐르고 있었지만 한국의 산업 발전에도 중화학공업이 정부 정책의 근간을 이루고 있었다.

　이 회장은 1969년 어느 날, 넷째 사위 정재은에게 신산업분야 진출에 대한 건의를 들었다.

　"아버님, 삼성그룹도 전자산업 분야에 진출할 필요가 있습니다. 앞으로 세상은 전자산업이 주류를 이루고 사람들의 생활도 전자기기가 아니면 하루도 살 수가 없는 시대가 될 겁니다."

　"그 분야에는 이미 락희그룹(현 LG)이 진출해 시장을 장악하고 있지 않은가. 락희그룹은 우리와 직접사돈 간이다. 사돈 사이에 경쟁을 하는 것은 도리가 아니다." (이병철 차녀 이순희 여사가 구인회 락희그룹 창업자 3남 구자학 씨에게 출가했다.)

　"아버님, 산업사회로 이행해가는 큰 물줄기에서 인척이라는 요소는 그렇게 중요하지 않다고 생각됩니다."

넷째 사위 정재은은 경기고, 서울대 공대, 컬럼비아대 전자공학을 전공한 엘리트였다.

1960년대 말의 전자산업을 보면 구미歐美를 추적한 일본은 그 개화기를 맞고 있었고 대만은 바야흐로 그 도입을 서두르고 있었다. 우리나라에서도 이미 전자산업에 손을 댄 기업이 있었으나 외국 제품을 도입해 그것을 조립하는 초보적 단계에 머물러 있었으며 뚜렷한 장기적 비전이 없는 실정이었다. 품질도 조악했고 가격도 엄청나게 비쌌다. 흑백 텔레비전 한 대 값도 웬만한 봉급생활자는 구입을 엄두도 낼 수 없는 비싼 수준이었다. 기술 혁신과 대량생산에 의한 전자제품의 대중화는 아직 요원했다. 이 회장은 사업성을 검토해본 결과 내수와 수출 전망 등 어느 모로 보나 우리나라의 경제 단계에 꼭 알맞은 산업이라는 결론에 이르렀다. 이 회장은 삼성이 국내에서 전자제품의 대중화를 촉진시키고 아울러 수출전략 산업으로 육성하는 선도적 역할을 맡아보자고 결심했다. 더구나 넷째 사위 정재은의 헌책도 있지 않은가. 이 회장의 이 결심은 사실 한국 경제 발전사에 일대 전기를 마련한 것이었다. 훗날 삼성 반도체의 모체가 삼성전자이기 때문이다.

이 회장은 우선 내수용 전자공업 분야부터 시작하여 기업의 기반을 굳힌 다음 반도체, 컴퓨터 등의 산업용 분야로 발전시킬 계획이었다. 일본은 1950년대에 전자산업에 본격적으로 진출하여 불과 10여 년 만에 구미와 겨루게 되었다. 기술만 도입하면 삼성도 반드시 성공할 수 있다고 확신했다. 이 회장은 전자산업의 장래에 관한 견해를 〈중앙일보〉에 발표하고, 본격적인 준비에 착수했다. 업계는 역시 예상한 대로 시끄러워졌다. "삼성이 진출하면 한국의 전자산업계는 다 망한다", "사돈 간 경쟁을 불사하는 부도덕한 짓이다"라는 험담이 난

무했다. 심지어 국회의원까지 동원하여 새로 시작하는 전자산업의 저지 운동을 맹렬히 전개했다. 정부의 허가 절차도 지지부진했다. 이 회장은 허가당국을 설득하다 못해 부득이 박정희 대통령에게 직접 전자산업의 장래성을 설명하며 "이것은 국가의 전략 산업이 되어야 한다"고 강조했다. 즉시 전자산업 전반에 관한 개방 지시가 내려졌고 1969년 1월 13일 삼성전자공업三星電子工業의 설립을 보게 되었다. 전자의 초대 사장으로 정재은이 선택되었다. 변 기자는 정 사장을 인터뷰해 정 사장의 삼성전자 발전에 대한 비전을 듣는 기회를 가졌고 인터뷰 기사를 신문에 실었다.

 삼성의 참여가 한국의 전자산업에 어떤 자극과 활력을 주게 되었는지는 새삼 설명할 필요가 없겠다. 삼성전자의 출범에 앞서 예견한 대로 우리나라 전자산업은 눈부신 발전을 거듭하여 오늘날 수출전략 산업의 주종 중 하나가 되었다. 그동안 삼성전자는 후발의 핸디캡을 안고서도 기술혁신 생산성 향상에 주력하여 명실공히 국내 정상의 자리를 확보했다. 물가의 계속적인 상승 속에서도 전자제품만은 해마다 그 값이 떨어질 정도로 선의의 경쟁을 해온 결과를 보였다.

 삼성전자는 발족 9년만인 1978년에 흑백TV 200만 대를 생산하여 일본 마쓰시타 전기를 앞서고 연간 생산에서 세계 최고 기록을 수립했다. 1981년 5월에는 다시 1,000만 대를 돌파하기에 이르렀다. 흑백TV 생산에서는 미국과 일본을 능가하여 세계 정상에 올랐는데, 창립 10년 만의 일이라는 것을 사람들은 믿으려 하지 않았다. 현실로 기록된 일인데도 말이다. 1984년 3월에는 컬러TV가 우리나라에서 처음으로 5백만 대가 판매되고 흑백TV 1천 5백만 대와 합하여 2천만 대 판매 돌파 기록을 세웠다. TV, VTR, 음향기기, 전탁, 냉장고, 냉난방기기, 전자레인지 분야에서 삼성전자는 세계 정상을 목표로 기술 개발과 원가 절감에 여념이 없었다. 한국 정부는 뒤늦게나마 1980년 말 컬러TV 시판과 컬러 방송을 허가했다. 전자산업에 대한 정부의 심한 간섭과 억제만 없었더라면 전자산업은 현재보다 적어도 3년 내지 5년 앞서, 빠른 발전을 이룩했을 것이다.

전자기술은 일진월보해 정보화시대에 앞장서고 있다. 삼성전자가 세계 정상급의 전자업체가 되기 위해서는 쉴 새 없이 기술 혁신의 경쟁에서 언제나 앞서가야 했다. 전자의 기술종합연구소는 그 역할을 수행하고 있었다. 삼성전자는 일본, 네덜란드 다음인 세계 3번째 VTR을 자력으로 개발했다. 컬러TV는 대미對美 수출이 급증해 수입 규제를 받기에 이르렀다. 마찰해소책으로 미국, 유럽 등지에 현지 공장과 현지 법인을 설립하고 있다. 1980년에 들어서면서 삼성의 전자산업은 마침내 반도체 컴퓨터 등 산업용 제품에 주력하는 단계에 이르게 되었다. 1982년 가을에 창립한 삼성반도체통신三星半導體通信이 그 첨병이자 주축이다.

이 외에도 미국을 비롯한 일본, 유럽의 우수한 전자업체들과 기술 제휴 또는 합작한 업체들이 삼성의 전자산업을 지탱하고 있다. 삼성전관(일본전기日本電氣와 합작), 삼성전자부품(일본산요전기日本三洋電氣와 합작), 행 삼성코닝(미국 코닝그라스와 합작), 삼성반도체통신(미국 ITT의 벨기에 현지법인 BTM사와 기술제휴), 삼성정밀(사업부문별로 선진 메이커와 기술제휴), 삼성의료기기(미국GE와 합작), 삼성HP(미국 휴렛패커드와 기술제휴) 등이 그것이다. 장차 이들 업체는 부문별로 계열화해 서로 기능을 보완하면서 전자산업의 대단위종합업체로 발전해 나갔다.

33

꿈의 반도체 생산국

　모사謀事는 재인在人이고 성사成事는 재천在天이라고 한다(일을 꾸미는 것은 사람이되 일을 이루는 것은 하늘에 달렸다). 희망이나 꿈은 사람을 성공으로 이끄는 에너지이며 무엇을 창조하고 성취하면서 살아가는 인간의 통성이 되기도 한다.

　1982년 5월, 이 회장은 반도체에 대해서 미국과 일본 전문가를 비롯해 국내 전문가의 의견은 거의 다 들었다. 반도체와 컴퓨터에 관한 최고의 자료를 얻고자 무한히 애를 썼다. 기본 구상이 다듬어진 1982년 10월, 반도체·컴퓨터 사업팀을 조직했다. 이 회장은 이 사업팀을 조직하기에 앞서 '새로운 사업으로 어떤 걸 할까' 고심에 고심을 거듭했다. 최종적으로 자동차와 반도체가 신사업으로 압축되었다. 자동차 시장은 레드오션이었고 국내에서는 현대그룹 정주영 회장이 자동차산업에 뛰어들어 있었다. 삼성은 이미 개발된 반도체 제품들의 성능, 원가, 가격, 시장 동향을 조사하는 한편 반도체와 컴퓨터 사업의 장단기 계획을 세우고 검토에 검토를 거듭했다.

　1983년 2월, 도쿄에서 최종 마무리를 서두르고 드디어 반도체 투자의 단안斷案을 내렸다. 이 회장 73세 때의 일이다. 이 회장이 제일제당, 제일모직, 한국비료 사업 단안을 내릴 때와는 차원이 다른 일이었다. 미지의 분야인 데다 투자 규모가 막대하고 반도체 제품의 라이프사이클이 짧아 고도의 기술을 갖지 않고서는 뛰어들기 어려운 일이었기 때문다. 이 회장 40년 사업 일생에 가장 힘든 결심이 요구되는 일이었다.

이 회장은 그러나 1983년 3월 15일을 기해 "삼성은 VLSI 사업에 투자한다"고 홍진기 〈중앙일보〉 회장에게 전화로 통보하고 이를 공식적으로 발표하게 했다. 이른바 '동경선언'이다. 삼성반도체로서는 역사적인 날이라고 할 수 있다. 삼성반도체만의 일이 아니라 한국경제 발전사에도 기록될 날이었다. 투자 결정으로부터 1년이 되는 1984년 3월 말까지 64K D램의 양산 제1라인을 완성하기로 하고 완성 시한에서 역산하여 모든 일의 진행 계획이 짜였다. 이 회장은 진척 상황을 매일 확인했다. 기술은 미국의 마이크론테크놀로지MU와 일본의 샤프 것을 중심으로 도입되었다. 마이크론 테크놀로지로부터는 64K D램을, 샤프로부터는 CMOS 공정기술과 16K S램 기술을 도입했다. 일본 반도체 업계는 한국에 대한 VLSI 기술 제공에 불응했지만 샤프사가 호의를 베풀어 그 기술을 도입할 수 있었다. 한국이 일본으로부터 반도체 기술을 도입한 것은 처음으로 있는 일이었다. 당시 일본 업계에는 샤프를 '국익을 해치는 국적國賊'이라고 혹평하는 업자들도 있었다. 이런 일은 이전 한국비료를 세울 때도 있었다.

미국 아이다호 주의 마이크론 테크놀로지는 본래 우수한 두뇌들이 모여 설립한 벤처기업으로 그 탁월한 기술이 내외의 주목의 초점이 되어 있었다. 마이크론 테크놀로지 설립 후 최초로 삼성과의 제휴가 이루어졌던 것이다. 1983년 이후 마이크론 테크놀로지의 세계적 명성은 날로 높아지고 있었다. 고도의 기술진인 스탠퍼드대학, 인텔,

자이로그 등에 재직 중이던 한국인 박사들의 협력을 얻었다. 그들은 이 분야의 최고전문가일 뿐 아니라 설계, 제조 또는 판매의 실제 경험을 쌓은 핵심 두뇌들로서 조국애를 발휘해 내 나라에 보답하는 결의를 가지고 적극 참여했다.

1983년 7월에는 미국 산타클라라에 기술 개발 및 판매 촉진을 위한 현지법인을 설립했다. 삼성반도체의 미국 현지법인인 트라이스타는 설계와 공정개발과 기술 인력의 연수를 맡았다. 기흥공장의 부지는 당초에 정부의 특정용지로 예정되어 있었다. 반도체 산업의 중요성을 정부가 인식하게 되어 삼성반도체가 사용하게 한 특별한 배려가 있었다. 그런 땅이 서울 근교에 있었다는 것은 행운이었다. 내·외자 1,000억 원도 순조롭게 조달되었다. 이로 인해 기계 장비의 발주가 급속히 추진되는 한편 신정, 구정의 휴가도 없이 24시간 돌관 작업으로 공장 건설이 진행되었다. 1983년 9월 12일에 착공한 제1라인의 건설공사는 6개월 18일 만인 1984년 3월 말일에 완공되었다. 선진국의 관례로는 18개월 이상이 걸리는 것의 3분의 1로 단축된 것이었다. 건설 공정과 시운전을 지켜본 미국의 인텔, IBM, 일본의 우수 메이커의 관계자나 전문가들도 경탄을 감추지 못했다. 작업에 동원된 인원은 연 20만 명에 이르렀다. 공휴일에도 하루도 빠짐없이 출근하는 것은 다른 나라에서는 상상할 수도 없는 일이었다. 이 회장은 한국은 이것 하나만으로도 장래에 큰 희망을 가질 수 있다는 자신감을 얻었다.

1984년 5월 17일, 삼성반도체통신 기흥 VLSI 공장 준공식이 열렸다. 이 회장은 관계 임직원들에게 충심으로 고마움을 금할 수가 없었다. 한국이 미국, 일본에 이어 세계 3번째의 반도체 생산국이 된 것이다. 64KD램의 제1라인은 완성 4개월 만에 51%의 제품합격률을 달성했고 반년 만인 9월에는 수율(收率)이 75%를 훨씬 넘어 일본 일류 메이커 수준과 비견하게 되었다. 9월에는 미국의 컴퓨터 메이커의 엄격한 검사를 통과, 처녀 수출까지 했다. 삼성반도체의 기술진은 1984년 10월 256KD램의 독자개발에도 성공했다. 관계당국은 해외 경쟁자들을 자극할 우려가 있다고 비밀에 부쳐줄 것을 당부하기도 했다.

삼성의 반도체 생산 성공을 미국, 일본 전문가나 관계자들은 모두 기적이라고 했다. 삼성의 성공 요인은 무엇이었을까. 많은 연구는 대략 다음의 요인을 들고 있다.

첫째, 경제적 타산의 위험을 초월하여 국가적 차원에서 첨단 기술에 도전한 삼성의 확고한 기업정신에 있다.
둘째, 바이폴라IC가 주 제품이었지만 부천 IC공장의 10여 년 간의 경험과 인력의 축적이 있었다.
셋째, 삼성이 VLSI에 투자하기로 결정한 시기에 세계 경제가 호황으로 전환하여 반도체 산업의 활기가 되살아났다.
넷째, 최신·최고이면서 최염가의 시설을 설치할 수 있었다.
다섯째, 여성 직원을 포함, 양질의 근면한 노동력의 확보와 훈련이 가능했다.
여섯째, 어려운 입지 조건에 적합한 부지를 얻을 수 있었다.
일곱째, 긴축 정책 속에서도 금융기관의 각별한 협력을 얻어 소용 자금을 순조롭게 조달할 수 있었다.

*

1984년 5월 하순 어느 날, 편집국장으로 승진한 변 국장은 국장석으로 걸려온 전화를 받았다.

"변 국장, 모레 점심 약속 잡지 마소."

"또 무슨 일 있습니까?"

"그게 아니고 회장님이 내시는 점심이요. 얼마 전 있었던 기흥 반도체 공장 완공 기념으로 점심 내신다는 거요."

"좋지요. 그 일이라면 점심 내실 만한 경사지요."

"장소는 신라호텔 영빈관, 시간은 12시. 그날 봅시다."

오찬장에는 재경 23개사 편집국장들이 와 있었다. 이 회장은 변 국장을 알아봤다.

"변 국장. 높은 사람 되었네. 축하합니데이."

"감사합니다."

이 회장은 말문을 열었다.

"오늘 여러 국장님들을 초청해 모신 이유는 기흥 반도체 공장 완공, 세계 반도체 산업 추세, 삼성반도체의 앞날 과제에 대해 말하고, 여러분의 의견도 듣기 위해섭니다."

이 회장의 특유의 카랑카랑한 목소리였다.

"삼성 반도체는 이제 막 VLSI 전선에서 미국이나 일본과 동열에 가깝게 되었지만 앞으로도 문제는 산적해 있습니다. VLSI는 이미 메가 시대에 돌입했고 해외 여러 나라의 기술 봉쇄는 더욱더 심화되고 있습니다. 따라서 삼성반도체 자체개발능력 제고가 급선무입니다. 삼성의 미국 현지법인과는 별도로 국내의 설계·개발연구소를 강화하고 우선 1차로 500명 정도, 2차로 1,000명 정도의 연구 인력을 확보하면서 완전한 연구 시설을 갖추어 나갈 작정입니다."

"미국과 일본은 첨단산업에 대한 정부지원이 활발한데 우리 정부는 어떻습니까?"

"일본에서는 1976년에서 1979년까지 전전공사電電公社를 중심으로 VLSI 기술의 연구 개발에 700억 엔의 정부보조금이 지급되었고 1979년부터는 VLSI 사업에는 총 투자액의 50%를 장기저리로 융자해주고 있습니다. 뿐만 아니라 세제상으로도 관세, 물품세, 법인세 등을 감면하는 등 종횡으로 여러 가지 특혜를 주고 있습니다. 그러나 우리나라는 사정이 달라 고전을 면치 못하고 있는 실정입니다. 반도체 생산업체가 다수 있으면 정부보조도 요청할 수도 있지만 삼성 단일기업으로는 특혜 인상을 받을까 해서 정부보조 요청도 못하고 있습니다."

"위험 부담이 큰 반도체 산업에 뛰어드신 철학이라도……"

"우리는 계속 전진해야 합니다. 일렉트로닉스 혁명의 물결에서 뒤지기 시작하면 영원히 후진국을 벗어날 수 없습니다. 삼성반도체는 현재의 제1, 제2의 라인에 이어 4개의 라인, 즉 6개의 라인을 증설해야 합니다. 공장부지만 30만 평이 더 필요합니다. 그 성부成否는 삼성의 운명에 관련될 뿐만 아니라 우리나라의 경제 발전을 가히 좌우할 만한 영향을 미치게 될 것입니다."

이 회장은 물컵을 들어 냉수를 마신 다음 말을 이어 나갔다.

"거듭 말씀드리지만 인구는 많고 자원이 없는 우리나라가 살아나갈 길은 무역입국밖에는 없습니다. 세계적인 경제 불황과 선진국들의 보호무역 강화로 값싼 제품의 대량 수출도 이제 한계에 다다르고 있습니다. 이를 극복하고 우리 경제가 제2의 도약을 하기 위해 첨단기술, 즉 반도체 개발밖에 없다고 판단한 겁니다. 미국이나 일본은 반도체 첨단기술 산업으로 이미 경제대국이 되어 있습니다. '우리나라도 지금 반도체 생산을 위시한 하이테크 산업으로의 변신을 도모하지 않고는 영영 경제발전을 기약할 수 없다'는 확신을 갖고 있습니다."

이 회장은 이어 "반도체는 하이테크 산업의 쌀이다, 반도체가 없는 나라는 고도기술의 발전이 있을 수 없다. 이런 반도체를 외국 수입에 의존할 수밖에 없으면 모든 산업의 예속화를 면할 수 없고 상대국과의 제품 경쟁이 있을 경우 반도체 공급을 중단하면 하루아침에 공장문을 닫을 수밖에 없다"고 부연했다.

'반도체 산업이란 험난한 산업이다. 고가의 기기들이 계속 투입되어야 하는 장치산업이면서 잠시도 쉬지도 못하고 앞으로 나아가야 하는 산업이다. 피나는 개발 경쟁인 것이다……' 이 회장은 독백처럼 되뇌었다.

변 국장은 경탄을 금치 못했다. '반도체 생산국'의 의미를 꿰뚫고 있는 그의 통찰력에 놀라움을 금할 수 없는 것이다. 이 회장이야말로 한국 경제 발전을 이끌어온 영웅이고 한국 반도체 산업의 아버지였다.

이 회장은 오찬을 같이한 모든 국장들에게 기념품을 선물했다. 삼성정밀이 일본 세이코사와 제휴한 손목시계였다. 4각형의 문자판 모양으로 아담하게 디자인됐으며 역시 문자판 뒷면에는 B.C.Lee라는 이 회장의 영문 이름 이니셜이 새겨져 있었다.

34

기업은 영원한가

　로스차일드 가문은 300년의 수명을 이어오고 있다. 독일 크루트철강 재벌도 400년의 역사를 자랑하고 있다. 기업의 수명을 일률적으로 말하는 것은 어렵다. 이병철 회장이 회고록에서 밝힌 '기업은 영원한가'에 대한 답은 '노No'였다. 이 회장은 "인간은 이 세상에서 태어나면서부터 죽음으로의 여로를 걷기 시작하는데 기업 또한 창업과 동시에 어느 날엔가는 쇠망衰亡 위기에 직면할 운명을 지니고 있다"고 말했다. 기업은 영원은커녕 짧으면 10~20년, 길어서 40~50년의 사이클로 소장消長하고 있다. 영고성쇠를 거듭하는 기업의 수명은 인간의 그것보다도 훨씬 짧고 덧없는 것이라 할 수 있다. 인간이 기업의 경영에 바칠 수 있는 경영 수명이 고작해야 30~40년에 불과하기 때문일까.

　한 언론기관에서 조사한 흥미로운 생존기간 연구 보고서가 있다. 〈일본경제신문〉의 자매지 〈닛케이비즈니스〉가 일본 탑 기업 100사의 과거 100년간의 성쇄 조사를 실시했다(1983년 9월 9일). 이 조사는 1896년부터 1982년까지 10년 간격으로 9기간에 걸쳐 매출액 기준으로 상위 100사의 변천을 살폈다. 조사 결과에 따르면 9기간 동안 연속하여 상위 100사에 들어 있는 회사는 오우지제지王子製紙와 가네보방직鐘淵紡織 2개사뿐이다. 1세기에 걸쳐 상위 100사 안에 드는 번영을 누린 기업은 단 2개사뿐이고 나머지 98개사는 도산, 흡수, 합병, 변신 또는 업무부진 때문에 100사 랭킹에서 탈락했다. 100사 안에 든 기업은 평균 어느 정도 기간 랭킹에 머물렀을까? 번영을 유지할 수 있었던 기간은 얼마 동안이었는지 그 평균을 살피니, 겨우 30년에 불과한 것을 알 수 있었다. 이 조사의 다른 항목을 통해서는 1896년의 제1기 100사 랭킹에서 상위 100사에 들었던 기업 중 9개사가 회사 설립 후 평균 27년 후에는 흡수합병이나 도산으로 그 사명社名이 소멸된다는 충격적인 사실이 밝혀졌다.

한 나라의 산업 구조는 발전 단계에 따라 끊임없이 변화한다. 노동집약에서 자본집약, 경공업에서 중공업, 소재에서 가공조립으로 산업과 기업은 그 구성을 바꾸어 간다. 근년에는 중후장대의 중화학구조에서 경박단소의 첨단기술 산업으로 주역이 바뀌고 있다. 이러한 구조 변화에 적응하지 못하는 기업은 소멸하고 만다. 종래의 구조에 매달리는 일업단품一業單品의 기업으로는 연명이 힘들다. 일본 섬유의 명문 가네보방적이 화장품, 의학, 화학 등의 분야로 변신하고, 메이지제과는 식품 산업으로 다각화하는가 하면, 시계 메이커인 세이코가 전자, 과학기기 메이커로 복합화되었다.

기업의 전신이나 변신은 일본에서만이 아니라 구미 선진국의 기업사에서 그 예를 수없이 볼 수 있다. 기술의 혁신과 그로 인한 산업 구조의 변화에 기업이 따라가는 것이 아니라 오히려 기업이 구조 혁신의 주도적 역할을 하는 것이다. 이와 같은 활력이 있는 기업은 시대를 선행하여 그 수명이 연장되었고 그렇지 못한 기업은 시대의 진운에서 탈락되고 말았다.

이러한 역사적인 사실을 두고 한국의 산업계 실정은 어떠한가. 1960년대 경제 개발이 본격적으로 진전되기 시작한지 불과 30년밖에 되지 않지만 그 짧은 기간에도 기업의 부침은 물론 기업그룹의 소장 또한 걷잡을 수 없이 심했다. 번영을 구가하던 기업그룹이 어느 사이 쇠퇴하는가 하면 소멸의 길을 걸었다. 그런가 하면 새로운 기업그룹이 탄생하고 얼마 안 가 내리막길을 걷기도 했다. 이러한 한국기업사의 변천 과정에서 살아남은 곳이 두어 개 있었지만 삼성그룹은 창업 이래 반세기를 훌쩍 넘기고 있었다.

"회장님, 삼성그룹이 창업 이후 반세기를 넘기면서도 탄력 있는 조직으로 평가받는 근원은 어디 있다고 보시는지요."

변 국장이 물었다.

"그것은 여러 가지 관점에서 말할 수 있지만 결국 '사람'이지요. 내가 창업 이후 인재제일의 신념으로 좋은 사람들을 모아놓은 데 있다고 생각합니다. 기업은 사람이 움직이는 것입니다. 기업을 움직이는 최고경영자의 자질이 기업의 사활을 결정합니다."

이 회장은 그렇게 말하면서 어떠한 사람이 사장이 되어야 하는가에 대해 자신이 평소 생각해온 조건을 다음과 같이 말했다.

"첫째, 덕망을 갖춘 훌륭한 인격자여야 하고 둘째, 탁월한 지도력을 구비해야 하며 셋째, 신망을 받는 인물이어야 합니다. 넷째, 창조성이 풍부하고 다섯째, 분명한 판단력을 갖추어야 하며 여섯째, 추진력이 있어야 하고 끝으로 책임을 질 줄 아는 사람이어야 합니다. 세상엔 이런 조건을 모두 구비한 인물이 드물지요. 따라서 조직력으로 다양한 자질을 가진 사람들이 조화되어 서로 보완적으로 협력하면 능히 그런 경영체를 만들 수 있습니다. 이런 경영체가 확립되면 사장 이하 전 임직원은 혼연일체가 되어 좋은 회사를 이끌어 갈 수 있습니다."

기업은 항상 변신해야 한다. 사회는 변하고 새로운 것을 요구한다. 기업의 인재들도 끊임없는 교육과 연수를 거쳐 변신하지 않으면 안 된다. 또 왕성한 기업가 정신, 기술개발이 없어서도 안 된다. 삼성이 오늘날까지 온 길을 살펴보면 설탕, 모직 등 수입대체 소비재에서 출발해 전자, 석유, 화학, 조선, 기계 등 중공업, 정밀기계를 축으로 한 방위산업 업종을 단계적으로 확대하면서 근년에는 반도체, 컴퓨터, 산업용 전자기기, 유전자공학 등 세계 최첨단의 산업 분야에 진출하고 있다. 경제의 발전에는 반드시 과정과 단계가 있다. 만약 삼성이 제일제당이나 제일모직을 설립했을 당시 경제 발전 단계를 무시하고 일거에 중공업에 착수했더라면 삼성도 어려움을 겪었을 것이다. 인도 제철산업의 좌절과 실패는 타산지석인 것이다.

1950년대에서 오늘에 이르기까지 삼성이 걸어온 길은 한국산업사에 있어 구조 전환 과정이었다. 방심하면 기업은 부질없이 소멸하고 만다는 것은 우리나라 기업에 너무나 당연한 사실이다. 그 이유는 무엇보다 불합리한 경영 탓에 있다. 기업은 장기적이고 본격적인 안목에서 시대의 요구를 파악하고 국민에게 도움이 되는 제품을 개발해야 한다. 제품을 만드는 사람, 파는 사람, 사는 사람이 서로 덕을 보는 공존공영의 원칙을 지켜야 발전한다.

이 회장이 강조한 말이 있다.

"나는 강조하고 싶다. 기업은 결코 영원한 존재가 아니다. 변화로 향하는 도전을 게을리 하면 기업은 쇠퇴하기 시작하고 재건은 지난至難하다."

35

이병철 회장 승계 결단

창업創業보다 수성守成이라고 한다. 사업을 일으키는 일은 결코 쉽지 않다. 그러나 이미 이룩해 놓은 사업을 지키는 일은 사업을 일으키는 것 이상으로 어렵다. 인류의 역사를 통틀어 보아도 이 말은 옳다.

이 회장은 1986년 이후 아주 어렵고 중대한 어떤 결정을 두고 노심초사해 왔다. 한평생을 바쳐 이룩한 삼성그룹을 누구에게 승계시켜야 할지 결정하는 문제였다. 누구에게 어떻게 넘겨주느냐, 쉽지 않고 중대한 문제였다. 삼성그룹의 존재가 한국에서 어떤 위치에 있는가. 삼성은 한국 경제계에서는 항상 정상의 위치에 있어 왔고 막대한 영향력을 가지고 있었다. 만일 삼성이 잘못되면 삼성 가문만의 문제가 아닌 국가적인 문제가 될 수 있었다.

창업보다 수성이 왜 더 어려운가? 여러 가지 요인이 있을 것이다. 그중에서도 창업정신이 점차 흐려지기 때문이라는 점을 들 수 있다. 이 회장의 창업정신은 '사업보국'의 신념이었다. 사업보국이란 무엇인가? 사업을 통해 국가사회에 이바지하는 것이다. 삼성의 관리자가 자신의 사욕에 눈뜨게 되면 치명적이었다. 또 승계자의 덕망과 관리능력을 들 수 있다. 이 회장은 후계자의 조건으로 이 덕망과 능력을 생각했다.

　이 회장이 삼성을 넘겨줄 수 있는 후계자로는 세 사람의 아들, 이맹희, 이창희, 이건희가 있었다. 이 회장은 아들 본인들의 희망도 듣고 자질과 분수를 고려해 후계자를 정하기로 했다. 이 회장은 장자 상속 원칙을 지키고 싶었고 주위의 권고도 있었기에 장남 맹희에게 그룹 일부를 맡겼다. 그러나 6개월도 되지 않아 맡겼던 기업체는 물론 그룹 전체가 혼란에 빠지자 이맹희 본인이 자청하여 물러났다. 차남 이창희는 그룹 산하의 많은 사람을 통솔하고 복잡한 대조직을 관리하는 것보다 알맞은 회사를 건전하게 경영하고 싶다고 희망했다. 3남 건희에게는 일본 와세다대학 1학년에 재학할 때 중앙매스컴을 맡아 인간의 보람을 찾는 것이 어떻겠느냐고 물었더니 그 길이 좋은 것 같다고 대답했다. 매스컴 경영의 기복에 대비하여 재정적 지원이 가능한 몇 개의 회사를 붙여주는 것이 좋다고 생각했다.

　이 회장은 '고생스러운 기업 경영의 일을 자손들에게까지 억지로 강요할 필요는 없다'는 생각이었다. 사업 탓으로 숱한 파란과 곡절을 겪으면서 갖은 고생을 했기 때문이다. 해방 전 식민지 통치 아래 뚜렷한 국가의식도 없이 안일한 생활에 젖어 있던 시절이 개인적으로는 가장 편한 시기였다. 조국의 주권이 회복되고 사업을 통해서 국가 발전에 기여하겠다는 의식과 신념이 확립되면서부터 기업가로서의 고초가 시작되었다.

　1950년 6·25 동란 중 기업의 회생을 위해 겪었던 갖가지 고생, 1960년 4·19 후 부정축재자로 낙인 찍히면서도 나라의 앞날을 걱정하던 나날, 사회가 겨우 안정을 되찾는 듯하더니 또다시 1961년 5·16으로 모든 경제인을 죄인시하고 재산의 국가 환수 조치가 있었던 일 등 온갖 정치적 수난을 겪어야 했다. 이러한 험난한 과정을 끝까지 극복한 몇몇 사람은 아직도 기업 경영에 참여하고 있지만 그렇지 못한 사람들은 모두 사라지고 말았다. 그래서 3남 건희에게 고생스러운 기업 경영을 맡기는 일이 아닌 매스컴 경영을 생각한 것이었다.

그러나 건희는 일본 와세다대학을 졸업하고 미국 조지워싱턴대학 유학 후 귀국을 했을 때 삼성그룹의 전체 경영을 이어받을 사람이 없다는 것을 깨닫고 경영 일선에 차츰 참여하게 되었다. 본인의 취미와 의향이 기업 경영에 열심히 참여하며 공부하는 것으로 향했다. "고생길을 왜 택하느냐", 이 회장은 〈중앙일보〉만 맡았으면 하는 심경이었지만 본인이 하고 싶다면 그대로 두는 것이 옳지 않은가 생각했다.

"내가 삼성을 창업하고 발전시켜 온 것은 사실이다. 그러나 삼성이나 개인의 것이라고는 결코 생각하지 않는다. 주주가 누구든, 회장과 사장이 누구든 삼성은 사회적 존재다. 삼성의 성쇄는 국가 사회의 성쇄와 직결된다. 이 계승이 삼성의 확고부동한 새로운 발전의 계기가 되고 기틀이 되기를 간절히 바라면서 3남 건희를 계승자로 정하는 것이 옳다고 생각했다."

역사적인 순간이었다.

*

"변 국장, 어서 오세요. 설 실장을 통해 내 방에 오고 싶다는 말을 들었소. 앉으세요."

변 국장이 찾은 이 회장 집무실은 신축한 태평로 삼성빌딩 본관 28층이었다.

"회장님, 안녕하셨습니까. 오늘 회장님을 뵙자고 말씀드린 것은 후계자 결정 등 현안과 회장님의 사업력 전반에 대해 말씀을 듣고 싶어서입니다. 우선 3남 건희 씨를 후계자로 정하신 것을 축하드리며 소회부터 듣고 싶습니다."

"우선 삼성의 후계자를 정해야 한다는 것 자체가 매우 힘든 일이었습니다. 지난 50여 년간 정성들여 키워온 사업체들을 나 아닌 사람에게 맡긴다는 게 쉽지가 않았고 착잡한 일이었습니다. 인간이 겪는 숙명이라 할까…… 유한한 시간밖에 허용되지 않는 것이 사람이기에 세대 교체는 피할 수 없지요. 계승자가 3남 건희인 것이 일말의 위안이 됩니다. 전문경영인이 계승자가 될 수도 있겠지요. 나는 그러나 어려서부터 삼성을 배우고 삼성의 정신을 몸에 익힌 3남 건희가 가장 적절한 후계자일 거라 생각했습니다."

"회장님은 새로운 사업을 일으킬 때마다 '외국 차관의 힘'을 적절하게 유치하여 성공하셨는데요."

"그것은 한국으로서는 너무나 당연한 선택인 겁니다. 내자 형성이 안 된 상황에서 사업을 일으키려면 외자, 즉 차관에 의지할 수밖에 없는 것이지요. 한비를 건설할 때 일본으로부터 4300만 달러의 상업차관을 일으킨 것은 기록할 만한 일입니다. 그 차관은 우리나라 최초의 민간 상업차관이었습니다. 정부나 금융기관 지급보증 없이 삼성의 신용으로 일으킨 것입니다. 당시 삼성을 매판買辦 자본이니, 외자도입 망국론이니 말하는 사람들이 있었는데 지금 생각하면 공소가 나올 뿐입니다. 매판이란 무엇입니까. 외국 자본과 결탁해 자국민의 이익을 해치는 것을 말하는 것 아닙니까."

"이후 삼성의 장래를 낙관하십니까?"

"대답하기 어려운 질문입니다. 나는 후대들이 삼성의 창업정신을 잊지 않기를 바랍니다. 삼성은 국가적 존재이자 사회 공기公器입니다. 이것을 관리하는 사람들이 사욕을 갖고 사유화하는 데 열중한다면 삼성의 장래는 밝지 않다고 생각합니다."

"회장님은 수많은 크고 작은 사업들을 일으키셨습니다. 모두 창업을 하셨지 남이 일으킨 것을 인수하신 일이 없습니다. 그중 뚜렷하게 떠오르는 사업이 있다면 말씀해 주십시오."

"몇 가지 사업들을 말할 수 있지요. 내가 일으킨 사업들은 하나같이 국민경제를 생각하면서 구상한 것들이지만 우선 1953년 전쟁의 포성이 들려오는 속에서 일으킨 제일제당을 말할 수 있겠습니다. 그때까지 무역업을 해온 상업자본이 생산 공장을 움직이는 산업자본으로 전환한 것이었습니다. 제일제당은 경제사적으로 보면 우리 민족 자본에 의해 최초로 탄생한 근대산업시설이었으며 자본주의적 생산 양식을 갖춘 생산 공장이었습니다. 두 번째 사업을 들자면 1964년 8월에 창립한 한국비료라 할 수 있습니다. 우리나라가 경제개발 5개년 계획을 수립한지 불과 2년 만에 앞서 이야기한 4,390만 달러라는 거대 외자를 민간차관으로 들여오는 데 성공한 것입니다. 한비는 준공까지 10년이라는 긴 시간이 소요되고 우여곡절과 갖은 고생, 고초를 겪었고 내 사업 일생에 음영陰影을 드리운 것이었지요. 당시 소련 수상 후추시조프가 소련 농업의 혁명적 증산을 위해 설립한 공장이 연산 30만 톤이었는데. 한비는 36만 톤이었습니다." 이 회장은 오차 한 잔을 마신 후 말을 이었다.

"세 번째가 21세기를 지향하는 최첨단 산업 분야인 반도체 세계에 뛰어든 일입니다. 내 나이 희수를 바라보는 때 결단한 일이지요. 1983년 세계 반도체 산업의 발아기를 놓치면 우리나라는 영영 선진국에 진입하기 어렵다는 것이 내 판단이었습니다. 반도체 산업은 앞으로 우리를 먹여 살릴 것입니다. 반도체 산업 진입을 결심하고 나니 하루가 다급하게 생각되었습니다. 그만큼 촌각을 다투는 문제였지요. 그랬기 때문에 동경에서 2주일 더 머물러야 했지만 전화로 중앙일보 홍진기 회장에게 먼저 알리고 준비를 서둘러 달라고 한 겁니다."

변 국장이 말했다.

"한국 경제의 운명이 바뀌는 순간이라고 말할 수 있겠습니다"

(이 회장의 이 예견은 정확히 들어맞았다. 2020년 현재 삼성전자의 반도체 사업이 보여주고 있는 지표들이 그것을 증명하고 있다. 삼성전자 반도체가 우리 전체 수출에서 차지하고 있는 비중, 연관 협력업체를 포함한 고용 규모, 납세총액을 살피면 '우리를 먹여 살려주고 있다'고 말하기에 부족함이 없는 것이다.)

"그렇게 말해도 과하지는 않지요. 반도체 사업 다음으로 내가 말할 수 있는 사업으로는 정신적인 문화사업, 특히 신문과 방송 등 지식산업을 들 수 있습니다. 삼성문화재단을 통해 도의를 앙양하고 우리의 아름다운 효 문화를 조금이나마 개선시키려 노력한 겁니다. 정치는 기능을 발휘하지 못하고 사람들은 경박한 세론에 영합해 사회가 정신적으로 황폐화되던 때, 건전한 언론이 있어야 한다는 생각에서 〈중앙일보〉를 창간했고 그 발전을 지켜보고 있습니다. 지난날의 생애를 돌아보면 수많은 굴곡이 있었지만 오늘날까지 보람 있는 삶을 살아올 수 있었던 것은 수많은 사원, 임원, 각계각층의 우인友人들, 국가지도자 덕분이었습니다. 그에 감사한 마음이고, 무엇보다 국민들의 성원도 잊을 수가 없습니다. 삼성그룹 40여 개의 사업들이 한결같이 번영해 기업의 융성은 물론 민족 흥성의 선구가 되고 21세기 국가부강의 초석이 된다면 더없이 기쁠 겁니다."

"회장님 인생의 좌우명이 사필귀정事必歸正이라 들었습니다."

"그렇습니다. 내가 20살 때 와세다대 2년 중퇴하고 귀향했을 때, 선친께서 '모든 일에는 본말本末과 시종始終이 있고 사필귀정이다. 일을 처리하는 데 있어 조급하게 서둘지 말라. 모든 일은 반드시 바른대로 돌아간다'는 가르침을 주셨습니다. 그 이후 나는 이 가르침을 인생과 사업의 하나의 지침으로 삼았습니다. 세상은 온갖 인과로 얽혀 있고 더러 올바르지 못한 것이 기승을 부린다고 해도 그것은 일시일 뿐 반드시 바르게 돌아온다고 믿었습니다. 살아오면서 많은 경험을 하며 이 가르침이 옳다는 것도 깨달았습니다."

변 국장은 갑자기 쓸쓸함이 엄습해오는 것을 느꼈다. 항상 침착함과 위엄이 흐르는 노사업가의 얼굴에 지친 기색이 역력했다.
"회장님, 오늘 이렇게 긴 시간을 내주셔서 감사합니다. 좋은 말씀 감명 깊게 잘 들었습니다."
"그래, 변 국장은 언제나 씩씩해 보여요. 내가 좋아하는 저널리스트야."
"감사합니다."
그날 이 회장은 인터뷰가 끝난 후 변 국장을 따라 비서실까지 나왔다. 이 회장이 자신의 집무실 밖을 나와 작별인사를 하는 일은 흔치 않다.
1987년 11월 19일, 변 국장은 이 회장의 부음을 들었다. 이 회장은 만 77세를 일기로 한남동 자택 승지원에서 영면에 들었다.
변 국장은 승지원 빈소에 문상을 갔다.
"회장님, 명복을 빕니다."

36

이건희(李健熙) 컬렉션 국가 기증

　이재용 삼성전자 부회장(당시 직위, 현 회장)을 비롯한 고 이건희 회장 유족들은 2021년 4월 28일 삼성전자를 통해 이 회장 개인 소유 문화재 미술품과 1조 원 규모의 사회 공헌 자금을 기증한다고 발표했다. 이건희 회장이 2020년 10월 25일 별세한 이후 6개월여 만이다.

　기증되는 미술품은 '이건희 컬렉션'으로 불렸고 총 2만 3천여 점이었다. 컬렉션이란 취미나 연구 목적으로 어떤 대상을 모으는 행위를 말한다. 단순 규모만으로는 대한민국 역사상 최대 규모의 문화재 미술품 국가 기증 사례로 기록되었으며 이회장의 컬렉션이 미술사(史)적으로 또 경제적으로 매우 큰 가치를 지닌 만큼 그 컬렉션의 규모와 기증 전시 면에서 미술계에 전례 없는 파문을 일으키며 '세기의 기증'이라 불렸다. 이와 더불어 기증품을 담을 국립박물관 수장고(收藏庫) 포화 문제와 전용관 신설 및 유치전 등 사회적으로도 큰 화제를 모았다.

　삼성 측은 2021년 1월 이건희 회장의 개인 소장 미술품에 대한 감정을 시작한다고 발표했다. 풍문으로만 들어오던 이건희 회장의 컬렉션이 모습을 드러내는 순간이었다.

이건희 회장이 수집한 미술품은 한국 고대 미술품과 서양 현대 미술작품을 아울렀으며 감정 의뢰를 맡긴 작품 가운데는 마크 로스코의 '무제(1962년)', 알베르코 자코메티의 '거대한 연인(1960년)', 프랜시스 베이컨의 '방안에 있는 인물(1962년)'이 포함된 것으로 알려졌다. 이 작품들은 호암미술관이나 리움미술관 등 삼성그룹 측이 관리 중인 미술관의 소장품과는 별개로 관리되던 이건희 회장 개인 소장품이며, 사전 논의 단계에서 기증 대상으로 고려한 미술품만 감정을 맡긴 것으로 알려졌다.

이건희 컬렉션으로 불리는 개인 소장 미술품 2만 3,000여 점은 국내 각지의 미술관과 산하 국립박물관에 기증하고 국내 거장들의 근대 미술 작품 1,400여 점은 국립현대미술관 등에 기증하기로 했다. 기증 대상 기관 중에는 광주光州시립박물관, 전남도립미술관, 대구미술관 등 각자의 연고지 미술관도 포함하기로 했다.

황희 문화체육부 장관은 브리핑을 통해 컬렉션 기증을 통한 긍정적 효과를 기대한다며 이건희 회장의 유족들에게 감사를 표했다. 이 외 더불어 이건희 컬렉션에 대한 향후 전시 계획도 언급했다.

국립중앙박물관은 6월에 대표 기증품을 선별하고 '고 이건희 회장 소장 문화재 특별 공개전'을 시작으로, 국립현대미술관은 8월 서울관에서 '고 이건희 소장 명품전'을 시작으로 9월 과천관, 2022년 청주관 등에서 특별전과 상설전을 통해 작품을 공개하기로 했다.

황희 장관은 방대한 기증품을 먼저 연구, 조사한 후에야 일반 전시가 가능하기 때문에 특별전으로 국민들의 관심을 충족시킨 후에 일반 상설전시관에 중요 작품을 전시하는 계획을 잡았다고 설명했다. 또 중장기적으로는 국립중앙박물관과 국립현대미술관, 삼성미술과 '리움'을 '이건희 컬렉션이란 브랜드'로 묶어 국가 문화제 자산으로 활용할 계획이라고 했다.

　2021년 4월 29일 문재인文在寅 대통령은 내부 회의에서 '이건희 컬렉션' 기증에 대해 놀라움을 표하고, '기증 정신을 잘 살려서 국민들이 좋은 작품을 감상할 수 있도록 하자'며 '별도 저시실을 마련하거나 특별관을 설치하는 방안을 검토하라'고 지시했다.

　전날 황희 장관은 기자 회견에서 '현재 수장고도 부족하고 이번 기증을 계기로 문화재 기증이 가속될 가능성도 있다'며 미술관 수장고 건립 검토를 시사한 바 있다. 이에 따라 중앙박물관이나 국립현대미술관에 별도 전시실을 신설하거나 새로운 미술관을 건립함 가능성이 제기되기 시작했다.

　기증품 이전 작업과 관련해서는 국립중앙박물관의 경우 한 달여가 걸릴 것으로 밝혀졌다. 국보國寶와 보물 등 국가 지정 문화재 60건의 경우 6월 전시회를 위해서 유족 측의 협조를 통해 미리 수령하고 기증 발표가 이루어진 28일 경부터 이전 작업을 본격화해 2만 1,600여 건의 문화재와 미술품을 오는 5월 말까지 이전할 것으로 전망되었다.

　문화재의 수장과 관련해서는 이미 2020년 수장고의 복층화 공사가 끝나 여유 공간이 생겼으므로 문제는 없으나 특히 석조물石造物 문화재를 비롯한 컬렉션 규모가 워낙 많은 만큼 지방 소재 박물관으로 분산시키는 방안을 검토한다고 밝혔다.

　국립현대미술관의 경우, 발표 시점에서 수령을 모두 끝냈으며 과천(果川)관 수장고에 보관해 둔 상태라고 밝혔다. 하지만 수장고 사용률이 93% 수준으로 포화 상태에 이르렀기에 추가 수장 공간 확보를 위해 관련 부처와 협의 중이라고 밝혔다. 이와 더불어 1년에 처리하는 조사, 연구 작품 수가 2~300점 수준이었는데 이번에 일시에 1,500점 가량이 들어와 급박한 상황이라고 밝혔다. 이번 기증으로 국립현대미술관의 소장품은 10,000점을 돌파하게 되었다.

국립중앙박물관은 2022년 12월 이건희 컬렉션 기증 문화재 목록집 9권을 처음 발간, 공개했다. 전수조사 과정은 국립중앙박물관, 청주박물관, 나주박물관과 함께 했으며 국립중앙도서관, 한국학중앙연구원과도 협력했다.

2023년 12월에는 목록집 4권을 추가로 발간했으며 2024년과 2025년에도 2집씩 발간한다. 국립현대미술관도 2년간의 조사, 연구 끝에 2023년 12월 전체 목록집을 발간했다.

효과

이건희 컬렉션의 기증으로 대한민국에서 미술품 기증에 대한 인식이 보편화되는 계기로 작용했다는 시각이 지배적이다.

국립현대미술관의 경우 2021년 신규 소장품 가운데 이건희 컬렉션을 제외한 기증 작품 수가 총 553점으로 구입품 93점을 압도하는 것으로 집계됐다. 특히 그동안 국립현대미술관의 기증 방식은 개인전과 회고전의 전시 작가 작품 일부를 기증하는 식으로 이루어졌는데 2021년 이건희 컬렉션 이후로는 전시와 상관없이 작가나 개인 소장자가 기증을 문의하는 사례가 늘고 있다고 국립현대미술관 측은 밝혔다. 2021년 기증 사례는 원로 작가나 유족이 기증하는 사례가 많았으나 2022년 이후에는 미술관과 관련이 없는 개인 소장가들이 김기창, 마크 퀸, 앙드레 브라질리에 등의 작품을 기증한 사례가 꼽혔다.

컬렉션 목록

국립중앙박물관에 기증된 고미술품은 총 21,693건으로 전각篆刻 4,176건, 도자기 2,938점, 서화 783건, 금속 484건, 석재 458건 등에 달한다. 여기에는 국보 14건과 보물 46건이 포함됐다. 당시까지의 기증된 유물 총 약 5만 점의 43%에 달하는 규모로 1980년 고동원과 이용근 선생의 기증 문화제 4,941점 이래 최대 사례로 기록됐다.

구체적인 내용을 보면 금동보살입상(국보 제129호), 인왕제색도仁王霽色圖(국보 제216호), 덕산 청동방울(국보 제255호), 추성부도(보물 제1393호), 고려 천수관음보살도(보물 제2015호) 등이다.

국립현대미술관

이곳에 기증된 국내외 근현대 미술 작품은 총 1,488점으로 집계되었으나 2024년 1월 국립현대미술관에서 발간한 목록집에서는 1,494점으로 6점이 늘어났다. 이는 조사와 연구 과정에서 작가 본인이나 유족의 요청에 따라 세트로 들어온 작품들을 개별로 분류해 등록했기 때문이다. 기증 당시의 기준으로 한국 작품은 1,369점으로 유영국, 유강열, 장욱진, 박고석, 이응로, 박수근, 변관식, 권진규 외 한국 작가 238명의 작품이 포함됐다.

작품별 내용을 보면 '사내아이(김종태)', 무릉도원도(1922년 이상범), 간성(1927년 김은호), 화녕전작약(1930년대 나혜석), 공기놀이(1937년 장욱진), 절구질하는 여인(1954년 박수근), 군마도(1955년 김기창), 여인들과 항아리(1950년대 김환기), 황소(1950년대 이중섭) 등이다.

외국 작품은 119점으로 폴 고갱Paul Gauguin, 클로드 모네Claude Monet,

오귀스트 르누아르Auguste Renoir, 살바도르 달리Salvador Dali, 카미유 피사로Camille Pissarro, 마르크 샤갈Marc Chagall, 호안 미로Joan Miro, 파블로 피카소Pablo Ruiz Picasso 외 서양 모더니즘 작가 87명의 작품이 포함되어 있다. 작가별 내용을 보면 수련이 있는 연못(1919~1920년 클로드 모네), 켄타우로스 가족(1940년 살바도르 달리), 구성(호안 미로) 등이다.

37

홍라희 여사의 선택 기로

　홍라희 여사는 이건희 회장의 부인이자 전 '리움' 관장이다. 홍라희 여사는 이건희 컬렉션 국가 기증 작업에 깊이관여했다. 홍 여사는 서울대 미대(생활미술과) 출신이다. 미술에 대한 관심이 높고 미술품을 보는 안목 역시 수준급으로 알려졌다.

　홍 여사와 이건희 회장과의 결혼은 아주 특별하게 이루어졌다. 이병철 삼성그룹 창업회장은 대통령을 제외하고는 모든 사람을 자신의 사무실에서 만나는 것으로 유명하다. 그런 이병철 회장이 어느 날 홍라희 학생 졸업 작품전을 관람하러 작품전이 열리고 있는 화랑을 찾았다. 흔히 있는 일이 아니었다. 이병철 회장은 그만큼 홍라희 여사에게 관심을 가졌고 결국 홍진기 사장(삼성그룹 미디어센터, 전 법무장관)을 통해 청혼했다는 것이다.

　이건희 미술품 컬렉션을 시작한 것도 부인인 홍 여사의 아이디어로 시작되었다는 것이 정설이다. (독자들이여, 우리는 앞 장에서 국립중앙박물관에 기증된 이건희 컬렉션 중 고미술품으로 겸재의 인왕제색도(국보 216호)가 들어 있는 것을 기억해 둘 필요가 있다.)

　그런데 이 인왕제색도에 얽힌 이야기는 너무 흥미롭다. 겸재 정선은 조선 후기 영조 때의 화가이다. 겸재는 당시 조선의 산수화라는 것이 대부분 중국의 작품들을 모사한 것임을 탈피하기 위해 실결實景 산수화를 그리기 시작했고 실경산수화 풍을 열었다. 겸재는 영조 10년(1734년) 만 58세 때 겨울 금강산의 만폭동萬瀑洞을 중심으로 금강내산金剛內山의 전체 경관을 그렸다. 금강전도(金剛全圖)가 그것이다. 그의 그림이 절정에 달했을 때의 작품으로 걸작이었다. 1984년 8월 6일 대한민국의 국보 제217호로 지정되었다. 겸재 정선의 또 하나의 걸작은 인왕제색도仁王霽色圖이다. 비 온 뒤의 인왕산 모습을 그린 그림으로 크기는 가로 138.2cm, 세로 79.2cm이다. 겸재가 직접 인왕산을 보고 그렸는데 비 온 뒤 안개가 피어오르는 인상적인 순간을 포착하여 그 느낌을 잘 표현하였다. 인왕제색도는 영조 27년(1751년) 정선의 나이 75세 때 작품이다.

이 두 작품의 운명

이 두 작품은 세월이 오래 흘러 1950년대 당시의 명필 소전素荃 손재형孫在馨이 소유하고 있었다.

손재형은 1902년 6월 4일 전남 진도군 진도읍 교동리에서 태어났다. 1925년 양정의숙을 거쳐 1929년에 외국어학원 독어과를 졸업했다. 그해부터 1932년까지 중국의 금석학자 나진옥羅振玉에게서 금석학을 공부했다.

금석학(Epigraphy)이란 비석에 쓰여진 글인 금석문을 연구하는 학문이다. 1924년 제3회 선전鮮展에서 '안 씨 가훈安氏家訓'이 첫 입선하고 해마다 거듭 입선한 후 제10회 선전에서는 특선을 했다. 1947~1949년 서울대학교 미술대학 전임강사를 지냈고 서울시 문화위원이 되었다. 제4대와 제8대 국회의원 선거에서 전라남도 진도군 선거구에 출마하여 당선되었다.

그는 처음에는 행서와 해서를 쓰다가 이후에 예서와 전서를 쓰면서 독창적인 문체를 만들어 냈다. '소전체'가 그것이다. 소전체라고 하는 문체는 현재까지도 서예인 사이에서 호평과 비판이 오가고 있다. 손재형 선생은 여기까지라면 보통의 유명 서예가에 지나지 않겠지만, 일본으로 반출된 국보 추사 김정희의 '세한도歲寒圖'를 되찾아온 인물로 유명하다.

세한도는 조선 헌종 10년(1844년)에 제주도에 유배 중이었던 추사秋史 김정희가 그린 그림으로 1974년 12월 31일 국보로 지정되었다. 세한도의 크기는 23 × 69.2cm이다. 이 그림은 추사가 제주도에 귀양 시절 제자 이상적李尙迪이 북경에서 귀한 서책인 120권 79책짜리 황조경세문편을 구해와 유배지 제주도까지 가져다 주었다. 그러자 추사는 세한도를 그려 주었으며 그림을 받은 이상적은 청나라에 가져가 장악진章岳鎭, 조진조趙振祚를 비롯한 청나라 문인 16명에게 제찬을 받아 조선으로 가지고 와 문인 3명에게서 제찬을 받았는데 이것이 오늘날 세한도의 가치를 높였다. 제찬이란 그림에 써넣은 시나 글귀를 말한다.

세한도는 이상적 사후에 민씨 일가로 넘어갔다가 일제 강점기에 경성제국대학 중국 철학과 교수로 고미술 수집가이자 추사의 매니아였던 후지스카 치카시藤塚鄰 손에 들어갔다. 그는 조선에 오자마자 그가 평소 연구한 추사의 사상과 그림에 반해 어렵게 세한도를 손에 넣었다. 후지스카 교수는 1943년 본국에 돌아갈 때도 세한도를 챙겨갔다.

손재형 선생은 세한도를 꼭 되찾아 와야겠다고 결심했다. 후지스카 교수는 세한도를 너무 좋아했기 때문에 '돈을 얼마를 주든 팔지 않겠다'고 공언했다.

　손재형 선생은 일본 동경으로 후지스카 교수를 찾아가 세한도를 한국에 되돌려줄 것을 설득하기 시작했다. 손재형은 매일 찾아가 그를 설득했고, 후지스카 교수는 마침내 세한도를 반환했다. 그리고 손재형이 세한도를 양도받은 지 석 달이 지난 1945년 3월 미국군의 도쿄 대공습으로 후지스카의 서재가 모조리 불타버리면서 그가 수집한 추사의 다른 작품들은 모두 사라졌다고 하니, 세한도는 그야말로 운명처럼 살아남은 작품이라 하겠다.

　작품으로 태어난 미술품이나 문화재는 사람과 같이 운명이 있다. 그것들은 수없이 소유주가 바뀌고 운명이 변한다. 세한도도 마찬가지다. 손재형 선생이 되찾아온 세한도는 손재형이 소유하고 있다가 그가 국회의원에 출마해 선거자금이 모자라자 개성상인 사채업자에게 팔아 선거자금을 마련했다. 그래서 사채업자는 세한도를 개성 출신의 갑부 손세기 선생에게 팔았고 그 아들인 손창근 씨가 소유하고 있다가 국립중앙박물관에 기증했다. 손창근 선생은 이 기증으로 금관문화훈장에 수훈됐고 2020년 12월 9일 청와대에 초대되었다. 세한도는 더이상 소유주가 바뀌지 않을 국가 소유가 되었다. (우리의 이야기는 이건희 컬렉션으로 되돌아 와야겠다.)

　겸재 정선의 인왕제색도, 금강전도 두 점도 소전 손재형이 소유하고 있었다. 1970년대 초반 손재형은 이병철 회장을 사무실로 찾아갔다.

　"이 회장님, 제가 이번 국회의원 선거에 고향 진도에서 출마하려고 합니다. 선거자금이 부족하니 자금을 좀 도와주시면 감사하겠습니다."

　"얼마나 필요합니까?"

　"5억원 정도면 되겠습니다. 그 대신 제가 가지고 있는 겸재 정선의 인왕제색도와 금강전도를 담보로 맡기겠습니다."

"그렇게 하십시오."

이렇게 해서 인왕제색도와 금강전도는 삼성그룹 이병철 회장 손에 들어가게 되었다. 손재형 선생은 낙선했고 그림을 되찾아가지 못했다.

독자들이여, 우리 이야기는 홍라희 리움 관장과 국립중앙박물관장과의 대화를 들어볼 차례가 되었다.

이건희 컬렉션을 조사해 본 국립중앙박물관장은 기증되어 온 고미술품에 국보가 한 점도 없는 것에 주목했다. 어느 날 중앙박물관장은 홍라희 여사를 찾아갔다.

"홍 여사님, 선대 회장님께서 기증하신 수많은 고미술품 중에 국보가 한 점도 없습니다. 회장님이 기증하신 고미술품 중에 국보가 한 점 있게 된다면 이 컬렉션은 더욱 빛나게 될 것입니다."

"그러나 선대 회장님 개인 소장품을 모두 기증했고 그것으로 끝이 아니겠습니까?"

"그러긴 합니다만, '리움'에 있는 겸재 정선의 인왕제색도나 금강전도 중 하나를 선대회장님 기증품에 추가하는 것이 어떻겠습니까?"

중앙박물관장은 그 국보 두 점이 이병철 회장의 컬렉션이라는 사실을 알고 있는 터였다.

홍라희 여사는 아주 까다로운 처지에 놓였다. 대국적인 면에서 보면 국보급의 걸작이 여러 곳에 분산되어 전시되는 것은 바람직하다. 하지만 이 경우 개인적으로 보면 창업 회장은 시아버지이고 선대 회장은 부군이다. 홍라희 여사는 결국 국립중앙박물관장의 요청을 들어주기로 했다.

아주 멋지고 훌륭한 선택이었다.

38

이건희의 신경영, 철학이 되다

이건희 선대 회장의 신경영新經營은 경영의 성공 사례를 넘어 하나의 학문으로 자리잡았다. 아마도 선진국으로 진입하려는 야심을 가진 신흥 개발 후발국이라면 꼭 한 번은 참고해 봐야 할 것으로 보인다.

삼성그룹은 고 이건희 선대 회장의 3주기를 앞두고 서초구 삼성전자 서초 사옥에서 '삼성 신경영 30주년' 기념 국제학술대회를 열었다. 그동안 삼성은 신경영 선언 기념행사를 보통 6월에 열었는데 선대 회장의 3주기를 맞아 한국경영학회 주최로 스콧 스턴 미 MIT 교수, 로저 마틴 토론토대 명예교수 등 국내외 석학과 삼성 임직원 300여 명이 자리한 학술대회로 치뤘다.

이날 학술대회는 삼성을 바꾼 전환점으로 꼽히는 신경영 선언과 이 선대 회장의 파란만장한 인생을 조명하는 4부 50초짜리 영상으로 시작됐다. 영상 내용은 1990년대 초반 '국내 1위'라는 자만에 빠진 삼성을, 채찍을 가해 새로운 삼성으로 태어나게 하는 것이었다.

당시 삼성은 국내 재벌그룹 중 단연 1위였다. 라이벌 현대그룹이 있었지만, 삼성을 뛰어넘는 데는 미치지 못했다. 이건희 선대 회장의 신경영 드라마는 일반인들의 상상을 초월하는 것이었다. 이 회장은 독일 프랑크푸르트를 시발점으로 총 68일간 5국, 8개 도시에서 임직원 1,800여 명과 350여 시간의 회의와 간담회를 가졌다. 이건희 회장은 어느 회의에서는 6시간이 넘는 발언을 하기도 했다. 이런 기록은 전무후무한 것이었다.

이후 삼성의 모습은 크게 달라졌다. 1993년 28조 원이었던 삼성전자 매출액은 이건희 선대 회장이 별세한 2020년 약 236조 원으로 8배 넘게 늘었고 2022년에는 매출 302조를 기록했다.

이날 행사에 모인 석학들은 삼성이 세계적 초일류 기업으로 성장할 수 있었던 배경으로 '전략 이론가'이자 통합적 사상가였던 이건희 선대 회장의 철학을 짚었다.

2017년 세계 1위 '경영 사상가'로 선정되었던 로저 마틴 토론토대 명예 교수는 '이건희 경영학 본질은 무엇인가'라는 기조연설에서 '미래에 대한 상상력과 통찰력이 두드러졌던 그의 경영 방식이 삼성을 세계적인 기업으로 끌어올렸다고 진단했다. 마틴 명예교수는 또 '이건희 회장은 과거에 묶여있지 않았던 경영인이었다. 과거에 얽매였다면 오늘날과 같은 반도체, 스마트폰 등의 제품을 판매하지 못했을 것'이라고 말했다.

김황식 호암재단 이사장(전 국무총리)은 기념사에서 '이 선대 회장은 기업이 가진 인재와 기술을 중심으로 국가 사회가 처한 문제들을 근본적으로 해결하고자 했다'며 '신경영 정신 재조명을 통해 한국 기업의 미래 준비에 이정표를 제시하는 계기가 되길 바란다'라고 했다.

스콧 스턴 미 MIT 교수는 '삼성은 당초 시장에서 빠른 모방자였지만 1994년 256메가 D램을 개발하면서 혁신적인 선두 주자가 됐고 시장에서 지배적인 입지를 점했다'라면서 '이건희 회장이 남긴 이 같은 혁신의 유산은 삼성과 한국이 앞으로 나아갈 길을 제시하고 있다'

고 평가했다.

부탄 투안 베트남 풀브라이트대 교수는 '신경영 선언 이후 글로벌 시장에서 기술을 선도하고 있던 경쟁 기업들을 따라잡고 앞서 나간 삼성의 경험은 베트남 등 신흥국 기업들에게 큰 교훈이자 학습 사례'라고 말했다.

'통합적 사상가'로서의 이건희 회장의 모습도 평가됐다. 마틴 교수는 '정통적인 경영 접근 방식은 정답 지향, 합의 추구, 상충하는 대안 중 하나를 버리고 다른 하나를 선택하는 것이지만, 훌륭한 경영자는 '그것이 아니면(Or)' 사고방식을 벗어나 해결책을 모색한다'면서 '이 선대 회장 역시 이런 '통합적 사고'에 기반해 의사 결정을 했다'고 강조했다. 삼성뿐 아니라 국내외 시장에 대변혁을 가져온 이건희 회장의 '신경영 선언'은 변화의 속도가 빨라지 오늘날의 사회에도 여전히 유효하다는 분석이 나왔다.

김재구 한국경영학 회장은 '이번 국제 학술대회는 한국 기업의 창조적 혁신과 새로운 도약을 모색하는 기회가 될 것'이라고 했다. 리타 매그래스 컬럼비아대학 경영대 교수는 '이건희 회장의 '신경영 선언'은 영원한 위기 정신, 운명을 건 투자, 신속하고 두려움 없는 실험, 실패는 학습의 일부라고 여겨야 하는 오늘날의 성공 전략과 완전히 일치한다'고 주장했다.

신학, 인문학 권위자인 김상근 연세대학 신학대 교수는 삼성이 미술품 2만 3천여 점을 국가에 기증한 데 대해 '이건희 선대 회장의 기부는 단순한 재산 과시 목적이 아니라 처음부터 의도를 가지고 국가에 환원했다'며 한국 미술사의 영향력을 국민과 나누고자 했던 '르네상스인'이라고 평가했다.

이건희 선대 회장은 '예고 홈런'을 실현한 홈런왕 베이브루스와 비숫하다는 평가도 나왔다. 로저 마틴 명예교수는 '삼성이 이전에 잘하지 못했던 분야에 대해 '초일류'가 되겠다고 공언했고 이후 반도체, 스마트폰 등 사업에서 목표를 실제로 달성했다'고 말했다. 미래 목표를 세운 리더들은 수없이 많지만 이를 미리 선언한 뒤 현실로 달성한 경영자는 드물다는 의미였다.

제2의 신경영에 대한 제안도 나왔다. 구정우 성균관대 교수는 '빅데이터 분석 결과 과거 대비 삼성에 대한 신세대의 전반적 관심도는 줄었다'며 삼성이 미래 세대에게도 매력적으로 다가갈 수 있는 제2의 신경영이 필요한 시점이라고 했다.

백인호

매일경제 편집국장,
MBN 대표이사,
YTN 사장,
가천대 초빙교수

〈저서〉
장편소설 『삼성오디세이아』
『현대오디세이아』
『자동차왕 정몽구 오디세이아』
『SK 오디세이아』
『LG 오디세이아』
『롯데 오디세이아』

삼성 이건희 오디세이아

발행일	2024년 10월 25일
지은이	백인호
펴낸이	박상영
펴낸곳	도서출판 정음서원
주 소	서울특별시 관악구 서원7길 24, 102호
전 화	02-877-3038
팩 스	02-6008-9469
신고번호	제 2010-000028 호
신고일자	2010년 4월 8일
ISBN	979-11-982605-8-1
정 가	20,000원

ⓒ백인호, 2024

※ 이 책은 저작권법에 보호받는 저작물이므로 저작권자의 승락 없이 임의로 전재 및 복제할 수 없습니다. (문의: qqtalk38@naver.com)

※ 잘못된 책은 바꾸어 드립니다.